de Haan

Ökologie-Handbuch

Ökologie-Handbuch Grundschule

Sieben Themen mit über 100 praktischen Vorschlägen für den Unterricht

Gerhard de Haan

Beltz Verlag · Weinheim und Basel 1989

Über den Autor:
Gerhard de Haan, Dipl.-Päd., Dr., Jahrgang 1951, Hochschulassistent an der Freien Universität Berlin. Mitherausgeber von „ökopäd", Zeitschrift für Ökologie und Pädagogik, der „Lernbögen", Materialien für den Unterricht sowie des „Emile", Zeitschrift für Erziehungskultur.
Veröffentlichungen im Beltz-Verlag: Ökopädagogik (Hg. gemeinsam mit W. Beer, 1984); Natur und Bildung (1985).

CIP-Kurztitelaufnahme der Deutschen Bibliothek

Haan, Gerhard de:
Ökologie-Handbuch Grundschule:
7 Themen mit über 100 praktischen Vorschlägen für den Unterricht/
Gerhard de Haan. – Weinheim;
Basel: Beltz, 1989
(Beltz-Praxis)
ISBN 3-407-62124-8

Dieses Handbuch wurde im Auftrag des Umweltbundesamtes im Rahmen des Umweltforschungsplans – Vorhaben Nr. 101 07 076 – erstellt und mit Bundesmitteln gefördert.
Herausgeber: Umweltbundesamt
Bismarckplatz 1
1000 Berlin 33
Redaktion: UNESCO-Verbindungsstelle für Umwelterziehung im Umweltbundesamt

Lektorat: Peter E. Kalb
Satz: Klambt-Druck, 6720 Speyer/Rh.
Druck und buchbinderische Verarbeitung: Druckhaus Beltz, 6944 Hemsbach
Umschlaggestaltung: Atelier Warminski, 6470 Büdingen 8
Umschlagabbildung: Bernd Kreuscher, Umweltbundesamt
Innengestaltung und Herstellung: Bernd Schröder Grafik, 6737 Böhl
Printed in Germany

ISBN 3-407-62124-8

Bildquellen:

16 D. Larkin (Ed.) The English Dreamers, 1975 Tafel 2: „Promrose and bird nest" v. W. Hunt, Peacock Press, Bantam Books (copyright), 666 Fifth Avenue, New York, New York 10019, USA. **18–21** Fotos: Andreas Fischer-Nagel aus: Fischer-Nagel, Bunte Welt der Schmetterlinge, Kinderbuchverlag Luzern. **27** C.-P. Hutter u.a., Naturschutz in der Gemeinde, © by 1985 Pro Natur Verlag Stuttgart, © by 1988 Edition Erdmann im K. Thienemann Verlag Stuttgart. **28** G. de Haan. **31** A. Dürer: Blumen und Tiere, Berlin 1936, Tafel IV. **33** natur 5/1985 **34** Raupe u. Marienkäfer aus: Fischer-Nagel, Marienkäfer, Kinderbuchverlag Luzern. **35 + 38** S. Duflos, Die Wiese lebt, Herder Verlag Freiburg. **37** M. Chinery, Bei uns in Haus und Garten, Herder Verlag Freiburg. **39** Sabine Lohf/ Sibylle Sailer, Wo der Gurkenkönig wächst, Otto Maier Verlag Ravensburg. **40 + 54** Helm u.a., der Schatz in der Mülltonne, Verlag Kölner Volksblatt 1985. **43** Schaubilder vom UBA 1984. **57** U. Kost u.a., Vergraben? Verbrennen? Vergessen? Bund für Umwelt und Naturschutz, Bonn. **64** Foto: Georg Gerster aus: Der Planet der Meere, GEO, Gruner + Jahr, Hamburg. **66/67** Ohne Wasser kein Leben – Umweltschutz in Hessen, Hrsg. Hess. Ministerium f. Landwirtschaft, Forsten und Naturschutz, Wiesbaden. **74** Ullstein Bilderdienst. **78** O. Riedel, Von der Schönheit des Wassers, Evangelische Verlagsanstalt Berlin-Ost. **79** Werbeseite des Bayerischen Rundfunks (Bayern 1), in w & v Nr. 28/1986. **80** Ullstein Bilderdienst (2). **81** Ullstein Bilderdienst (3). de Haan. **82** oben: Archiv für Kunst und Geschichte. Links: H. Glaser, Maschinenwelt u. Alltagsleben, S. Fischer Verlag, Frankfurt. Rechts: Ranke, Heinrich Zille Photographien Berlin 1890–1910, Schirmer/ Mosel, München 1975 u. 1985. **83** Ullstein Bilderdienst (3). Zeichnungen oben u. unten rechts: Heimat u. Sachkunde 4. Schuljahr, Auer Verlag. Zeichnung Wasserman: Gebert, Meermädchen und Wassermann, Beltz & Gelberg, Weinheim und Basel 1982. **84** dto. **85** Adolf Behrens, Dorfbuch Kamperfehn, Ostendorf Verlag 1983. **86/87** Ullstein Bilderdienst. **90** Ullstein Bilderdienst. **92** Ullstein Bilderdienst. **94** Ullstein Bilderdienst. **96** Schnell/ Dehli, Wege der Energie, Hrsg. Informationszentrale der Elektrizitätswirtschaft e.V., Frankfurt. **97** R. Lutz (Hrsg.), Sanfte Alternativen, Beltz Verlag Weinheim und Basel. **99** GEO 1/ 1981 Gruner + Jahr, Hamburg. **104/105** natur 1/1985. **108** Ullstein Bilderdienst **109** Hurdes, Energie für Jedermann, Verlag C.F. Müller, Karlsruhe 1982. **110–114** G. de Haan. **114** unten: Wollmann, Werkbuch für Jungen. Otto Maier Verlag Ravensburg. **115** oben: dto.. Unten: G. de Haan. **117** Kur/Wolf, Wassermühlen, Eichborn Verlag, Frankfurt 1985. **119** P.M. – Magazin 2/1988. **122** Paturi, Die Geschichte des Fahrrads, AT Verlag, Aarau/Schweiz. **123–125** BBU, Die Fahrradfibel, Berlin 1980. **129** Cards-Amsterdam 020-275332, Green Beatle Kopenhagen, copyr. Jirina Borkovcova 1978. **130–133** BBU, Die Fahrradfibel, Berlin 1980. **135** Rauck/Volke/Paturi, Mit dem Rad durch die Jahrhunderte, AT Verlag Aarau/ Schweiz. **137** Ullstein Bilderdienst **138** Jutta Franke, Illustrierte Fahrrad-Geschichte, Museum für Verkehr u. Technik Berlin, Nicolaiische Verlagsbuchhandlung Berlin 1987. **139** Oben: Hesselmann, Sleeping Beauties, Art Foto HH001 by art & book, Hamburg. Unten: Bode u.a., Alptraum Auto, Raben Verlag, München 1986. **140** Oben: Alptraum Auto. Unten: Barbara Lehr, Joker edition, Berlin. **141** Sachs, Die Liebe zum Automobil, Rowohlt Verlag Reinbek. **142** Dieter Wieland, Bauen und Bewahren auf dem Lande, Deutsches Nationalkomitee für Denkmalschutz, Bonn 1984. **143, 145, 146, 148, 158, 160, 161** Dr. Oetker/ Wolf, Gartenfrische Küche, Pawlak Verlag 1986. Copyright: Ceres Verlag **147** Marquardt u.a., Jugendlexikon Umwelt, Rowohlt Taschenbuch Verlag GmbH. Reinbek, 1984. **153** Wieland u.a., Grün kaputt, Raben Verlag München 1984. **156** dto. **159** Ullstein Bilderdienst. **162** Greisenegger u.a., Umweltspürnasen – Aktivbuch Wasser, Orac Verlag, Wien 1984. **164** Bilderberg-Archiv, Hamburg **165** Oben: Esser/Neumeier, Wir tun was für die Igel, Schneider Verlag München 1986. Unten: G. de Haan. **166** G. de Haan. **167** Postkarte „Ett spadtag" av Richard Akerman, Pictura Graphica AB, Karlstadt 1981, Sweden. **170** Wieland u.a., Grün kaputt s.S. 153 **172–175** Wohnen im eigenen Heim, Wohnmagazin des BHW, Ausgabe 1/86. **180** H. u. M. Bofinger, Junge Architekten in Europa, Kohlhammer, Stuttgart. **182** dto. **184** de Haan. **185** Rechts: Louis G. Le Roy, Natur ausschalten – Natur einschalten, Klett-Cotta, Stuttgart 1983. Links: Gerhard Bachler, Lippe Anno dazumal, Verlag. F.L. Wagener, Lemgo 1980. **186** Grub, Grün zwischen Häusern, Callway Verlag München copyr. Frau Lejeune-Grub. **187** M. Chinery, Bei uns in Haus und Garten, Herder Verlag, Freiburg. **188** M. Velthuijs, Der Junge und der Fisch, Nord-Süd Verlag, Mönchaltorf/ Schweiz. **189** Gerhard Bachler, Lippe Anno dazumal, s.S. 187. **190** Kunstreich/Welsh, Philip und sein Fluß, Otto Maier Verlag Ravensburg. **191** G. Minke, Alternatives Bauen, Forschungslabor für Experimentelles Bauen, Gesamthochschule Kassel, 1980.

Inhalt

Schülermaterial (SM)

5. Verkehr/Fahrrad

Lehrermaterial (LM)

Schülermaterial (SM)

6. Landwirtschaft/Gartenbau

Lehrermaterial (LM)

Schülermaterial (SM)

7. Wohnen

Lehrermaterial (LM)

Schülermaterial (SM)

Einführung in das Handbuch

Dieses Handbuch bietet Materialien, Ideen und Hinweise für eine ökologische Gestaltung des Unterrichts in der Grundschule. Wir hoffen, damit dem Interesse und Bedürfnis zahlreicher Lehrer und Eltern entgegenzukommen, denen das Thema „Ökologie" in der Primarstufe zu wenig verankert ist. Dieses Bedürfnis erwächst aus der Sorge um eine lebenswerte Zukunft der Kinder in einer von Zerstörung gezeichneten und bedrohten Welt.

Dabei gehört inzwischen zum Alltagswissen, daß die ökologischen Probleme weder kurzfristig noch allein durch Umwelttechnik gelöst werden können. Es scheint ein grundlegender Prozeß der Umorientierung notwendig zu sein: In den Bereichen Wirtschaft und Konsum, Politik und Recht, Wissenschaft und Technik werden neue Modelle entwickelt. Ein Wandel setzt jedoch ein die ganze Gesellschaft erfassendes starkes Bewußtsein von den Problemen und Umorientierungen voraus. In diesem Rahmen kommt der Grundschule ein beachtlicher Stellenwert zu. Denn es sind insbesondere die ersten Schuljahre, in denen sich das Fundament zukünftiger Orientierungen bildet. Für den Bereich des Konsums wie des Sozialverhaltens, für Einblicke in Naturwissenschaft und Technik, für Kreativität und Weltoffenheit wird in dieser Zeit die Basis geschaffen bzw. stabilisiert.

Der traditionelle Grundschulunterricht hat wenig dazu beigetragen, hier eine Situation zu schaffen, die offen ist für neue Sichtweisen und Modelle der Umorientierung. Naturwissenschaft und Technik, Konsum und Soziales wurden in der Regel so thematisiert, wie es die breite, eingefahrene Spur des außerschulischen Alltags vorgibt. Daß die überkommenen Modelle der Problemlösung für die Zukunft (und damit für das Leben der nachwachsenden Generation) kaum noch vollständige Gültigkeit beanspruchen können, wurde nur punktuell beachtet. Handlungskompetenz zu erwerben kann eben nicht heißen, die Welt von morgen mit den Orientierungen und Mitteln von heute zu bewältigen. Handlungskompetenz zu erwerben bedeutet, offen zu sein für neue Modelle und Lösungen, für die Entwicklung origineller Ideen, für Vorstellungen, die ein lebenswertes Leben in Zukunft möglich machen – und das heißt, die ökologischen Probleme tiefgreifend bearbeiten.

Die in diesem Handbuch entfalteten Themen und Materialien möchten dazu beitragen, daß die Grundschule zu einem Ort wird, an dem ökologische Fragen weder ein Schattendasein führen noch zu vorschnellen fertigen Antworten führen. Wenn man den Anspruch ernst nimmt, daß die Zukunft der Kinder *ihre* Zukunft ist, ist eine „fertige Welt" und sind „fertige Lösungen" das Unbrauchbarste, was auf den Weg ins Leben mitgegeben werden kann. Daher werden in diesem Handbuch praktische Anleitungen, Hinweise und Anregungen geboten, die an traditionelle Themen des Unterrichts anknüpfen, diese aber in ein neues Licht rücken, so daß es den Schülern möglich wird, sowohl die traditionelle Weltsicht kennenzulernen als auch neue Perspektiven zu entwickeln, die vielleicht mehr Zukunftsgehalt in sich bergen.

Solche den Horizont verschiebenden Dimensionen nennen wir die „ökologische Perspektive".

Die ökologische Perspektive

Kinder verfügen über Zugangsweisen zu ihrer Lebenswelt, die für eine ökologische Perspektive von großer Bedeutung sind: Über Erzählungen, Bilder und Phantasien, mit Intuition, durch Probehandeln und offene Fragen bewältigen sie große Ausschnitte ihres Alltags. Die ökologische Problematik ist gleichzeitig nur durch neue Vorstellungen, mit Kreativität und grundlegend anderen als den üblichen Sichtweisen zu bewältigen. Daher liegt in der entwicklungsbedingten Mehrperspektivität des Kindes die Möglichkeit, solche Denk- und Handlungsmuster wachzuhalten und weiterzuentwickeln, die Offenheit und Kreativität sowie Unentschiedenheit und Pluralismus dort fördern, wo geschlossene, tradierte, festgefügte Denk- und Handlungsmuster nicht weiterhelfen.
Daher besteht die pädagogische Zielsetzung darin, von mehrdimensionalen und mehrperspektivischen Bezügen auszugehen, die den Kindern vertraut sind, und sie durch Einbeziehung immer neuer Felder und Sichtweisen zu erweitern. Schlüsselt man die vielschichtigen Bezüge und Beziehungen weiter auf, so ergeben sich an der Schnittstelle von Grundschulunterricht, ökologischer Perspektive und Umweltproblematik sieben didaktische Aspekte:

1. Vernetztheit

Wenn sich auf der Ebene der Wissenschaften und Ethik die Ökologie als inter- oder gar transdisziplinäres Erkenntnis- und Handlungsgefüge begreifen läßt, so gilt diese Interdisziplinarität für den pädagogischen Handlungsbereich der Grundschule in besonders elementarer Form. Vor allem der Sachunterricht ist von seinen Absichten her auf vernetzte Sichtweisen angelegt. Mangel an der bisherigen Gestaltung dieses Faches ist jedoch, daß die Unterrichtsgegenstände häufig nur vereinfachte Abbildungen der isolierten Wissenschaften sind. Das Denken in vernetzten Zusammenhängen, wie es dieses Handbuch fördern möchte, durchbricht die einzelnen Wissenschaftsdisziplinen, will Verbindungen und Verknüpfungen aufzeigen. Dabei wird das Feld rein wissenschaftlicher Betrachtung häufiger verlassen und somit Vernetzung nicht bloß systemtheoretisch begriffen.

2. Betroffenheit

Ein Engagement in ökologischen Fragen resultiert häufig aus individueller Betroffenheit. Wir glauben, aus vielen Erfahrungen mit Grundschülern und aus Umfragen den Schluß ziehen zu können, daß diese Betroffenheit nicht erst erzeugt werden muß. Betroffenheit ist bei den Schülern schon vorhanden, nur häufig in einer Form, die den Erwachsenen nicht sogleich einsichtig ist, weil die kindliche Weltsicht nicht gänzlich mit der der Erwachsenen korrespondiert. Daher orientieren sich die hier vorgestellten Materialien auch an jener Betroffenheit, die aus der kindlichen Lebenswelt resultiert.

3. Ganzheitlichkeit

Ganzheitlichkeit meint die Einbeziehung und Verbindung aller Dimensionen individueller Weltbewältigung: sowohl des sinnlichen Moments als auch des kognitiven sowie der Tätigkeit mit der Hand. Diese Verbindung hat eine lange

Tradition in der Pädagogik, ist allerdings in der Grundschule bisher nur fragmentarisch realisiert worden. Allerdings zerfällt auch der heutige außerschulische Alltag überall in die einzelnen Dimensionen, so daß die Schwierigkeiten verständlich sind, die auftreten, will man sie im Unterricht wieder vereinen. Manches ist auch nur durch Nachdenken zu erfassen, anderes allein durch das Tasten, Riechen oder Hören zu vermitteln, und auch das Tun mit den Händen kann nicht immer an Versprachlichungen rückgebunden werden. Ganzheitlichkeit meint also, die Pluralität der Zugänge zu bewahren, nicht unbedingt, die verschiedenen Dimensionen in einem Ganzen zusammenzuzwingen. Die optimale Form, sich der Ganzheitlichkeit zu nähern, bietet im Unterricht das Projekt. Daher sind die Themen dieser Handreichung so verfaßt, daß sie einen Projektunterricht ermöglichen, aber nicht erfordern.

4. Handlungsorientierung

Allein durch Umwelttechnik, Gesetzgebung und staatliche Finanzhilfen sind die ökologischen Probleme nicht zu bewältigen. Notwendig scheint vielmehr ein umfassender Bewußtseins- und Verhaltenswandel. Das heißt, es genügt nicht, nur über Umweltprobleme nachzudenken, es müssen auch Taten folgen. In diese Richtung weist auf der Unterrichtsebene die Handlungsorientierung. Sie hat zwei Aspekte: Einmal umfaßt sie die Ebene des Tuns und Ausprobierens als Feld, in dem direkt eigene Erfahrungen gemacht werden können. Dabei kommt es wesentlich auf die Verstärkung der Eigenverantwortung an, die sich letztlich an der außerschulischen Alltagswelt bewähren muß. Der zweite Aspekt gilt der Gefahr, die Eigenverantwortung zu überschätzen. Es wäre fatal, wollte man die Lösung der Umweltprobleme einzig dem einzelnen aufbürden und speziell den Kindern, die noch am wenigsten aufgrund ihrer Stellung in der Gesellschaft in die Pflicht genommen werden können. Auch würde es der Vorstellung von selbstgestalteter Zukunft widersprechen, würde der oben angesprochene Bewußtseins- und Verhaltenswandel normativ interpretiert.

5. Perspektivverschränkung

Was in den Wissenschaften als innovierendes Denkpotential genutzt wird (etwa bisher für „exotisch" gehaltene Weltinterpretationen), findet sich bei Kindern in Form „naiver" Welten, die sich zunächst aus Märchen, Phantasien etc. speisen. Diese Perspektiven lassen sich über literarische, künstlerische und utopische Erzählungen und Bilder in den Bereich der Ökologie transportieren. Wir denken, daß so ein Horizont erschlossen wird, der entscheidend ist für innovatives Denken und Handeln. Denn erst das Verlassen der üblichen Bahnen der Problemlösung kann jene Kreativität fördern, ohne die die ökologische Krise kaum zu bewältigen sein dürfte.

6. Geschichtlichkeit

Um die heutige Welt mit ihren ökologischen Problemen nicht als „Schicksal" oder kaum veränderbar zu verstehen, muß sie als geschichtlich gewordene und von Menschen gemachte erkannt werden. Nur so wird ersichtlich, daß sich an dem, was ist, etwas ändern läßt. Die ökologische Forschung beschäftigt sich seit einiger Zeit mit der Geschichte der Technik, der Landwirtschaft und Naturzerstörung und sucht dabei im Vergangenen nach Lösungen für morgen.

Daher bieten auch die hier vorgestellten Materialien immer wieder durch Geschichten Hinweise auf die Geschichte von Technik und Gesellschaft.

7. Zukunftsbezug

Für die Pädagogik wie für die Ökologie ist der Zukunftsbezug *die* zentrale Dimension. Daher wollen die Materialien beides bieten: eine Horizonterweiterung durch das Aufspüren vergessener Zusammenhänge (Geschichtlichkeit) und den Blick nach vorn (Zukunftsbezug) durch das Vorstellen phantastischer und realistischer Möglichkeiten. Erst der Zukunftsbezug aus mehrperspektivischer, multidimensionaler Sicht ermöglicht es, die ökologische Perspektive durch die Förderung utopischen Denkens und phantasievollen Handelns zu realisieren.

Wir haben versucht, einem Ansatz zu folgen, der sich mit dem Wort „Ökopädagogik" umschreiben ließe (siehe dazu die Literaturangaben im Anhang). Dieses Konzept gänzlich durchzuhalten war nicht möglich. Denn das Handbuch orientiert sich an den Rahmenbedingungen der heutigen Grundschule: Das machte Abstriche erforderlich. Wir haben diese Abstriche in Kauf genommen, da die Dringlichkeit, eine ökologische Perspektive in der Grundschule zu verankern, uns wichtiger erschien als die erneute Forderung nach tiefgreifender Umgestaltung der Grundschule. Entsprechend wurden die Themen den Möglichkeiten der Institution angepaßt.

Zur Auswahl der Themen der Handreichung

Die in diesem Handbuch vorgestellten sieben Themenkomplexe Artenschutz/ Artensterben; Abfall; Wasser; Verkehr; Sanfte Technik; Landwirtschaft/ Gartenbau; Wohnen sind Produkt mehrerer Überlegungen:

1. Dieses Handbuch ist in pragmatischer Absicht verfaßt. Das heißt, es wurden nur solche Themen ausgewählt und aus ökologischer Perspektive neu bearbeitet, die sich üblicherweise in den Lehrplänen und Schulbüchern der Grundschule finden. Denn der Grundschulunterricht leidet schon heute unter einer großen „Stoffülle", die es uns geboten erscheinen ließ, nicht noch mehr hinzuzufügen. Auch sind wir der Auffassung, daß dem traditionellen Themenkanon jetzt kein ökologischer beigesellt werden sollte. Vielmehr muß sich, wenn es denn ein anderes Verhältnis zur Natur, zur Wissenschaft und Technik sowie zum sozialen Umfeld geben soll, dieser andere Umgang auch in traditionellen Lebenssituationen und an alltäglichen Gegenständen erproben lassen. Das schließt ein, daß auch ganz übliche Unterrichtsgegenstände neu und anders zu thematisieren sein müssen.
2. Wollte man alle Themen aller Fächer der Grundschule aus ökologischer Perspektive neu bearbeiten, würde dies mehrere dicke Bände füllen. Wir haben uns daher auf den Sachunterricht bzw. die Sachkunde konzentriert, da hier naturwissenschaftliche, technische, geographische, ökonomische und soziale Aspekte — wenigstens vom Anspruch her — zusammenfließen. Hier müßte es die ökologische Perspektive leisten, Brücken zu schlagen. Das zweite Kriterium zur Auswahl der Themenkomplexe dieser Handreichung war also neben der generellen Orientierung an den Gegenständen der Primarstufe die

Orientierung an den Gegenständen der Sachkunde.
3. Diese Gegenstände der Sachkunde wurden wiederum mit den „großen" ökologischen Problemkomplexen gekreuzt. Eine Orientierung am sogenannten ökologischen Dreieck aus Ressourcenverschleiß, Umweltzerstörung und Bevölkerungsexplosion führte zur Erstellung von Materialien zu den obengenannten sieben Themenkomplexen.

Zum Aufbau des Lehrermaterials

In dieser Handreichung sind alle sieben Themenkomplexe in derselben Weise aufgebaut. Jeder Themenkomplex besteht aus zwei großen Teilen, die wiederum untergliedert sind: dem Lehrermaterial (LM) und dem Schülermaterial (SM). Diese Unterscheidung bedeutet nicht, daß es einen Teil gäbe, der nur für den Lehrer bestimmt ist, und einen anderen, der den Schülern ausgehändigt werden sollte bzw. der die bloße Umsetzung des Lehrermaterials in Arbeitsbögen etc. bietet. Vielmehr enthält das Lehrermaterial auch Aspekte, die direkt in den Unterricht eingebracht werden können, ebenso wie das Schülermaterial oft Erzählungen, Beschreibungen, Fragen und Anleitungen enthält, die den Lehrer dazu anregen sollten, eine Umsetzung im Unterricht zu versuchen. Im einzelnen enthält der **Lehrerteil** folgende Bereiche:

1. Jedes Thema beginnt mit einer knappen Skizzierung der **ökologischen Perspektive.** Dort werden die Blickwinkel vorgestellt, aus denen heraus das Thema von uns ausgewählt und durchgearbeitet wurde. Es handelt sich dabei immer auch um den Versuch, die traditionell mit dem Thema verbundenen Absichten aufzufangen, dann aber entsprechend den obengenannten didaktischen Aspekten neu — eben aus ökologischer Sicht — zu fassen.

2. Unter der Rubrik **Zahlen, Daten, Fakten** sind Sachinformationen zusammengefaßt, die dem Lehrer Hintergrundwissen bieten. Sie haben, je nach Art des Themas, unterschiedlichen Charakter. Manchmal wird mit viel Zahlenmaterial und Fakten gearbeitet, manchmal auch näher an die ökologische Problemstellung herangeführt. Aus diesen äußerst verdichteten Informationen läßt sich vieles ohne größere Schwierigkeiten im Unterricht umsetzen. Jedoch würde bei einer starken Gewichtung des dort aufgeführten Sachwissens der kognitive Aspekt zum absolut dominierenden Bereich des Unterrichts — was nicht Absicht dieses Handbuches ist.

3. Wir haben die **Rahmenpläne** der Länder zum Sachunterricht in der Grundschule daraufhin durchgesehen, wo sich die hier vorgestellten Themen einbinden ließen. Das ist nicht als reines Legitimationsmuster zu verstehen, um dem Lehrer die Gewißheit zu geben, sich an den Rahmenplänen zu orientieren. Vielmehr bieten die Rahmenpläne bzw. Themenvorschläge der Kultusbehörden einen Fundus an Anknüpfungsmöglichkeiten und machen deutlich, daß die ökologische Perspektive an zahlreiche traditionelle Unterrichtsgegenstände angelegt werden kann. Wie die Rahmenpläne oft nur Vorschlagscharakter haben, so ist das Schema ebenfalls als eines zu begreifen, das Vorschläge bietet für die Verknüpfung von möglichen Unterrichtsthemen mit dem hier vorgestellten Material.

4. Die **Zeitperspektiven** basieren auf Schätzungen und Erfahrungswerten, die aus der Erprobung des Materials resultieren. Sie liefern somit lediglich einen Orientierungsrahmen.

5. Unter der Rubrik **Didaktischer Aufbau** wird die Beziehung zwischen der ökologischen Perspektive, den Zahlen, Daten, Fakten und dem Schülermaterial hergestellt. Dabei werden Kriterien der Materialauswahl ebenso angegeben wie die Absichten, die sich mit einzelnen Aspekten der Materialsammlung verbinden.

6. Bei Durchsicht der **Einstiege in das Thema** wird sogleich auffallen, daß das Schülermaterial keine Reihung im Sinne eines steigenden Schwierigkeitsgrades ist oder einer Chronologie folgt. Vielmehr bietet sich fast jedes Material zum Einstieg in das Thema an. Gleichzeitig werden weitere Möglichkeiten und Anlässe vorgestellt, die in die jeweilige Problemstellung münden können.

7. Die **Hinweise zu den Schülermaterialien** dienen dazu, Fragen, Sichtweisen, Ergänzungen und Erweiterungen anzubieten. Dabei wird auch noch einmal an diejenigen Aspekte der ökologischen Perspektive erinnert, die im einzelnen Material besonders angesprochen werden. Die Hinweise sind somit dezidiert als solche zu verstehen und nicht als Aufforderung, nur das konkrete Material zu realisieren. Letzteres würde nicht nur den Lehrer, sondern auch und vor allem die Schüler in ein Korsett pressen, das den Intentionen der Materialien widerspricht.

8. Unter der Überschrift **Weitere Ideen** werden Themenvorschläge gemacht, die nicht im Schülerteil umgesetzt wurden, uns aber realisierbar erscheinen oder im Zuge der Erprobung von seiten der Schüler und/oder Lehrer entwickelt wurden.

9. Die **Erfahrungen mit dem Material** umfassen sowohl generelle Einschätzungen der Lehrer als auch detaillierte Tips, Einwände, Verbesserungsvorschläge und situative Eindrücke. Sie sollen ein Bild vom Umgang mit dem Thema geben. Die Erprobung des Materials hat auf der einen Seite auch dazu geführt, daß manche Vorschläge hier nicht mehr aufgenommen bzw. gänzlich umgearbeitet wurden. Andererseits sind wir nicht dazu übergegangen, im Schülerteil nur das zu drucken, was sich als erfolgreich und problemlos im Unterricht erwies. Gerade sperriges Material, befremdliche Sichtweisen und ausufernde Vorschläge waren und sind uns oft ein Indiz dafür gewesen, daß hier tatsächlich traditionelle Denk-, Handlungs- und Unterrichtsmuster verlassen wurden.

10. Bei den **Buch- und Medientips** haben wir uns auf eine strenge Selektion verpflichtet. Dadurch mag manchem dieses oder jenes Buch, dieser oder jener

Film fehlen. Doch wollten wir keinen Medienüberblick liefern, sondern jene Medien benennen, von denen wir meinen, daß sie die wesentlichen Aspekte des Themas vor allem unter sachlichen Gesichtspunkten, nicht unbedingt in ökologischer Perspektive, enthalten.

Zur Arbeit mit dem Schülermaterial

Obwohl das Lehrermaterial schon zahlreiche Anregungen für Unterrichtsthemen und -gestaltungen enthält und das Schülermaterial oft als Anregung gedacht ist – und nicht nur als Material an die Hand des Schülers oder gar als Arbeitsbogen, haben wir dennoch den Terminus Schülermaterial gewählt, weil es sich hier um Präsentationsformen handelt, die Grundschülern im Prinzip zugänglich sind.

Viele der Geschichten, Erzählungen und sonstigen längeren Texte sind nicht uneingeschränkt dazu gedacht, von den Schülern selbst gelesen oder durchgearbeitet zu werden. Sie sollen vielmehr dem Lehrer dazu dienen, Passagen auszusuchen oder einfach nur Anregungen zu finden, um selbst Geschichte(n) zu erzählen.

Das Schülermaterial enthält häufig Aufforderungen zur Reflexion und gibt Anregungen zum konkreten Tun sowie dazu, sich einfach von einer Stimmung gefangennehmen zu lassen oder mit der eigenen Phantasie weiterzudenken, neue Ideen zu entwickeln und selbst Vorschläge zu machen. Damit tendiert das Material generell zum offenen Unterricht, sind keine Lernziele benannt, die in einer Schulstunde zu erreichen wären. Auch haben wir darauf verzichtet, die Schüler aufzufordern, zu memorieren oder etwas auszufüllen, in klassifizierenden Rastern zu denken und nach vorgefertigten Schemata zu handeln. Alles dies bestimmt den traditionellen Unterricht so sehr, daß wir mit diesem Material eher Freiräume für einen anderen Unterricht reklamieren möchten — und müssen. Denn es hieße die ökologischen Perspektiven zu unterlaufen, würde man versuchen, die Ökologie durch traditionelle Unterrichtsraster zu schicken.

Die Materialien sind, wie betont, nicht mit stetig steigendem Anforderungsniveau gegliedert, und weder müssen alle Materialien durchgearbeitet werden, um die jeweiligen Themen vollständig abzudecken, noch erheben sie den Anspruch, einen Aspekt erschöpfend zu behandeln. Vielmehr sollten sich Lehrer und Schüler von diesem Material anregen lassen, letztlich eigene Wege zu gehen, sich damit vom Material selbst zu lösen und die ökologischen Perspektiven an ganz neuen Gegenständen und Themen zu erproben.

Durchgängig wird in diesem Buch auf eine strenge Wissenschaftssprache verzichtet. Damit ist beabsichtigt, den Schülern ein breiteres Interpretationsfeld zu bieten und ihnen nicht den aus ihrer Lebenswelt stammenden Hintergrund der Bearbeitung und Bewältigung von physikalischen, biologischen, ökonomischen und sozialen Phänomenen zu nehmen. Auf dieser Basis scheint es uns weitaus wahrscheinlicher, daß die Schüler zu eigenen, neuen Umgangsformen mit den hier vorgestellten Gegenständen gelangen, als dann, wenn ihnen eine unumstößlich gültige Interpretation oktroyiert wird.

Wie die Lehrermaterialien, so schließen auch die Schülermaterialien mit weiteren Ideen sowie einem oder mehreren Buchtips. Diese Ideen und Tips sind direkt auf die Schüler und den Stand dessen bezogen, was sie lesen oder bearbeiten können.

Im **Anhang** der Handreichungen finden sich allgemeine und weiterführende Literatur sowie wichtige Adressen.

Ein Buch wie dieses ist immer Ergebnis zahlreicher Diskussionen und von der Mitarbeit vieler abhängig. Die Liste derer, von denen Anregungen kamen und die mitgeholfen haben, ist lang. Da ist zunächst den Schülern und Lehrern zu danken, die das Material erprobt und/oder durchgesehen haben. Dorit Heidemanns hat immer mehr und immer neues Material zu den einzelnen Themen entdeckt und zusammengetragen. Die Durchsicht des Manuskripts hat mit vielen Anregungen Rosmarie Beier übernommen. Die graphische Gestaltung, die aus diesem Sachbuch zugleich ein ästhetisches Werk werden ließ, ist Ergebnis des Engagements von Bernd Schröder. Nie entstanden wäre diese Handreichung ohne meinen Freund Gerold Scholz. Mit qualmender Pfeife und Tee trinkend hat er sich mit mir in Bücher versenkt, Ideen entwickelt, verworfen und neu diskutiert, Material erstellt, immer wieder neu bearbeitet und dabei Erfahrungen aus der Zeit seines Grundschullehrerdaseins eingebracht. Somit ist dieses Buch auch Produkt unserer intensiven Zusammenarbeit.

1. ARTENSCHUTZ/ ARTENSTERBEN

LEHRERMATERIAL (LM)

Ökologische Perspektive

LM 1.1 Schulbücher und Lehrpläne bieten eine Fülle an Themen und Materialien zum Kennenlernen von Pflanzen und Tieren, zum Zusammenhang von Umwelt und Lebensweise von Tier und Pflanze, ihrer Abhängigkeit von Umweltbedingungen wie Standort, Einfluß des Menschen usf.! Verlorengegangen sind dabei aber nicht nur solche in älteren Schulbüchern und Lehrplänen noch enthaltenen Themen wie „die Natur im Wandel der Jahreszeiten", verlorengegangen sind damit auch die eher sinnlichen und affektiven Momente des alten Natur- und Heimatkundeunterrichts.
Feststellbar ist in den Schulbüchern eine Konzentration auf kognitive Aspekte,

die Vermittlung abstrakter Modelle und die Einübung von Haltungen und Fertigkeiten der distanzierten Beobachtung.
Wird hier die Natur als System betrachtet, in dem das einzelne Tier nur noch in seiner Funktion im ganzen gesehen wird, so findet sich gleichzeitig ein eher moralisch als sachlich begründeter zweiter Zugang: Danach ist die Bewahrung von Harmonie und Gleichgewicht in der Natur die das Zusammenleben von Tier und Pflanze regelnde Kategorie, die durch den Eingriff des Menschen unwirksam gemacht würde.
Artenschutz kann nach unserer Meinung jedoch weder funktionalistisch noch moralisch vermittelt werden.
Aus ökologischer Sicht scheint es uns sinnvoll, zwar von den Beziehungen in einem Lebensraum auszugehen, diese Beziehung aber nicht zum eigentlichen Inhalt zu machen, sondern das einzelne lebende Wesen. Aus der Beobachtung der Zusammenhänge, in denen die einzelne Pflanze, das einzelne Tier stehen, wird das Biotop als Lebensgemeinschaft erkennbar. Das Kennenlernen von Pflanzen und kleinen Tieren, ihrem Aussehen, ihrer Lebensweise, ihren Aktivitäten etc. durch die Kinder kann ein jenseits von Nützlichkeitserwägungen liegendes Verständnis für Artenschutz bewirken, verstanden als Lebensrecht eines jeden Tieres und jeder Pflanze. Der Einbezug der Schüler in die im Biotop stattfindenden Katastrophen, die Beobachtung von Symbiosen, des Fressens und Gefressen-Werdens, der mögliche Zusammenbruch des Biotops oder seine mögliche Umwälzung verhindern eine bloß emotionale, verkitschte Betrachtungsweise und öffnen die Frage nach unserem „Natur-Verhältnis".

Zahlen, Daten, Fakten

Artenschutz

LM 1.2

Zu unterscheiden sind **direkter** und **indirekter Artenschutz.** Der direkte Artenschutz bezieht sich weltweit auf den Schutz von Pflanzen und Tieren, die von Ausrottung durch den Menschen bedroht sind, weil sie gesammelt oder gejagt werden, um als Heilmittel, als Nahrungsmittel oder als Schmuck zu dienen. Dazu gehören etwa Nashörner, Wale, Krokodile und Schildkröten. Bei der indirekten Ausrottung zerstört der Mensch den Lebensraum der Tiere und damit ihre Fortpflanzungs- und Lebensmöglichkeiten.

Schutzobjekte sind danach Einzeltiere oder Einzelpflanzen in all ihren Entwicklungsformen: bei Pflanzen von ihrem Samen oder Sporen über den Keimling bis zur ausgewachsenen Pflanze; bei Tieren entsprechend nicht nur das ausgewachsene Tier, sondern z. B. auch Eier, Larven, Raupen, Puppen und andere Übergangsstadien. Das Bundesnaturschutzgesetz schützt als „Lebensstätte" den Standort der Tier- und Pflanzenarten (das „Habitat") und den Lebensraum (das „Biotop") für die an diesem Ort anzutreffende Lebensgemeinschaft aller hier vorkommenden Tier- und Pflanzenarten.
Es ist offensichtlich, daß diese Bestimmungen in Konflikt geraten mit den Nutzungsinteressen der Menschen, die dort, wo Biotope existieren, Landwirtschaft betreiben, sich erholen, Straßen und Häuser bauen, Gebiete entwässern oder das Biotop für militärische Zwecke nutzen wollen. Die übliche Art, Naturschutz zu praktizieren, besteht darin, **Naturschutzgebiete**

auszuweisen und Nutzungseinschränkungen für diese Gebiete zu verfügen. Mehr oder weniger wirksam scheint aber allein das Verbot, geschützte Tiere zu jagen und geschützte Pflanzen abzupflücken.
Unter vergleichsweise strengem Naturschutz steht ca. 1% der Fläche des Bundesgebietes. Sie ist in 1300 Einzelgebiete zerstückelt, und auch dort ist der Vorrang des Artenschutzes vor Nutzungsinteressen nicht gesichert, obwohl dort etwa die Hälfte aller gefährdeten Arten lebt. Nun sind, seit es Leben auf der Erde gibt, Tier- und Pflanzenarten ausgestorben. Die Paläontologen sagen, daß von den 500 Millionen Arten, die seit dem Beginn der Evolution irgendwann existierten, 99 Prozent verschwunden sind. Als Ursachen vermuten sie u. a. einschneidende Klimaveränderungen.

Als heutige Ursache für den Rückgang von Arten lassen sich eher menschliche Eingriffe in die Landschaft ausmachen. Wenn in den vergangenen 2000 Jahren etwa 200 höhere Wirbeltiere ausgestorben sind (Säugetiere und Vögel), so davon allein 130 in den letzten 400 Jahren. Während sich der Verlust in den letzten 100 Jahren auf eine Art pro Jahr beziffert, so waren es in den vergangenen fünfzig Jahren bereits 1,5 Arten pro Jahr. Zu den heute in Deutschland ausgestorbenen Tieren gehören u. a. Auerochse, Wildpferd, Wisent, Wolf und Braunbär.

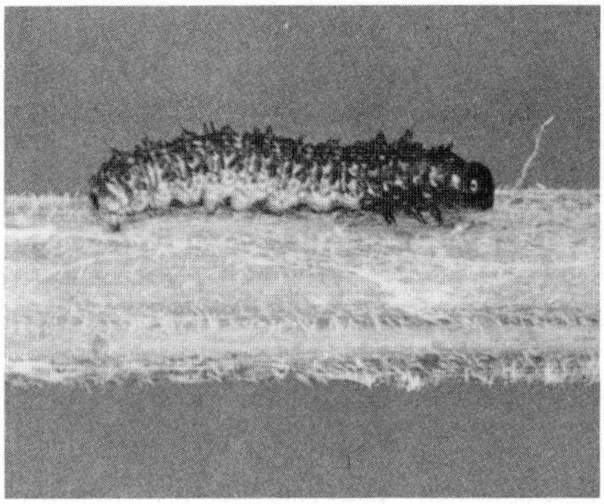

Rote Liste

In der sogenannten „Roten Liste der gefährdeten Tiere und Pflanzen" wird die Bestandsaufnahme fortgeschrieben. Sie erfaßt alle Tiere und Pflanzen, die nachgewiesen sind, und weist für einzelne Arten aus, ob sie ausgestorben oder gefährdet sind, wobei die Gefährdung vier Stufen unterscheidet:

1. Vom Aussterben **bedrohte Arten** sind auf eine so geringe Zahl zusammengeschmolzen, daß ihre natürliche Fortpflanzungsmöglichkeit nicht mehr gegeben ist.
2. **Stark gefährdete Arten** sind in vielen Gebieten bereits verschwunden und existieren dort, wo sie anzutreffen sind, nur noch in kleinen Beständen.
3. Für **gefährdete Arten** besteht eine Bedrohung in großen Teilen ihres Verbreitungsgebietes.
4. **Potentiell gefährdet** sind **Arten,** die aufgrund ihrer großen Seltenheit schon durch lokale Eingriffe des Menschen in ihrem Bestand gefährdet werden können.

Mehr als die Hälfte der gefährdeten Farn- und Blütenpflanzen ist durch Landwirtschaft und Flurbereinigung auf die Rote Liste gekommen. Wenn man unter Biotopen nicht (mehr) bearbeitete Landschaften versteht, dann wird deutlich, daß wir es mit zwei Problemen zu tun haben: Einmal wird durch

Landschaftsnutzung der Raum dieser Biotope gefährdet (Landwirtschaft, Tourismus, Straßen- und Häuserbau etc.); zum anderen: auch durch Menschen nicht genutzte Gebiete unterliegen Einflüssen aus von Menschen verursachten Nutzungsfolgen: Die Abgase ziehen auch über geschützte Biotope, und die in der Landwirtschaft eingesetzten Pestizide, Kunstdünger und Gülle können auch das Wasser geschützter Tümpel und Seen verseuchen.

Dennoch wäre es falsch, von einer Gegenüberstellung — hier Lebensraum „Natur", dort Lebensraum „Mensch" — auszugehen. Die uns umgebenden Biotope sind Ergebnis der Bearbeitung der Natur durch den Menschen. Die landläufige Vorstellung, daß Artenschutz durch Sicherstellung von Flächen und Schutz vor jeder menschlichen Beeinflussung am besten zu verwirklichen sei, übersieht die Tatsache, daß der überwiegende Teil unseres Ökosystems anthropogenen Ursprungs ist.

Ökologische Stabilität

Der Artenschutz basiert auf einer gewissermaßen paradoxen Grundsituation: wenn er sich auf alle Tiere und Pflanzen bezieht, dann kann er sich nicht auf

Nutzungserwägungen des Menschen beziehen, seien dies ökonomische oder ästhetische, sondern muß von der Annahme eines für jedes Tier und jede Pflanze geltenden Lebensrechtes ausgehen. Andererseits sind wir schon und noch immer entscheidende Mitspieler in der **Veränderung der Lebensräume** und können uns aus dieser Rolle nicht herausdenken. Was ökologisch intakt ist und was nicht, ist eine Frage des Standpunktes, und dieser sieht für eine Stubenfliege anders aus als für einen Menschen. Für die Blattlaus ist die „ökologische" Handlung des Menschen, Marienkäfer einzusetzen, statt mit Giften zu arbeiten, eine ökologische Katastrophe. Daher ist auch der Begriff des „ökologischen Gleichgewichts", der an Paradies und Harmonie erinnert, problematisch. Die Beziehungen der Lebewesen innerhalb eines Lebensraumes werden ständig gestört und oft genug katastrophal zerstört. Jede **Ordnung** wird früher oder später in **Unordnung** gebracht, und das Arrangement, das sich wieder einstellt, ist dann ein anderes als zuvor. Alles befindet sich in Bewegung, und auch Stabilität ist vor allem eine Frage der Lebensspanne desjenigen, der sie behauptet. Die für uns nur vorübergehende Regenpfütze ist aus der Sicht von Mückenlarven durchaus ein stabiles System. Ebenso verkürzt ist es zu behaupten, daß eine Vielfalt von Arten ein System stabil halte. Es gibt artenarme Systeme von großer Stabilität und artenreiche, die in kurzer Zeit verschwinden.

Bezug zu den Rahmenplänen

Folgende Thematiken der Lehrpläne zum Sachunterricht der einzelnen Bundesländer werden durch die hier vorgestellten Materialien zum Thema „Artenschutz/Artensterben" berührt:

LM 1.3

Bundesland:	1. Schuljahr	2. Schuljahr
Baden-Württemberg	— Kennen u. Halten von Tieren	— Pflanzen an Standorten
Bayern	— Vögel im Winter — Leben auf der Wiese	— Ablauf eines Jahres — Ein freilebendes Tier
Berlin	— Das Besondere und Typische verschiedener Tiere; — Zeigen und Benennen d. pflanzlichen Grundorgane	
Bremen	— Wir beobachten Tiere — Wir sammeln Blätter	— Pflege eines Tieres — Wir sammeln Schneckenhäuser, Federn
Hamburg	— Etwas erkunden	— Tierhaltung u. Tierpflege
Hessen	— Schnecken/Regenwürmer — Tiere im Klassenzimmer	— Ein Tier ist anders als ein Spielzeug — Tiere bewegen sich verschieden
Niedersachsen	— Tiere kennenlernen	— Wir sehen, hören, tasten
Nordrhein-Westfalen	— Pflanzen und Tiere des Heimatraumes; Lebensbedingungen von Pflanzen u. Tieren; Ihre Bedeutung für d. Menschen	
Rheinland-Pfalz	— Sammeln von Blättern, Blumen, Früchten — Beobachten von Tieren — Tiere und ihre Jungen	— Halten u. Pflegen eines Tieres — Vom Ei zum Vogel
Saarland	— Wir vergleichen und ordnen Pflanzen	— Bäume unterscheiden sich durch ihre Früchte und Blätter
Schleswig-Holstein	— Tiere und Pflanzen der Umgebung — Zeit (Wochen, Monate)	— In einer Kiesgrube — Tiere und Pflanzen der Umgebung — Entwicklung von Tieren und Pflanzen — Wildwachsende Pflanzen

3. Schuljahr	4. Schuljahr
— Tiere eines Lebensraumes	— Tiere im Winter — Vermehrung, Verbreitung u. Entwicklung v. Pflanzen
— Lebensweise einheimischer Vögel — Leben in und an einem Gewässer	— Lebensraum Wald — Anpassung von Tieren — Heimische, geschützte Pflanzen
— Tiere (Vögel, Eichhörnchen, Frösche, Eidechsen); Einheimische Wildpflanzen; Naturschutz und Landschaftsschutz; Bäume	
— Tiere entwickeln sich — Wir sammeln Steine	— Tiere sind ihrer Umwelt angepaßt — Wir sammeln Pflanzen
— Ein Singvogel brütet	— Umweltschutz
— Von der Raupe zum Schmetterling	— Ein toter Bach soll leben
— Tiere kennen lernen — Wachstum und Entwicklung von Pflanzen und Tieren	— Vergleichen und gruppieren von Tieren und Pflanzen
— Abhängigkeit von Umweltbedingungen; Anpassung an Lebensräume; — Eingriffe des Menschen in die Umwelt	
— Bäume im Jahreslauf — Tiere in ihrem Lebensraum — Vom Mehlwurm zum Mehlkäfer	— Tiere in den Medien — Der Mensch verändert die Landschaft
— Wachstumsbedingungen — Vermehrung der Amsel — Entwicklung des Frosches	— Entwicklung des Mehlkäfers
— Naturpark — Lebensbedingungen von Tieren und Pflanzen — Pflanzen und Tiere nach gemeinsamen Merkmalen ordnen	— Flurbereinigung — Tiere und Pflanzen in Lebensräumen — Anpassung an Lebensräume — Einfache Bestimmungsschlüssel für Pflanzen

Zeitperspektiven

LM 1.4 Die für diese Einheit benötigte Zeit ist nicht exakt zu bestimmen und hängt von den Vorstellungen des Lehrers ab. Das Schülermaterial bietet im wesentlichen Anregungen für Zugänge zu dem Thema. Die daran anschließenden Beobachtungen und Auswertungen sind naturgemäß zeitintensiv. Andererseits gestattet die Schulnähe der zu beobachtenden Biotope auch kurze Phasen. Insgesamt müßten ca. 2 Wochen pro Schuljahr gerechnet werden.

Didaktischer Aufbau

LM 1.5 1. Beim Thema „Artenschutz und Artensterben" ist das erzieherische Moment unübersehbar. In einer Vielzahl von Umwelterziehungsprogrammen wird versucht, Kindern die „Natur" nahezubringen, indem sie einen unmittelbaren Bezug zwischen Kind und Tier oder Pflanze herstellen: Pflanzen ertasten, Bäume umarmen, auf Geräusche hören usw. Ein völlig entgegengesetzter Ansatz ist jedoch auch in der Schule anzutreffen: Das Thema ist nicht mehr „Fuchs und Hase", sondern das „Räuber-Beute-Verhältnis".
Wir glauben aber nicht, daß ein unmittelbarer Bezug oder abstrakte Modelle genügen. Wir versuchen, die Herstellung einer Beziehung des Schülers zu Tieren und Pflanzen in seiner Alltagswelt zu ermöglichen. Wir suchen nicht das Außergewöhnliche, nicht das Entfernte und Exotische und nicht jene Tiere und Pflanzen, die romantisiert sind oder sich schon deshalb der Sympathie sicher sein können, weil sie dem Kindchen-Schema folgen. Wir beziehen uns auf Kleinlebewesen, auf Insekten, Schnecken, Mäuse, Schmetterlinge und häufig vorkommende Vögel und Wildkräuter. Dies hat den Vorteil, daß sich in der Nähe jeder Schule Orte finden lassen, die als Kleinbiotope zu betrachten sind: Ein Baumstumpf, eine alte Mauerecke, ein Ruinenstück, eine Hecke etc.
2. Wir erklären im Schülermaterial die Anlage von kleinen Wiesenstücken, gehen aber davon aus, daß sich die Beobachtungsorte ohne Aufwand auf einer Wanderung leicht finden lassen. Das Biotop in der Alltagswelt des Schülers enthält auch die Beziehung zwischen dem Biotop und der menschlichen Gesellschaft. Die Hecke, die Mauerecke, die Ruine etc. dürfte immer wieder Nutzungsansprüchen bzw. der allgemeinen Belastung durch Lärm und Schmutz ausgesetzt sein; die Wiese im Schulrasen kann zu Diskussionen mit dem Schulleiter und Hausmeister führen. Es ist unsere Absicht, daß sich die Schüler in der Beziehung zwischen Ich, Tieren und Pflanzen und Gesellschaft befinden, wenn sie dieses Thema bearbeiten und nicht nur zum Schutz „liebenswerter" Tiere angehalten werden.
3. Der Erhalt von Zusammenhängen erscheint uns insgesamt wichtig. Dies bezieht sich einmal darauf, daß wir in den Schüleraufgaben nicht trennen zwischen Beobachten, Fühlen, Dokumentieren, Handeln und Denken. Wir schlagen deshalb keines jener Experimente vor, die eine Einübung in naturwissenschaftliche Techniken und das Erlernen von Distanz beinhalten: Wir

spießen keine gefangenen Insekten auf, sezieren keine Tiere und lassen nicht den Mäusen das Fell abziehen.
4. Es sollte und mußte offen bleiben, welches Biotop Lehrer und Schüler aussuchen, und es ist nicht unsere Absicht, Lebensgemeinschaft in einem Biotop deshalb vorzustellen, damit die Tiere und Pflanzen klassifiziert oder in Funktionen analysiert werden können. Wir stellen deshalb in dem Schülermaterialteil verschiedene Zugänge zu dem Thema vor; nicht zuletzt, um Anregungen für weitere Ideen und Methoden zu geben.
5. Eine Art der Umsetzung des Materials könnte darin bestehen, daß die Lehrer mit Beginn des 1. Schuljahres zwei Biotope aussuchen und diese dann über die vier Schuljahre immer wieder beobachten und bearbeiten lassen. Es sollten auch Sondersituationen genutzt werden: etwa ein Regenguß zum Aufsuchen einer Pfütze. Vielleicht kann über die Schuljahre auch jeder Schüler eine Art Patenschaft für eine Pflanze oder ein Tier bzw. für eine Art übernehmen?
6. Damit ist zum Schluß dieses Abschnitts ein Problem angesprochen, das in der Erprobungsphase viel diskutiert wurde. Es hat sich in den letzten Jahren durchgesetzt, Kindern ein sachliches Verhältnis zu Tieren zu ermöglichen. Wir sagten schon, daß wir nicht in naturwissenschaftliche Distanz einüben wollen — aber natürlich auch nicht in Identifikationen mit Pflanzen und Tieren, die diese vermenschlichen, obwohl wir meinen, daß man Kindern ihre Welt der „Biene Maja" nicht rauben sollte.

Einstiege in das Thema

LM 1.6

- Wir stellen im Schülermaterial die Anlage kleiner Wiesenstücke und kleiner Tümpel im Schulrasen vor. Geeignet für Beobachtungen sind aber alle kleinen Biotope einer Stadt, und wenn die Lehrer in einem Dorf unterrichten, dürfte es völlig problemlos sein, geeignete Stellen zu finden. Zum Beispiel: alte Mauerecken, Baumstümpfe, kleine Heckenstücke, Ruinenflächen etc.
- Es bietet sich an, mit den Kindern auf einer Wanderung gezielt nach solchen Orten zu suchen. Wir sind auch sicher, daß die Kinder aus eigener Anschauung eine Reihe von ihnen kennen werden.
- Die Lehrer können natürlich auch eine Wanderung unter Führung eines Experten arrangieren, der dann z. B. im Wald zeigen könnte, was sich aus vorhandenen Spuren erkennen läßt.
- Ein weiterer Einstieg könnte darin bestehen, sich einfach das anzusehen, was den Kindern als selbstverständlich erscheint. Zum Beispiel eine Regenpfütze, um dort über mehrere Tage zu beobachten, welches Leben sich abspielt.

Hinweise zu den Schülermaterialien

SM 1.1: Wilde Wiese

LM 1.7

Ein Hauptproblem dürfte darin bestehen, den Schulrasen zur Verfügung gestellt zu bekommen. Vielleicht finden die Lehrer aber ein Kleinbiotop in Nähe der Schule.

SM 1.2: Der runtergefallene Spatz

Mit der Geschichte kann die Frage nach dem Eingriff in den Lauf der Natur durch die Kinder gestellt werden. Das Ende ist offengelassen. Jungvögel kann man aber anfassen, ohne daß diese dann von den Eltern verstoßen würden; es bleibt die Frage, ob man es tun sollte.

SM 1.3: Regenwurm

Von der Beobachtung des einen Tieres aus läßt sich nach Körperbau, Lebensweise etc. der anderen Tiere fragen; unübersehbar geworden ist die Rolle des Regenwurms im ökologischen Landbau. Das vielleicht beste Buch, aus dem auch stellenweise in der Klasse vorgelesen werden kann, ist: Charles Darwin: Die Bildung der Ackererde durch die Tätigkeit der Würmer, März Verlag, Berlin und Schlechtenwegen 1983.

SM 1.4: Die Blattlausreportage

Vordergründig geht es um „Fressen und Gefressen werden", aber gleichzeitig — über Nahrungsketten hinaus — um das Neben-, Mit- und Gegeneinander von Arten. Die Nahrungskette allein trifft nur einen Teil der Realität. Besprechen läßt sich die Frage der Schädlingsbekämpfung und ihrer „Nebenwirkungen" ebenso wie die Bedeutung unterschiedlicher Blickwinkel.

SM 1.5: Sommerwiese

Wiese, Natur hat vielleicht auch für Kinder einen ästhetischen Reiz. Die Gegenüberstellung der beiden Photos ist nicht als bloße Diffamierung des Rasens zu sehen: auf dem Rasen kann man vielleicht auch Fußball spielen. Auch gibt es den Reiz des Perfekten, Monotonen.

SM 1.6: Die häufigsten Pflanzen und Tiere

Die Seite kann und soll kein Bestimmungsbuch ersetzen. Aber vielleicht wird sie immer wieder angeschaut und motiviert die Kinder dazu, in anderen Büchern nachzulesen, um mehr zu erfahren.

SM 1.7: Tiere anlocken

Neben dem Ausprobieren kann die Frage stehen, warum die Tiere sich mit diesen Mitteln anlocken lassen und wie sie sich orientieren (Sehen, Riechen etc.). Die hier gestellten Fragen sind beantwortbar, aber wohl kaum als Fragen, die per Unterricht gelöst werden. Vielleicht kann man sie im Klassenzimmer aufhängen und über die Schuljahre davon ausgehen, daß das eine oder andere Kind Antworten oder Teilantworten findet.

Weitere Ideen

LM 1.8 ● Mit den Schülern läßt sich leicht ein Vogelteich bauen. Man hebt etwas mehr als spatentief ein Loch mit flachen Seiten aus. Die Grube wird mit alten Zeitungen ausgelegt, darauf eine Plastikfolie. Auf der abgeflachten Seite Pflanzen einsetzen; auf der anderen wird die Folie mit Grasboden oder Steinen beschwert. Wasser einfüllen und mit Steinen eine kleine Insel einrichten und an die tiefste Stelle einen Plastiktopf mit Wasserpflanzen stellen.

● Welche Pflanzen in einem Rasenstück vorkommen, läßt sich mit einer Leine und einem Gardinenring untersuchen. Die Leine im Abstand von 10 cm mit dunklem Filzstift markieren. Über die Leine den Ring schieben, die Leine festspannen (an Pflöcken). Von Markierung zu Markierung den Ring an der Schnur entlanggleiten lassen und die Pflanzen im Ring bestimmen. Statt der Pflanzennamen Symbole zeichnen lassen.

● Gallen lassen sich sammeln (am besten von Eichen), um die Entwicklung der Gallwespen zu verfolgen. Dies geschieht am besten im Herbst. Die Galläpfel kalt und feucht, aber nicht naß aufbewahren. Im Frühjahr schlüpfen dann Gallwespen oder andere Schmarotzer.

● Regenwürmer lassen sich in einem Wurmkasten halten und beobachten. In einem Rahmen aus drei Holzleisten (wenigstens 3 cm stark) werden zwei Plexiglasscheiben befestigt, so daß ein schmaler, hoher Behälter entsteht. Den Kasten mit verschiedenen Bodenarten füllen, pro Schicht etwa 3 cm. Mit Wasser begießen, so daß die Feuchtigkeit verschieden verteilt ist. Gesammelte Regenwürmer einsetzen (nicht mehr als 12!) und den Kasten mit einem lichtundurchlässigen Tuch abdecken.

● Zur Beobachtung von Tieren und Pflanzen im Tümpel läßt sich eine Dose gut verwenden. Dosendeckel und Dosenboden abschneiden. Eine durchsichtige Plastikfolie über die Dose spannen und mit einem Gummiband stramm ziehen. Wenn man die Dose ins Wasser eintaucht, wölbt sich das Plastikfenster und wirkt wie ein Vergrößerungsglas.

- Ein Rollenspiel machen. Jedes Kind spielt ein Tier oder eine Pflanze. Ein Spielleiter sagt, was geschieht: Geräusche machen; es wird hell; es wird dunkel; ein Auto fährt vorbei; es regnet; eine Maus kommt; es wird kalt; ein Mensch kommt etc.
- Fragen, wo die Tiere und Pflanzen im Winter sind. Warum Zugvögel in den Süden ziehen, woran sie sich dabei orientieren.
- Die Verwandlungsstadien von Schmetterlingen über das Jahr verfolgen (vgl. Bilder bei LM 1.2).

Erfahrungen mit dem Material

LM 1.9

Hatte man sich (als Lehrer) zunächst von der Vorstellung gelöst, ein Biotop sei ein Weiher oder Tümpel mit vielen Pflanzen und Tieren, war das Auffinden eines geeigneten Areals nicht schwierig. In der Stadt bot sich an, den „Vorgarten" einer Mietskaserne zu wählen. Es sollte jedoch immer ein kleines Fleckchen mit Gras bzw. Ruderalpflanzen vorhanden sein. Das Material ist ja auch besonders auf Kleintiere und Alltäglichkeit abgestellt, so daß sich noch auf dem scheinbar ödesten Terrain zahlreiches Leben, Wachsen und viele Veränderungen finden lassen. Insgesamt gelingt es durchaus, den Schülern nicht nur die Lebensformen in der Umgebung näherzubringen, sondern sie auch zu Überlegungen anzuleiten, wie sich ihr Verhältnis zur Natur bestimmt.

Zu einzelnen Aspekten:

- Wichtig erscheint uns ferner, daß den Schülern, bei denen sich oft (aufgrund der Umweltprobleme: Gift im Essen, Tschernobyl etc.) ein „Urmißtrauen" gegenüber der Natur herausgebildet hat, anhand dieser Materialien die Natur (wieder) vertrauter wird. Darin ist eingeschlossen eine teilweise Überwindung des Ekels vor Würmern und Insekten, obwohl dieser Prozeß manchmal sehr lange dauern kann und vorsichtig angeleitet werden sollte.
- Dort, wo die „Wiese" mitten im Schulrasen eingerichtet wurde, war zum Teil längere Überzeugungsarbeit gegenüber den Kollegen und dem Hausmeister nötig. Insgesamt aber waren alle Beteiligten ökologischen Überlegungen gegenüber weitaus aufgeschlossener als noch vor einiger Zeit.

Buch- und Medientips

Buchtips

LM 1.10

Es gibt eine große Zahl guter Literatur. Hier nur der Hinweis auf Titel, die sich u.a. auch an Kinder oder Jugendliche richten; zumeist stammen die Titel aus Reihen.

O. Bishop: Abenteuer Natur. Kleine Tiere selbst erforscht, Franckh'sche Verlagshandlung, Stuttgart 1985.
Beschrieben sind in zwölf Kapiteln Experimente mit kleinen Tieren.

Der Schwerpunkt liegt auf naturwissenschaftlich orientierten Versuchen.
M. Chinery: Kosmos-Familienbuch der Natur. Sehen — Sammeln — Selbermachen, Franckh'sche Verlagshandlung, Stuttgart 1985[5].
Ein umfangreiches Buch mit vielen Photos, das die Erforschung von Landschaftsräumen vorstellt und viele Ideen zum Sammeln enthält.
W. Linsenmaier: Knaurs Großes Insekten-Buch, Droemer-Knaur, München und Zürich 1972.
Ein großer Text- und Bildband mit schönen Photos zu und über Insekten. Außer Einzelbeschreibungen der Arten finden sich Kapitel zum Bau und zur Entwicklung, zu Farben und Formen, Mimikry, Verbreitung und Fortpflanzung.

Filmtips

Der Maulwurf kommt in die Stadt (LBS, Lichtton, Farbe, 31 Min., ab 3. Klasse)
Der Zeichentrickfilm erzählt von Maulwurf, Igel und Hase, die durch den Bau einer Stadt aus ihrem Lebensraum vertrieben werden.
Unterm Tisch wächst Moos (LBS, Lichtton, Farbe, 32 Min., ab 3. Klasse)
Josta, ein sechsjähriges Mädchen, träumt, daß sie die Freundin einer Fliege und ihr Teppich zum Waldboden wird.
Als die Igel größer wurden: Autofreundliche Igel oder igelfreundliche Autos? (1979, LBS, Lichtton, Farbe, 21 Min., ab 3. Klasse)
Futuristischer Zeichentrickfilm, der im Rückblick aus dem Jahre 2179 die Entwicklung der Igel im Verlauf von 200 Jahren darstellt: vom Hartstachel-Igel über das mächtige Igel-Schwein zum Riesen-Igel.
Wiesensommer (1956, LBS, Lichtton, Farbe, 17 Min., ab 4. Klasse)
Der Film zeigt Tiere und Pflanzen einer Sommerwiese, deren Angepaßtheit an diesen Lebensraum und die Wechselbeziehungen untereinander.
Unser Garten (1976, LBS, Lichtton, Farbe, 12 Min., ab 4. Klasse)
Der Film zeigt die Verwandlung einer Naturlandschaft in eine Industrielandschaft.

ARTENSCHUTZ/ ARTENSTERBEN SCHÜLER-MATERIAL (SM)

Wilde Wiese

SM 1.1

Als ich Kind war, ließen viele Jungen ihre Haare so kurz schneiden, wie ein Streichholz dick ist. Wir nannten das „Rasenmäherhaarschnitt". Ihr Kopf sah nämlich so aus wie ein geschnittener Rasen: kurz und gleichförmig. Klar, die brauchten sich nicht zu kämmen, mußten dafür aber öfter zum Friseur, wie der Rasen unter den Rasenmäher. Der sieht auch kurz aus und grün. Er hat nur wenige Gräser, und nur wenige Tiere leben zwischen ihnen. Besonders im Frühjahr kann man den Unterschied zwischen einem Rasen und einer Wiese gut sehen.
Wenn Ihr ein Stück Wiese haben wollt, mitten zwischen dem Rasen, dann könnt Ihr das so machen: Bittet den Hausmeister, Euch ein Stück Rasen abzutreten. An mehreren Stellen hebt Ihr mit einem Spaten den oberen Teil des Rasens wie eine Platte ab, so daß ein eckiges oder rundes Loch entsteht. Es soll etwa zwei Handbreit tief sein. Die Erde wird mit Sand vom Spielplatz vermischt und damit das Loch wieder aufgefüllt. Die Wiesenpflanzen mögen nämlich den vielen Dünger nicht, der auf den Rasen gestreut wurde, deshalb der Sand.
Wenn Ihr damit fertig seid, dann solltet Ihr zum zweiten Mal mit Eurem Hausmeister reden, damit er nicht mit dem Rasenmäher über die Wiese fährt, kein Gift darauf spritzt und keinen Dünger ausstreut.
Mit einigen Wiesenstücken würde ich gar nichts machen, sondern warten und gucken, was da wächst. In andere kann man Wildsamen pflanzen. Den Samen könntet Ihr von einer Wiese sammeln, beim Gärtner kaufen oder bei einer Kornmühle besorgen.
Und wenn Ihr noch Lust habt, könnt Ihr auch einige kleine Tümpel auf dem Schulrasen anlegen.
Besorgt Euch einige Baueimer; das sind die schwarzen großen Eimer, die Maurer benutzen. Ihr grabt ein Loch in den Rasen, so groß und so tief, daß der Eimer gerade hineinpaßt. Er soll ein bißchen Schatten haben. Nun noch bis oben hin Wasser einfüllen und warten, wer da kommt.
P. S. Vergeßt die Rettungsleiter nicht für die kleinen Tiere, die in den Eimer gefallen sind und nicht schwimmen können oder wollen.

Der runtergefallene Spatz

SM 1.2

Karin und Sarah sind viel zu spät in die Schule gekommen. Sie wußten nämlich nicht, was sie tun sollten, und haben sich außerdem heftig gestritten. Und das kam so: Als Sarah Karin zur Schule abholte, sah sie im Vorgarten einen kleinen Spatz sitzen. Der hatte schon richtige Flügel, und fliegen wollte er wohl auch, aber das konnte er nicht. Karin und Sarah standen erst eine Weile um den kleinen Vogel herum und überlegten, was sie tun sollten.
„Der hat sich bestimmt was gebrochen", sagte Karin, „wir müssen ihm helfen."
Sarah meinte, daß ein Vogel sich gar nichts brechen könne, weil er so leicht sei. Der kleine Spatz habe sicher zum ersten Mal fliegen wollen, und jetzt würde er es wieder probieren.
Sarah wollte den Spatz auf eine hohe Mauer setzen, damit er sich dort abstoßen könne. Dann sagte Karin: „Wenn wir ihn schon nicht zum Tierarzt bringen, dann müssen wir ihn wenigstens wieder zurück in sein Nest bringen." Aber auch da widersprach Sarah. „Mir ist eingefallen", sagte sie, „daß man kleine Rehe nicht anfassen darf, weil die Eltern das Junge nicht mehr füttern, wenn sie den Geruch von Menschen riechen." Einfach sitzen lassen wollte Karin den Spatz aber auch nicht, denn sie fürchtete, daß Florian, der Kater der Nachbarn, den Spatz fressen würde. Und so ging das immer hin und her, bis ihnen einfiel, daß sie ja viel zu spät in die Schule kommen würden.
Übrigens:
Wenn man die Flügel des Zitronenfalters mit den Fingern anfaßt, hat man ganz gelbe Finger. Und dem Falter bekommt das nicht gut.

Regenwurm

SM 1.3

Ich bin ein Regenwurm.
Das Bild zeigt meinen Mund.
Ich fresse Blätter- und Pflanzenteile und Fleisch.
Ich fresse an einem Tag so viel, wie ich selber wiege.
Ich ziehe Gänge durch die Erde. Meine Haut ist glitschig, weil sie mit einem Schleim überzogen ist.
Mein Körper sieht so aus, als wäre er aus lauter Ringen zusammengesetzt.
Da, wo mein Mund ist, ist er rund; am Schwanzende ist er spitz.
Unter dem Bauch habe ich Borsten, damit kann ich mich festhalten.
Nachts komme ich aus meinem Gang und ziehe Blätter in meine Wohnung.
Licht, vor allem Sonnenlicht, vertrage ich nicht.
Ich lege Eier (meistens nur eines).
Wie alle anderen Regenwürmer bin ich Männchen und Weibchen zugleich, habe Samen und Eier.
Ich werde etwa zwei bis drei Jahre alt.
Ich habe übrigens wenig gegen Regen.
In acht nehmen muß ich mich vor Vögeln, Kröten, Mäusen und Maulwürfen.
Ich habe keine Augen, kann aber zwischen hell und dunkel unterscheiden.
Hören kann ich nichts.
Ich bin empfindlich, wenn man mich berührt.
Ich lebe fast überall auf — nein — in der Erde.
Ich kann vorwärts und rückwärts kriechen.
Ich atme durch meine Haut. Eigentlich müßte ich „Reger Wurm" heißen. Ich grabe nämlich die Erde dauernd um.

Die Blattlausreportage

SM 1.4 Kennt Ihr die Geschichte von „Alice im Wunderland?“
Alice war von der Parkbank in ein Kaninchenloch gefallen und hat dann aufregende Abenteuer erlebt. In einem großen Saal unter der Erde hatte sie einen Pilz gefunden. Wenn sie davon aß, wurde sie ganz klein. Aber das ist schon lange her. Den Pilz muß es wirklich geben, denn wir haben einen Bericht von einem Reporter gelesen, der hat sich noch kleiner gemacht als Alice:
„Ich war so klein, daß mir eine Maus vorgekommen wäre wie ein Haus auf

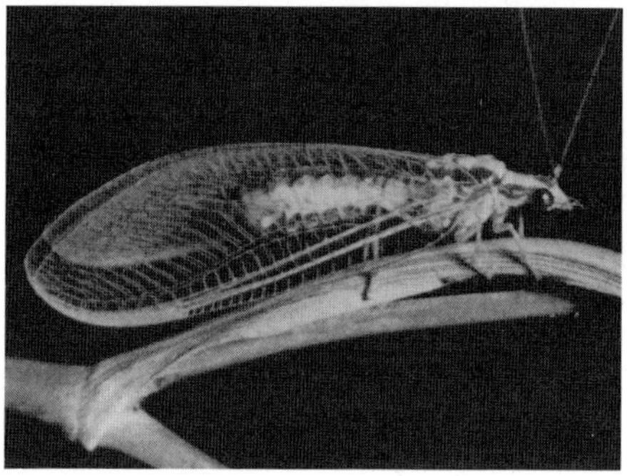

Beinen. Zum Glück lief mir aber keine Maus über den Weg. Aber auch so wurde es aufregend genug. Ich wäre nämlich fast von den Blüten der Kamille gefallen. Als ich dann versuchte, den Stengel runterzuklettern, ging es los. Ich kam nämlich auf eine klebrige Kruste, die nach Honig roch. Bald sah ich, wer sie über den Stengel gezogen hatte. Ich geriet in eine Kolonie von Blattläusen. Als die ersten mich sahen, drehten sie sich um und spritzten mir eine schmierige Flüssigkeit entgegen. Ich mußte fliehen und kletterte wieder etwas höher. Das war auch gut so, denn nun konnte ich viel genauer sehen. Die Blattläuse haben sechs Beine und zwei Fühler, die wie Antennen aussehen, und einen ganz spitzen langen Rüssel, mit dem sie in die Pflanzen stechen und den Saft

aussaugen. Das machen sie offenbar ununterbrochen, denn sie bewegen sich kaum von der Stelle. An den Beinen sind kleine Dornen, und hinten auf dem Rücken haben sie zwei Öffnungen, aus denen sie den Saft spritzen, der mich vertrieben hat. Einige Blattläuse hatten auch Flügel. Ich denke, daß die auch zu einer anderen Pflanze fliegen können.
Weiter unten war jetzt was los. Da kämpften Ameisen gegen Marienkäferlarven. Die Ameisen bespritzten die Larven mit Ameisengift und warfen sie einfach runter. Einige Ameisen kamen höher. Sie klopften

mit ihren Beinen den Blattläusen auf den Rücken, und ich konnte sehen, wie aus dem Hinterleib der Blattläuse etwas herauskam, was wie Honig aussah. Das haben die Ameisen dann gefressen. Ich konnte sogar beobachten, wie eine Ameise einer Blattlaus dabei half, ihren Rüssel wieder aus der Pflanze zu ziehen. Der mußte sich irgendwie verhakt haben. Dann sah ich auch einige Marienkäferlarven, wie sie die Blattläuse fraßen. Sie saugten die Blattläuse so aus wie die die Pflanze. Und das ging ganz schnell. So eine Larve fraß Unmengen von Blattläusen, und ein richtiger Marienkäfer war auch da. Er hielt die strampelnden Blattläuse fest und saugte sie auch aus. Das dauerte vielleicht zehn Minuten.
Und noch ein Tier habe ich beobachtet. Es stand auf dem Rücken einer Blattlaus und stach von da aus mit seinem Rüssel einer anderen Blattlaus in den Körper. Das war eine Schlupfwespe, die ihre Eier in den Blattläusen ablegte. Die aus dem Ei schlüpfenden Wespenlarven werden dann wohl die Blattläuse von innen her auffressen.
Endlich kam eine Raupe. Ich kletterte auf ihren Rücken und ließ mich zu einer anderen Stelle mitnehmen. Dabei mußte ich gut aufpassen, ob nicht irgendwo der Schatten eines Vogels auf uns fallen würde."

Sommerwiese

SM 1.5

**Am liebsten legt sich die Luise
ganz einfach in die grüne Wiese**

Sie schloß dann die Augen, atmete ganz tief durch und träumte vor sich hin. Oder zählte die Wolken, erfand Wolkengesichter und Wolkengeschichten. Oder blinzelte mit einem Auge in die Sonne, drehte sich mal auf den Bauch, mal auf den Rücken. Sie half Käfern auf Blättern, sah den Ameisen zu und hörte auf die Grille. Sie pustete gegen eine Pusteblume, strich mit dem Finger über Blüten, Stengel und Blätter und blies Mücken an, die sie stechen wollten. Käfer durften bei ihr den Arm rauf und wieder runter krabbeln. Manchmal mußte sie niesen, machmal juckte es auch an den Beinen oder am Rücken. Dann schloß sie wieder die Augen, und wenn sie sie aufmachte, dann sah sie die Blumen von unten: gelbe und rote, weiße und bunte. Sie hielt den Atem an, wenn ein Schmetterling vorbeiflog oder eine Biene sich auf den Blütenrand setzte. Und wenn es nicht regnet, dann liegt sie auch jetzt dort, denn

**am liebsten legt sich die Luise
ganz einfach in die grüne Wiese.**

Die häufigsten Pflanzen und Tiere am Tümpel und auf der Wiese

SM 1.6

Tiere anlocken:

SM 1.7

Das hast du bestimmt schon mal erlebt: Du sitzt an einem warmen Sommertag irgendwo im Freien bei Schokolade, Marmelade und Kuchen. Und auf einmal sind viele Wespen da. Der Kuchen hat sie angelockt oder die Marmelade. Man kann auch andere Tiere anlocken. Schmetterlinge zum Beispiel. Viele Schmetterlinge mögen die große Brennessel und eine Blume, die Fetthenne. Ohrwürmer lassen sich auch anlocken. Ohrwürmer fressen fast alles, wenn sie nachts aus der Erde kommen. Du bindest einfach einen alten Fetzen Stoff um den unteren Teil des Baumstammes. Am nächsten Morgen kannst du sie dir ansehen. In die Ohren kriechen sie übrigens nicht. Ganz viele Insekten, Motten und Mücken fliegen immer zum Licht. Deshalb ist es ja auch manchmal besser, im Sommer die Fenster zu schließen, wenn man abends das Licht einschaltet. Wenn du draußen zwischen den Bäumen nach einem warmen Tag ein weißes Laken aufhängst und mit einer Taschenlampe bestrahlst, kannst du viele dieser Nachttiere sehen.

Sogar Vögel kann man anlocken. Wenn du den Gesang eines Vogels ganz früh morgens vom Tonband abspielst, dann kommt oft der Vogel der gleichen Art, also einer, der das gleiche Lied singt.

Und während du auf die Tiere wartest, kannst du dir ja eine Antwort auf die folgenden Fragen überlegen:

1. Ab welchem Alter können Vögel fliegen?
2. Schlafen Tiere und Pflanzen?
3. Wenn die Vögel schlafen, warum fallen sie dann nicht vom Baum?
4. Wie macht die Heuschrecke ihren Gesang?
5. Wozu haben viele Früchte der Pflanzen Haken?
5. Wieviele Beine hat ein Tausendfüßler?
6. Wie kommt das Gänseblümchen zu seinem Namen?
7. Warum brennt die Brennessel?
8. Warum singen die Vögel?

Was Ihr noch alles machen könnt

SM 1.8

- Im Winter findest du vielleicht Spuren im Schnee, wenn du in den Wald gehst. Von Hasen, Rehen, Eichhörnchen und von Vögeln: Amsel, Grünspecht, Elster, Krähe und vielleicht sogar von einem Fuchs.
- Du kannst auch mal versuchen, barfuß und mit verbundenen Augen über eine Wiese und einen Waldweg entlangzugehen. Was spürst du dabei, und finden deine Füße den Weg von „alleine"?
- Wenn du sehen willst, wie ein Strauch wächst, dann binde doch einfach an einen Zweig ein rotes Bändchen mit einer Schleife, zum Beispiel gerade in Höhe deines Kopfes. Im Laufe des Jahres ab und zu nachgucken, wer schneller wächst — du oder der Strauch?
- Wasserlinsen aus einem Tümpel lassen

sich leicht züchten. Wasserlinsen sind die kleinsten Blütenpflanzen der Welt, schwimmen auf der Wasseroberfläche und lassen ihre Wurzeln ins Wasser hängen. In ein sauber ausgewaschenes Glas kommt etwas Blumenerde, Teichwasser und die Wasserlinsen. Das Glas auf eine Fensterbank stellen und gucken, wie sich die Wasserlinsen vermehren.

- Du kannst auch alles Mögliche sammeln: Pflanzenteile, Blumen, tote Insekten, leere Schneckenhäuser, Federn, Blätter und so weiter. Die Tiere lassen sich in einer Flasche mit Spiritus aufbewahren; die Blumen zwischen zwei Löschblättern in einem dicken Buch pressen, und von den Blättern kann man Bilder machen: Die Blätter auf ein Blatt Papier legen, Farbe auf eine alte Zahnbürste geben und mit dem Daumen so über die Bürste reiben, daß die Farbe über die Blätter spritzt. Wenn die Farbe trocken ist, die Blätter wieder abnehmen.
- Wie man Regenwürmer entdeckt:

Am Tage auf festen Sandwegen und an Wegrändern nach kleinen Löchern im Boden schauen, neben oder über denen kleine Häufchen der Ausscheidungen von Würmern liegen. Diesen Ort im Dunkeln (am besten bei feuchtem Wetter) aufsuchen. Und zwar mit einer Taschenlampe, die mit einem roten Tuch abgedunkelt wird, so daß Ihr noch ein bißchen erkennen könnt. Weich auftreten! Die Würmer registrieren Erschütterungen. Nachts kommen die Würmer aus ihren Löchern und suchen Nahrung. Wenn Ihr den Boden bei Tage mit Wasser besprengt, kommen die Würmer garantiert.

- Wie man Mäuse fängt:

In die Wiese ein Loch graben, so groß, daß gerade ein kleiner Topf reinpaßt. Der Rand soll etwas tiefer sein als die Erde drumherum. Über den Topf mit einem Gummiband ein Stück Stoff spannen. In die Mitte ein Loch schneiden, so daß es aussieht wie ein Trichter. Nicht vergessen: morgens und abends nachgucken und das Tier wieder laufen lassen.

- Wie man Käfer fängt:

Wieder einen Topf eingraben, diesmal ohne Stoff. Vier kleine Steine um den Topf legen und darauf einen flachen Stein oder ein Brett, das mit einem Stein beschwert wird. Keine Glasplatte, sonst wird es tagsüber zu heiß. Und: oft nachsehen.

- Wie man Geräusche fängt:

Am besten mit einem Tonbandgerät, das ganz langsame Umdrehungen macht. Das Tonbandgerät möglichst weit von der Wiese oder dem Tümpel wegstellen. Das Mikrophon an einem Stück Holz mit Klebeband festbinden und den Stab in den Boden stecken. Damit Ihr nicht nur den Wind hört: ein ganz dünnes Stück Schaumstoff über den Mikrophonkopf ziehen und mit einem Gummiband festmachen. Den Schaumstoff vorher zu einem Kreis zurechtschneiden.

- Wie man Spuren fängt:

Im Winter, wenn Schnee liegt, gibt es viele Spuren: Eure, die des Lehrers, vom Hund, der Katze und anderen Tieren. Ihr könntet ein Spuren-Heft anlegen. Hier einige Beispiele für Spuren:

Amsel

Vorn

Hinten

Hase

Saatkrähe

Häher

Grünspecht

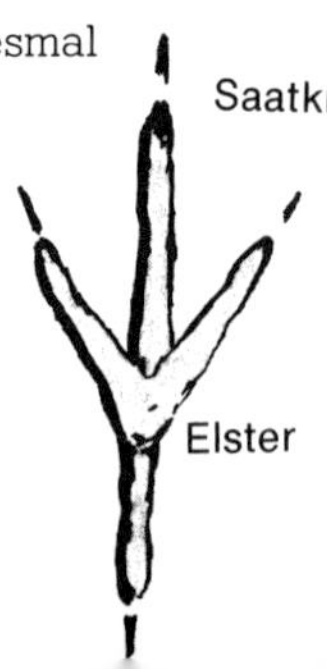

Elster

● Viele Pflanzen, die wild wachsen, kann man auch essen, zum Beispiel Brennesseln.
Hier ein Rezept:

Brennessel-Pfannkuchen

2-3 Handvoll ganz junge Brennesselblättchen, 125g Mehl, 2 Eier, ¼ l Milch, 1 Prise Salz, Sonnenblumenöl zum Backen, 1 Eßlöffel Butter

Mehl in die Rührschüssel schütten. Nach und nach die Eier, dann die Milch darunterrühren. Salz dazugeben und weiterrühren bis der Teig ganz glatt ist. Eine halbe Stunde ruhen lassen.

Die Brennesselblätter grob hacken und in den Teig mischen. Aus dem Teig etwa 6 kleine Pfannkuchen backen. In einer kleinen Pfanne das Öl erhitzen, jeweils eine Kelle Teig einfüllen und beide Seiten goldgelb backen. Pfannkuchen aufeinanderschichten und in Tortenform aufschneiden.

Buchtips

SM 1.9

1. C. Björk/L. Anderson: Linneas Jahrbuch, Bertelsmann Verlag, München 1983
Linnea ist ein Mädchen, das, beim Januar angefangen, Monat für Monat draußen etwas beobachtet oder im Haus bastelt.
2. U. Svedberg/L. Anderson: Maja auf der Spur der Natur, Bertelsmann Verlag, München 1985.
Maja macht eine Entdeckungsreise durch die Natur und die Jahreszeiten. Sie erzählt von Bäumen, Vögeln, Pflanzen, Insekten und anderen Tieren.
3. M. Chinery: Bei uns in Haus und Garten, Herder Verlag, Freiburg, Basel, Wien 1986.
Vögel, Schmetterlinge, Insekten und Igel, Ratten und Mäuse sind gezeichnet und beschrieben. Dazu Anleitungen zu Beobachtungen und zum Sammeln.
4. H. und A. Fischer-Nagel: Bunte Welt der Schmetterlinge. Das Tagpfauenauge, Kinderbuchverlag Reich, Luzern 1984.
Schöne Photos zeigen die Fortpflanzung und Entwicklung des Tagpfauenauges und einiger anderer Schmetterlinge.
Von denselben Autoren im selben Verlag mit ähnlichem Aufbau:
Marienkäfer. Die wunderbare Verwandlung aus dem Ei.

2. ABFALL LEHRERMATERIAL (LM)

Ökologische Perspektive

LM 2.1 Das Thema „Abfall" läßt vermuten, die ökologische Perspektive sei hier selbstverständlich schon vorhanden. In den Schulbüchern und Lehrplänen zur Sachkunde werden zumindest zwei Aspekte behandelt: Erstens der Weg des Mülls vom Mülleimer zur Deponie oder Verbrennungsanlage. Dieser Aspekt verweist auf die Entsorgung des Mülls durch die Gemeinde. Der zweite Komplex, unter dem das Thema „Abfall" behandelt wird, zielt auf die Veränderung des Konsumverhaltens. Es soll dazu erzogen werden, den Müll nicht einfach wegzuwerfen, sondern ihn differenziert zu betrachten: Altglas und Altpapier gehören in den Container, und „wilde Müllkippen" verschmutzen die Umwelt.

Selten findet sich der Hinweis, daß man mit Abfällen basteln kann oder Umweltschutzpapier selbst herstellen kann.

Aus ökologischer Perspektive erschöpft sich das Thema „Abfall" jedoch nicht in diesen Dimensionen.

Der Grundgedanke ist im folgenden, daß der Abfall mehr ist als der unangenehme Rest wachsender Produktion und wachsenden Konsums, den man geordnet beseitigen und gleichzeitig reduzieren muß. Folgende Gedanken stehen dabei im Vordergrund:
Erstens heftet sich an den Müll die Vorstellung des Unreinen, von Schmutz, Gestank und Unordnung. Historisch gesehen haben erst die letzten Jahrhunderte zu einer neuerlichen Distanzierung von den eigenen Abfällen geführt — mit der Konsequenz, den Müll möglichst nicht berühren und gleichzeitig verschwinden lassen zu wollen. Man könnte hier von einem Sauberkeitsfanatismus sprechen, der weit über das hinausreicht, was hygienisch geboten ist. Die Behandlung des Themas „Abfall" müßte diese Distanzierung bewußt machen, wenn nicht verhindern.
Zweitens handeln Kinder zumeist nach dem Grundsatz, daß das, was Müll ist, Ansichtssache ist. Sie entziehen dem Hausmüll oft genug Deckel, Dosen, Schachteln etc., um damit zu spielen. Dies ließe sich im Sachunterricht dadurch noch ausbauen, daß viele Materialien für den Unterricht (Pappe, Holz, Stoff u.a.) aus Abfällen gewonnen werden.
Drittens wird der Zusammenhang zwischen Konsum, Produktion und Abfall erst in seiner tieferen Dimension erkennbar, wenn bedacht wird, daß mit der Herstellung und dem Konsum von Gegenständen immer beides produziert bzw. konsumiert wird: der Gegenstand und der Abfall. Und diese Abfälle sind nicht schon beseitigt, wenn man sie verschwinden läßt. Nach dem Prinzip, daß nichts verlorengeht, bleibt selbst der abgeschobene, verdrängte, vergrabene oder verbrannte Müll noch erhalten.

Zahlen, Daten, Fakten

Der Müllberg

Wo in der Öffentlichkeit und im Unterricht vom Abfall die Rede ist, wird zumeist vom privaten Hausmüll gesprochen. Dies ist vor allem in der Grundschule durchaus sinnvoll, da es sich beim privaten Hausmüll um diejenige Größe handelt, auf die auch von den Schülern Einfluß genommen werden kann. Es ist jedoch wichtig, immer wieder darauf hinzuweisen, daß der hier anfallende Müll nur eine marginale Größe ist. Dies sollen die beiden folgenden Schaubilder verdeutlichen: **LM 2.2**

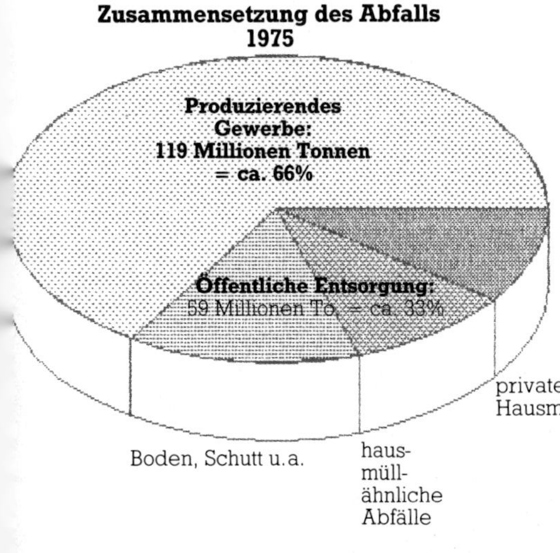

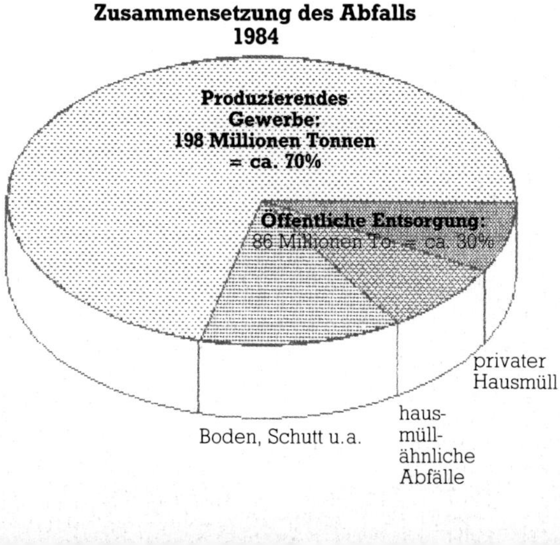

Die hier genannte Müllmenge von etwa 284 Millionen Tonnen ist noch um die gleiche Größenordnung zu ergänzen — das sind die Abfälle aus der Landwirtschaft, die jedoch nahezu gänzlich wiederverwendet werden.
Von den 30 Millionen Tonnen Hausmüll und hausmüllähnlichen Abfällen entfallen auf den privaten Hausmüll ca. 14 Millionen Tonnen, also nur die Hälfte oder 250 kg pro Kopf und Jahr. Mit anderen Worten: Der private Hausmüll macht etwa 5% des gesamten Abfallaufkommens aus (ohne Landwirtschaft).
Diese 5% haben folgende Zusammensetzung:

Fraktion	priv. Haushalte 1000 t	%
Papier, Pappe, Papierverbund	3.000	20,0
Glas	1.760	11,6
Metalle	586	3,9
Kunststoffe, Textilien	1.140	7,6
Holz, Leder, Gummi	345	2,3
Verbundmaterialien, (Kleingeräte etc.)	120	0,8
org. Fraktion	6.345	42,3
Mineralische Stoffe, Feinmüll	1.725	11,5
Summe	15.000	100,0

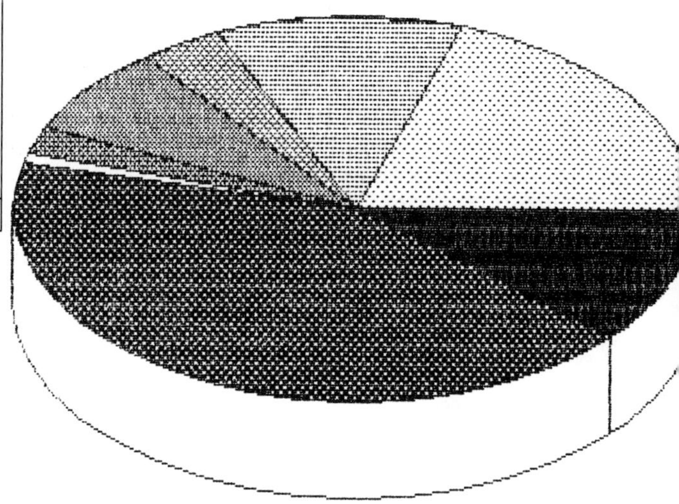

Will man also die im Schaubild angegebenen Prozent-Mengen auf den Anteil im Gesamtmüll umrechnen, muß man durch den Faktor 20 teilen.
Im Grunde ist es demnach illusorisch, wollte man durch die Vermeidung und Verringerung von Hausmüll die Menge des Gesamtmülls drastisch senken. Schätzungen gehen davon aus, daß der Hausmüll insgesamt auf 10 Millionen Tonnen schrumpfen könnte. Das sind ca. 32% des heute anfallenden Hausmülls incl. der hausmüllähnlichen Gewerbeabfälle. Anders gesagt: Der private Hausmüll würde seinen Anteil von derzeit 5% auf etwa 2% am Gesamtmüll reduzieren.
Es wäre daher gegenüber den Schülern unangemessen, „ihre“ Müllproduktion anzuklagen und ihnen diese Relation vorzuenthalten.

Privater Hausmüll

Sieht man sich den privaten Hausmüll näher an und fragt, was mit den einzelnen Bestandteilen machbar wäre (außer sie direkt zu vermeiden!), so ergibt sich folgendes Bild:

Der **vegetabile Anteil,** das sind Küchen- und Gartenabfälle etc., könnte kompostiert werden.
Pappe, Papier etc. kann durch das Recycling wiederverwendet werden. Pappe und Verpackungspapier werden schon heute zu 84% aus Altpapier gewonnen. Beim Hygienepapier sowie bei Schreib- und Druckpapieren ließe sich der Anteil des Altpapieres in der Produktion noch immens steigern. Das Altpapier muß frei von Metall, Glas, Kunststoff, Fetten und Harzen sein.
Das im Hausmüll befindliche **Glas** läßt sich ebenfalls dem Recycling zuführen. Bei der Produktion von grünem Glas ist der mögliche Altglasanteil mit 60% ziemlich ausgeschöpft. Beim Braun- und Weißglas kann der Altglasanteil jeweils 0% betragen, liegt bisher jedoch unter 10%. Auch Altglas muß möglichst sauber sein, also ohne Beimengung von Metall, Steingut, Porzellan, Kunststoffen und Papier (ausgenommen Etiketten).
Die **Kunststoffe** stellen ein großes Problem dar. Sie verrotten bei der Deponierung kaum. Werden sie verbrannt, so entstehen giftige Abgase. Recycling ist kaum möglich, da Kunststoffe zumeist aus Gemischen bestehen, die nicht zu trennen sind.
Die anfallenden **Metalle** bestehen großteils aus Weißblech und Eisenschrott. Sie ließen sich dem Recycling zuführen. Der Anteil des Aluminiums am Schrott ist mit 70 000 Tonnen recht gering. Dennoch wird für Recycling plädiert, da

Entwicklung der Einweg- und Mehrwegverpackungen der Getränke Bier, Mineralwasser, kohlensäurehaltige und kohlensäurefreie Erfrischungsgetränke und Wein 1970 bis 1984

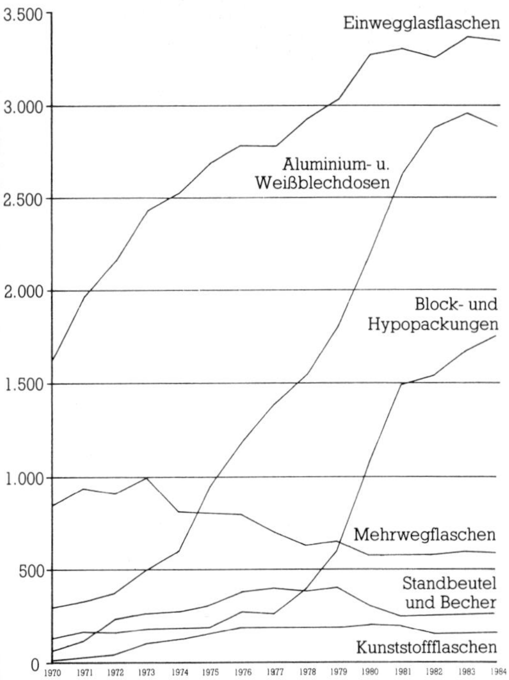

Quelle: Daten zur Umwelt, Umweltbundesamt 1986/87

Vergleich des Energieverbrauchs für die Herstellung verschiedener Getränkeverpackungen*

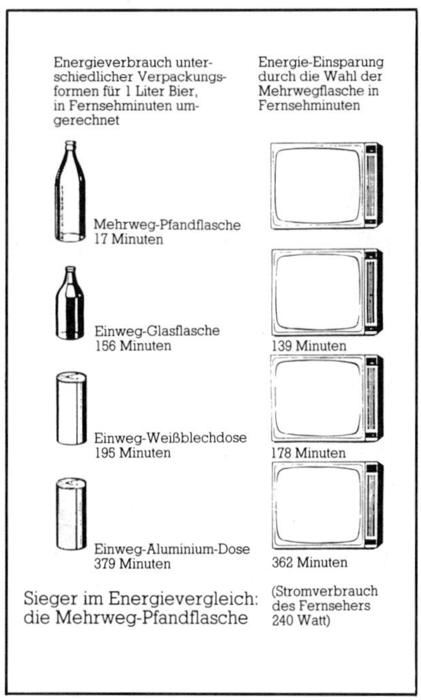

** verglichen mit dem Energieverbrauch eines Fernsehgerätes. Quelle: Umweltbundesamt 1984*

die Herstellung von Aluminium extrem energieintensiv ist.
Textilien werden heute schon zum größten Teil durch Sammlungen kommerzieller Unternehmen sowie karitativer Verbände erfaßt.
Sonderabfälle machen zwar nur 1% des Hausmülls aus, sind aber aufgrund der Giftstoffe sehr gefährlich. Dazu zählen fast alle gebräuchlichen Reinigungsmittel, Öle, Lacke, Entfärber, Fotochemikalien, Batterien, Pestizide und Herbizide, Wachse u.a.m.
Eine gesonderte Betrachtung erfordert die **Verpackung.** Ihr Anteil am Hausmüll beträgt ca. 50 Vol.%. Der Verpackungsmüll ist in den letzten Jahrzehnten anteilig stark gestiegen, was etwa an den Einwegverpackungen deutlich wird (vgl. die Schaubilder). Oft ist die Verpackung inzwischen teurer als der Inhalt (etwa bei Getränken aus Alu-Dosen: die Dosenherstellung kostet 24 Pfennig, das Getränk in der Regel nur 4 Pfennig).
Bei der Verpackung zahlt der Verbraucher Herstellung und Vertrieb der Verpackungen durch etwa 10% des Warenpreises.
Derzeit wird der Hausmüll zu 99,9% von der Müllabfuhr erfaßt. Davon werden ca. 74% auf Deponien verbracht, 24% verbrannt und 2% kompostiert oder gesondert gelagert.
Die **Deponierung** von Müll kostet zwischen 17 und 70 DM pro Tonne. Probleme: Grundwassergefährdung, Gasbildung, Ungeziefer, Staub, Papierflug, Lärm.
Die **Müllverbrennung** kostet 57 bis 187 DM pro Tonne, wovon 17 bis 68 DM aus dem Erlös für Strom und Wärme abzuziehen sind. Probleme: Schadstoffausstoß: Chlorwasserstoff, Fluorwasserstoff, Dioxine, Schwefel, Schwermetalle und Staub, Filterrückstände.
Eine **Kompostierung** des Gesamtmülls kostet zwischen 100 und 400 DM pro Tonne. Erlös: 5 DM pro Tonne Erde. Problem: Anreicherung der Erde mit Schwermetallen. Die Kompostierung allein der vegetabilen Abfälle würde demgegenüber nur 40 bis 50 DM kosten mit einem Erlös von 20 DM pro Tonne Humus. Wichtig ist ferner, daß, je größer die zur Verfügung stehende Mülltonne ist, desto mehr Müll produziert wird. Und da größere Mülltonnen im Verhältnis zu kleineren billig sind, wird so die Produktion von Müll auch noch belohnt.

Abfallprobleme anders lösen

Es lassen sich vier Stufen ausmachen:

1. Abfall vermeiden

Dies müßte erste Priorität besitzen, soll der Müllberg verkleinert werden. Die Alternative zum Müll ist: kein Müll. Was der Verbraucher unmittelbar zur Abfallvermeidung beitragen kann, zeigt nebenstehende Tabelle.

2. Abfall vermindern

Der Abfallverminderung dient die getrennte Sammlung. Man unterscheidet drei Systeme: die Haus-zu-Haus-Sammlung; sie ist von der Altkleidersammlung her bekannt. Ferner spricht man von Bring-Systemen, wozu etwa die Glascontainer und Recycling-Center zählen. Über dieses System werden derzeit etwa 30% der Glas- und 15% der Papierabfälle erfaßt. Das dritte System ist das Hol-System, d.h. die Abfälle werden gesondert zu Hause abgeholt. Hierzu zählen u.a.

Abfallvermeidung durch den Verbraucher

Die drei Hauptkategorien vermeidbarer Produkte:	Beispiele für Verpackungen und Produkte, auf die verzichtet werden muß:	Welches Produktziel soll erreicht werden?
EINWEGVERPACKUNGEN	**Einwegflaschen** z.B. Bier, Wein, Milch, Erfrischungsgetränke	— Pfandflaschen
	Getränkedosen aus Alu/Weißblech	— Pfandflaschen
	Plastikflaschen für Getränke und Nahrungsmittel, z.B. Kakao, Erfrischungsgetränke, Essig	— Pfandflaschen
	Miniportionspackungen z.B. Kondensmilch, Marmelade (Alu-Kunststoff-Gemisch)	— gut konservierte Lebensmittel in Großpackungen
	Getränketüten z.B. für Saft, Milch, (Papier-Kunststoff-Gemisch)	— Pfandflaschen
	Durchdrückpackungen für Tabletten (Alu-Kunststoff-Gemisch)	— z.B. Glasröhrchen
ÜBERFLÜSSIGE VERPACKUNGEN	**Mogelverpackungen:** mit doppelten Wandungen, Hohlböden, übergroßen Verschlüssen, z.B. bei Spirituosen, Joghurtbechern	
	Luxusverpackungen bei Geschenken	
	Mehrfachverpackungen von Produkten, z.B. bei Zahnpasten	— Verpackungen auf das Notwendige beschränken
WEGWERF-ERZEUGNISSE	Zellstofftücher, Plastiktragetaschen	— Körbe, Taschen, Netze aus Textilien
	Feuerzeuge, Einmal-Rasierapparate	— langlebige, umweltfreundliche Produkte
	Vernietete Geräte, z.B. Uhren, Stecker	— reparierbare Güter
	Spraydosen (Treibgas)	— z.B. Stifte, Roller, Puder, Flasche od. Pumpzerstäuber

Aus: Helm u.a.: Der Schatz in der Mülltonne, Köln 1985.

Mehrkammersysteme und die sogenannte „Grüne Tonne".
Das Recycling spart Rohstoffe und Energie und schont die Umwelt. Bedenklich ist jedoch, daß die Verbraucher mit der Möglichkeit des Recycling dazu neigen, Einwegverpackungen stärker zu akzeptieren. Das hat auch die Industrie erkannt — und der Boom der Einwegflasche ist z.T. erst seit der Möglichkeit zum Recycling zu verzeichnen. Eine vom Markt verdrängte Mehrwegflasche macht ca. 150 Getränkedosen absetzbar!

3. Gemischte Abfälle verwerten

Erst wenn Vermeidung und Verminderung als Möglichkeiten ausgeschöpft sind, sollte man an die Verwertung denken. Dazu zählt (zwecks Reduzierung des Volumens) vor allem die Müllverbrennung. Auf die Schadstoffproblematik wurde schon hingewiesen (s.o.). Derzeit sind 18 von 46 Anlagen in der Bundesrepublik Deutschland mit einer Rauchgasreinigung ausgestattet.

4. Abfälle deponieren

Deponien und andere „Endlager" bilden die letzte Stufe dieser Hierarchie. Es wird immer Abfälle geben, die jedoch geordnet gelagert werden müssen. Deponien benötigen eine doppelte Abdichtung gegenüber dem Grundwasser; ferner muß das Sickerwasser ständig kontrolliert und gereinigt werden. Das Deponiegas kann zur Energiegewinnung genutzt werden. Schließlich müßten geschlossene Deponien gegen Niederschlagswasser gesichert werden.

Bezug zu den Rahmenplänen

Folgende Thematiken der Lehrpläne zum Sachunterricht der einzelnen Bundesländer werden durch die hier vorgestellten Materialien zum Thema „Abfall" berührt:

LM 2.3

Bundesland:	1. Schuljahr	2. Schuljahr
Baden-Württemberg	— Schule kennenlernen — Umgebung kennen — Bauen eines Wasserfahrzeuges	— Klasse gestalten — Luft/Flugapparate — Fest feiern/vorbereiten
Bayern	— Schule als Lebensraum — Freude am Spielen — Spielgegenstände	— Räumliche Orientierung — Einkaufen — Erfahrung mit Luft
Berlin	— Kleber verwenden; Scheren gebrauchen — Batterien prüfen; Falten und Reißen von Papier — Papier kleben; Erfahrungen mit Stoffen; Umgebung — Geschichte erfahren	
Bremen	— Basteln	— Räume gestalten — Einkaufen — Erfahrungen mit Luft
Hamburg	— Schule gestalten — Einkaufen — Puppe herstellen	— Einkaufen — Spielen — Magnete; Töne — Versorgung; Konsum — Spielzeug herstellen
Hessen	— Spielen, basteln — Materialkunde — Töne erzeugen/Schall	— Geräte basteln — Magnetismus — Luft — Riechen
Niedersachsen	— Spielzeug basteln — Werken mit Karton — Einkaufen	— Müll — Klasse einrichten — Gebrauchsgegenstände
Nordrhein-Westfalen	— Basteln/Werkstoffe — Materialeigenschaften; Gefahren im Haushalt — Pflege der Schule; Eßgewohnheiten	
Rheinland-Pfalz	— Gemeinsam basteln — Konsum: Wünschen/ Brauchen	— Luft hat Kraft — Türme/Mauern basteln
Saarland	— Materialeigenschaften (Holz, Papier, Glas, Kunststoff)	— Einkaufen — Collagen — Magnetismus
Schleswig-Holstein	— Modelle basteln	— Wünsche/Bedürfnisse — Wohnstraße

3. Schuljahr	4. Schuljahr
— Frühstück/Ernährung — Ortserkundung — Wetterbeobachtung — Fahrzeuge bauen	— Einkaufen/Verkaufen — Werbung — Zeitung herstellen — Bauen von Modellen
— Wandel/Überdauern — Gesundheit — Verbrennung	— Gebrauchsgegenstände — Orientierung/Karten — Dienstleistungen
— Bauen; Magnetismus; Luft als Körper, Fliegen — Holz; Kunststoff — Öffentliche Einrichtungen	
— Wohngebiet — Wetterbeobachtung — Basteln, Textilarbeit	— Gesundheitsgefahren — Basteln, werken — Textilarbeit
— Wohnviertel — Versorgung/Entsorgung — Werbung — Müllauto; Textilien	— Umweltschutz: Müll — Stadterkundung: Fallschirm — Ausstattung der Schule — Zeitung; Verpackung
— Mischen/trennen — Zustandarten/-änderungen — Nahrungsmittel — Geräte basteln	— Schulfrühstück — Konsum/Bedürfnisse — Umweltschutz (Abfälle)
— Fahrzeuge basteln — Luft hat Kraft — Riechen	— Wohnort — Wettererscheinungen — Musikinstrumente basteln
— Luft/Wetter; Entsorgung — Öffentliche Einrichtungen; Eingriffe in die Umwelt — Geschick entwickeln; Erkundung der Umgebung	
— Werbung/Konsum — Luftströmung — Erkundung/Geschichte	— Der Markt — Brücken/Verstrebungen
— Luft — Versorgungsbetriebe	— Töne/Geräusche — Werbung — Produktion von Eisen
— Müllbeseitigung — Ware/Werbung — Wetterbeobachtung	— Wetterbeobachtung — Früher und heute

Zeitperspektiven

LM 2.4 Das Material kann über die vier Schuljahre verteilt werden, kann aber auch als Projekt eingesetzt werden. Die gesamte Einheit dürfte etwa für 10 Wochen den Sachunterricht bestimmen. Ein Schwerpunkt für ein bestimmtes Schuljahr ist nicht auszumachen. Zwar wird das Thema „Abfallbeseitigung" in der Regel erst im 3. oder 4. Schuljahr behandelt, aber Spielen und Basteln dominieren im 1. und 2. Schuljahr. Die hier vorgestellten Materialien beziehen sich nun gerade auf diesen Aspekt der Nutzung von Müll. Daher wird für eine gleichmäßige Verteilung des Themas über alle Schuljahre plädiert.

Didaktischer Aufbau

LM 2.5 1. Um die drei Aspekte der ökologischen Perspektive zum Thema „Abfall" (Tendenz zur Distanzierung; was Müll ist, ist eine Frage der Definition; nichts geht verloren, und Abfälle entstehen immer) im Sachunterricht einzuholen, erscheint uns vor allem eines notwendig: Entgrenzung.
Entgrenzung meint, daß sich das Thema „Abfall" in allen Bereichen des Sachunterrichts auffinden läßt und ein tieferes Verständnis des Verhältnisses zum Müll sich erst dort einstellen kann, wo man zunächst gar nicht an den Abfall denkt (etwa bei der Benutzung von Batterien in der Elektrizitätslehre oder beim Basteln mit Pappe). Unter der Thematik „Abfall" lassen sich dann auch zahlreiche Schwerpunkte des Unterrichts miteinander verbinden (etwa die Themen „Weg der Waren", „Supermarkt", „Werbung" unter dem Stichwort „Verpackungsmüll"). Daher nötigt das Thema „Abfall" nicht zu einer gesonderten Behandlung. Vielmehr kann es immer wieder an vielen Stellen in den Unterricht einfließen oder gar zum verbindenden Moment werden.
2. Die Schwerpunkte des Materials liegen in drei Bereichen: Erstens dem Spielen, Basteln und Werken mit Abfällen. Dies soll der Distanzierung vom Müll entgegenwirken und sukzessive deutlich machen, daß die Frage danach, was Müll ist, eine Frage der Definition ist. Die „Definitionsfrage" setzt sich im zweiten Schwerpunkt „Verwertung des Mülls" fort. Dabei findet eine Konzentration auf die Herstellung von Umweltschutzpapier und das Sammeln von Aluminium statt. Mit dem dritten Schwerpunkt „Ein Frühstück mit Folgen" wird die Frage aufgeworfen, wo der Müll herkommt und wo er bleibt. Zusammen mit der Geschichte von der Stadt „Nova" dient dies u.a. dazu, den Aspekt, daß nichts verlorengeht, zu verdeutlichen. Über die „Geschichte der Maggiflasche" sollte es möglich sein, die Anhäufung des Mülls ebenso zu problematisieren wie noch einmal den Ursachen der Müllproduktion nachzugehen.
3. Eine stärker naturwissenschaftlich oder technisch orientierte Bearbeitung des Themas „Abfall" schien uns wenig sinnvoll. Dafür ist die Müllverarbeitung zu komplex. Uns ist eher am sinnlichen Umgang mit dem Müll, an der Betroffenheit der Schüler und der Vernetzung mit anderen Unterrichtsthemen sowie einem aktiven Umgang mit dem Müll gelegen. Wer meint, auf breitere Sachinformationen nicht verzichten zu können, findet im Abschnitt „Zahlen, Daten, Fakten"

genauere Angaben. Da es im vorliegenden Material besonders um die Nutzung des Mülls durch die Kinder geht, tritt auch das Recycling als gesellschaftlich-industrielle Nutzform in den Hintergrund.
4. Die Materialien enthalten keine traditionellen Arbeitsblätter, Lückentexte und Passagen, die auswendig zu lernen wären. Am Schluß des jeweiligen Materials stehen auch keine Handlungsanweisungen, sondern Fragen. Sie sollen dazu dienen, den Komplex „Abfall" zu verstehen anstatt vorgefertigte Lösungen einfach zu übernehmen. Damit hoffen wir auch, eine Perspektivverschränkung anzuregen, die eine primär naturwissenschaftliche Betrachtung eher verhindern würde. Es geht daher auch nicht um die Vermittlung exakter Terminologie, sondern um das Verstehen des Sinns etwa der Müllvermeidung bei gleichzeitiger Lust an bunter Verpackung. Dies ist auch ein weiteres Motiv, das untergründig im Material mitschwingt: Bei aller Nützlichkeit der Müllvermeidung sollte der ästhetische Anspruch nicht vergessen werden, der sich im Neuen und in Verpackungen realisieren kann.

Einstiege in das Thema

LM 2.6

- Ist die Gestaltung des Klassenzimmers durch die Schüler vorgesehen, bietet sich die Frage nach der Nutzung von Sperrmüll an (vgl. SM 2.2).
- Es kann auch mit dem Einrichten von Kisten und Kartons zum Sammeln von Abfällen für das Basteln begonnen werden (vgl. SM 2.3).
- Man kann auch mit der Geschichte von der Stadt Nova (vgl. SM 2.1) anfangen.
- Der Papierkorb in der Klasse oder im Hof ermöglicht die Fragen: „Welchen Müll produzieren wir? Wo bleibt er?" Eine Erkundung der Müllabfuhr etc. bietet sich hier an.
- Der Glascontainer in der Nähe der Schule kann auch als Einstieg dienen.

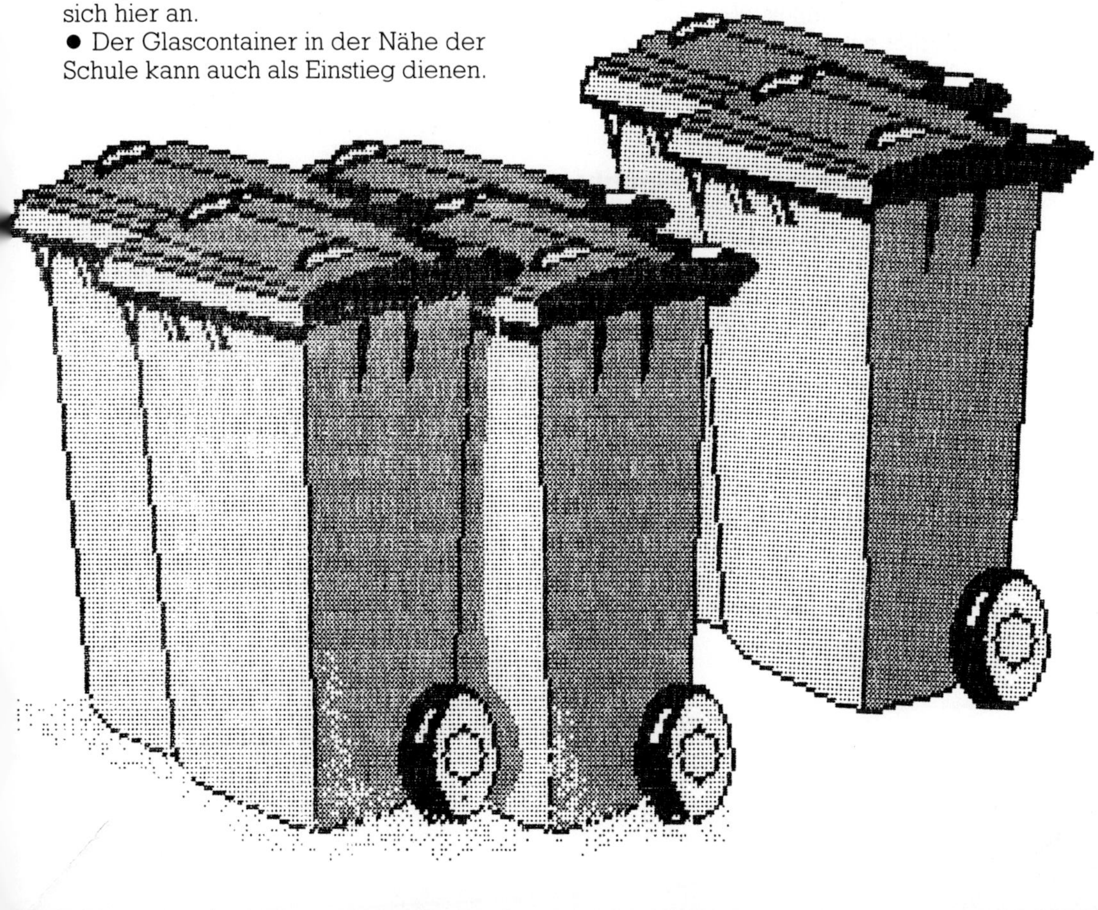

- Anknüpfen ließe sich auch an Abfällen unter der Schulbank oder auf dem Boden des Klassenzimmers sowie dem Ekel davor.
- Ebenso könnte bei gebastelten Gegenständen gefragt werden, was daran aus Abfällen ist bzw. durch Abfälle ersetzt werden könnte.

Hinweise zu den Schülermaterialien

LM 2.7

SM 2.1: Die Stadt Nova

Die Geschichte ist sowohl auf die Problematisierung des permanent „Neuen" angelegt als darauf zu sagen, daß nichts verlorengeht. Es läßt sich auch mit alltäglichen Beispielen arbeiten: Wo bleibt die Kreide oder die Tusche, das gegessene Brot? Was ist mit den Dingen, die man verloren hat? Hier könnte auch die Geschichte von verlorenen Dingen erzählt werden — aus der Perspektive des Gegenstandes. Es ist sinnvoll, die Stadt Nova, das Gebirge und die umliegenden Städte an der Tafel zu skizzieren, da sich sonst die Pointe der Geschichte leicht verliert.

SM 2.2: Wir richten das Klassenzimmer ein

Dieses Thema eignet sich hervorragend, um der Frage nachzugehen, was eigentlich Müll ist. Was die einen wegwerfen, ist für andere noch brauchbar. Ferner wird mit der Frage nach den Farben zum Streichen der Gesundheitsaspekt berührt — ohne die Frage nach dem schönen Aussehen aus den Augen zu verlieren.

SM 2.3: Unsere Müllsammlung

Die Vernetzung des Themas „Abfall" mit dem gesamten Sachunterricht wird am besten über dieses „Projekt" erreicht. Es ist hilfreich, sich vor dem Beginn der Sammlung mit den Schülern das Schulbuch zum Sachunterricht anzuschauen, um zu wissen, was alles benötigt wird. Da die Sammelleidenschaft der Schüler dazu führen kann, daß sie beim Einkaufen geradezu auf Verpackungsmüll bestehen, wurde der Text „Die eine Seite und die andere Seite" beigefügt. Auch sollte unbedingt darüber nachgedacht werden, ob es nicht auch schön ist, mit ganz neuen Materialien zu arbeiten.

SM 2.4: Das Schnurtelefon

Die Anleitung steht modellhaft für die physikalische Beschäftigung mit dem Schall, kann aber auch als reines Spiel aufgefaßt werden.

SM 2.5: Der Fallschirmspringer

Er verweist auf das Thema Luft und Luftwiderstand. Da der Rumpf des Springers aus der Papprolle vom Toilettenpapier besteht, kann hier einerseits der Ekel vor dem Müll (Sinne), andererseits die Hygiene (Gesundheitserziehung) angesprochen werden. Übrigens ist die Rolle hygienisch bedenkenlos.

SM 2.6: Der Windanzeiger

Die Konstruktion ist recht kompliziert. Hilfestellung ist erforderlich. Auch muß sich die Achse leicht bewegen. Die „Normung" des Anzeigers geht über das mit dem Windanzeiger angesprochene Thema „Wetter" hinaus: Es wird die Frage nach den Sinneseindrücken und ihrer Verläßlichkeit (als soziale Normierung) gestellt.

SM 2.7: Frühstück mit Folgen

Über dieses „Projekt" kann die ganze Komplexität des Themas „privater Müll" eingeholt werden. Es kann auch als Einstiegsthema dienen. Der Zusammenhang mit den Sachunterrichtsthemen „Weg der Waren", „Werbung", „Sinne" (Riechen), Materialkunde und vielen anderen ist hier leicht herzustellen. Anschließen läßt sich auch die Frage nach dem „gesunden Frühstück".

SM 2.8: Aluminium sammeln

Nicht nur das Recycling-Prinzip kann hier angesprochen werden. Es läßt sich auch eine Beziehung zum Magnetismus herstellen und zur Materialkunde. Sachinformationen sind den „Zahlen, Daten, Fakten" zu entnehmen. Die Geschichte zum Alu-Verbrauch wurde eingefügt, weil die Sammelleidenschaft leicht zu erhöhtem Alu-Verbrauch führt.

SM 2.9: Die Geschichte der Maggiflasche

Sie sollte erst gegen Ende der Behandlung des Themas „Abfall" eingesetzt werden. Nicht nur wird auf die Expansion des Verpackungsmülls hingewiesen und werden einige Erklärungsmöglichkeiten für diesen Vorgang geboten. Vielmehr sind in diesem Zusammenhang auch selbständige Befragungen vorgesehen, die auf das Thema „wie informiere ich mich" verweisen.

Weitere Ideen

- Der Frage nachgehen, ob in der Natur auch Abfälle produziert werden und ob ein „Recycling" stattfindet (etwa beim Laub); oder aber, ob es Mülldeponien der Natur gibt (Wattenmeer, Kohlelagerstätten). **LM 2.8**

- Einen Komposthaufen anlegen (vgl. das Thema 6).
- Mit den Schülern Mehrwegflaschen oder eine Zapfanlage für die Schulmilch fordern.
- Eine „Recycling-Börse" und den Verkauf aus Müll gebastelter Dinge zwecks Aufbesserung der Klassenkasse durchführen.
- Auf Ausflügen Müll-Restaurants (Burger-Restaurants) meiden. Oder: Die Abfälle der gesamten Klasse auftürmen.
- Eine Karte von der Stadt anlegen, in der alle Container und Sammelstellen verzeichnet sind.
- Sich an der Sammelaktion „sauberer Wald" o.ä. beteiligen. Aber: Diese „Reinigung" führt nicht zum „sauberen Wald", da die Verschmutzung andere Ursachen hat (vgl. auch Thema 3). Interessant ist auch eine Ausstellung der gefundenen Dinge.
- Geschichten ausdenken: Was wäre, wenn es gar keinen Müll gäbe, wenn alles immer wieder dem Recycling zugeführt würde? Was wüßte die Nachwelt von uns? Was wüßten wir von der Geschichte?
- Aus Müll Musikinstrumente machen: Trommeln, Rasseln etc.
- Aus Altpapier Papier herstellen. Anleitungen finden sich in jedem besseren Schulbuch. Die Herstellung der Schöpf- und Formrahmen sowie das Zerreißen des Papiers ist sehr zeitaufwendig. Daher verzichten wir an dieser Stelle auf eine Darstellung.

Erfahrungen mit dem Material

LM 2.9 Die Intentionen des Materials: die Distanzierung vom Müll zu überwinden, zu fragen, was Müll ist, und zu verdeutlichen, daß nichts verlorengeht, auch wenn der Müll beseitigt wird, konnten durchaus im Unterricht realisiert werden. Grundschüler differenzieren dabei weniger nach dem Schema brauchbar/unbrauchbar (sie meinen, fast alles irgendwie irgendwann nutzen zu können) als nach dem Schema alt/neu. Die Begeisterung für das Neue sollte mit dem Material auch keinesfalls genommen werden, sondern an konkreten Gegenständen sollten die Schüler die Erfahrung machen können, daß das Alte oft noch brauchbar ist. Über diesen Weg erlebten sie oft, daß das Alte (z.B. eine leere Dose) Voraussetzung ist, um etwas basteln zu können (z.B. ein Musikinstrument).

Die Texte wurden im allgemeinen in den Unterricht eingebaut und aufgrund ihrer Länge sowie ihres Schwierigkeitsgrades nur selten insgesamt vorgelesen. Auch ließen sich viele Materialien in den Kontext anderer Unterrichtsthemen stellen, wie es das didaktische Konzept vorsieht.

Zu einzelnen Aspekten:

- Die Geschichte von der Stadt Nova wird von den Schülern fasziniert aufgenommen — dies aber in erster Linie unter dem Aspekt, daß dort morgens alles neu ist, und weniger aufgrund der Tatsache, daß nichts verlorengeht (dazu eignen sich besser Versuche, bei denen etwas vergraben wird).
- Die Nutzung von Sperrmüll und alten Möbeln sowie die Einrichtung von Müllkisten hat sich bewährt.

- Die Bastelanleitungen (Schnurtelefon, Fallschirmspringer, Windanzeiger u.a.) sind als Anregung gedacht. Auf der Basis von gesammeltem Material kommt es schnell zu neuen Bastelideen (z.B. Stelzen aus Dosen).
- Die Themen „Frühstück mit Folgen" und „Aluminium sammeln" führen leicht zu größeren Debatten und umfangreichen Erkundungen. Dabei ist den Schülern nur schwer deutlich zu machen, daß das Recycling nicht immer eine gute Sache ist. Auch neigen die Schüler zu Moralisierungen („das darf man nicht kaufen, das ist zuviel Müll"), gegen die die Freude an Verpackungen („das sieht aber schön aus") kaum eine Chance hat.
- Die Geschichte von der Maggiflasche war oft Anlaß, nach weiteren Veränderungen beim Einkauf und bei der Verpackung zu fragen. So entstand etwa das Bild vom „Einkauf früher" (der Bezug zum Thema „Rad und Raum" liegt hier nahe).

Buch- und Medientips

Buchtips

W. Helm u.a.: Der Schatz in der Mülltonne, Verlag Kölner Volksblatt, Köln 1985. **LM 2.10**
Klar strukturiert, setzt es den Schwerpunkt auf die Müllvermeidung. Unseres Erachtens derzeit das beste Buch zum Thema Abfall.
Bund für Umwelt und Naturschutz (Hg.): Deponie Erde, FreizeitVerlag, Baden-Baden 1985.
Das Recycling und die Verfahren der Abfallbeseitigung stehen hier im Zentrum. Auch findet sich einiges zur Geschichte der Müllbeseitigung.

Filmtips

Altglas ist kein Müll (1977, LBS, Lichtton, Farbe, 16 Min., ab 2. Klasse).
Gegen das Wegwerfen von Glas gerichtet, beschreibt es die Sammlung von Altglas.
Neues Glas aus alten Flaschen (1977, LBS, Lichtton, Farbe, 14 Min., ab 2. Klasse).
Vereinfachte Darstellung der Glasherstellung vom Container bis zur neuen Flasche.
Wie der Müll zum Problem wurde (1980, LBS, Lichtton, Farbe, 13 Min., ab 3. Klasse).
Es wird die Geschichte von Kindern erzählt, die auf einem unbebauten Grundstück aus Gerümpel eine Hütte bauen und Probleme mit Luft, Wasser und Müll haben.
Geplante Beseitigung (1982, LBS, 12 Dias, Farbe, ab 1. Klasse).
Sie zeigen, wie man im eigenen Lebensbereich den Müll sinnvoll beseitigt.
Gschmüder — Ghüter — Güsel (1982, 25 Folien plus Begleitmaterial, zu beziehen über den BUND, ab 1. Klasse).
Die Folien geben Anregungen zum Spielen mit Müll, enthalten Lieder zum Thema Müll u.a.
Müllprobleme (1984, LBS, 12 Folien, Farbe, ab 4. Klasse).
Formen der Müllbeseitigung und Recycling werden vorgestellt.

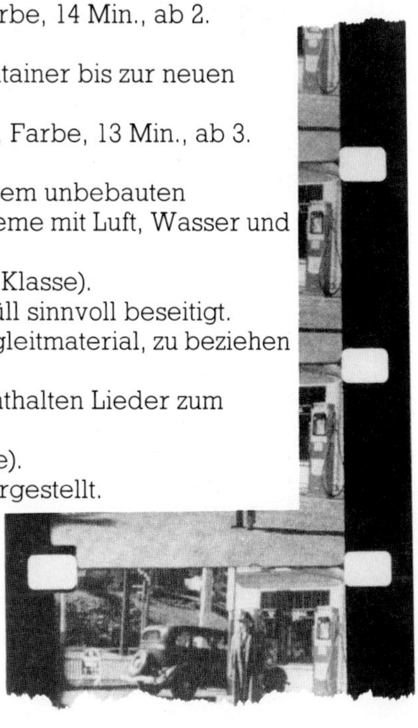

ABFALL SCHÜLERMATERIAL (SM)

Die Geschichte von der Stadt Nova

In der Stadt Nova ist jeden Morgen alles neu. Jeden Morgen erwachen die Bewohner in frisch bezogenen Betten. Sie duschen sich dann mit einer Seife, die sie gerade aus einer neuen Verpackung genommen haben. Dann kleiden sie sich in strahlend saubere neue Hemden und Hosen. Aus dem neuesten Kühlschrank holen sie ihr Frühstück. Das Frühstück ist ganz mit Plastik umgeben. Die Cornflakes und die Milch stammen aus neuen, ganz bunten Tüten. Sie hören beim Frühstück die neueste Musik und die neuesten Nachrichten aus dem neuesten Radio. In den Höfen der modernen Hochhäuser und auf den Straßen stehen die Plastiksäcke mit den Resten der Stadt Nova von gestern. Sie warten auf die Müllabfuhr. In den Säcken befinden sich die leeren Zahnpastatuben und Marmeladengläser, die Zeitungen von gestern und die Essensreste von gestern. Auch das Geschirr von gestern, die alte Hose und auch ein Lexikon ist in den Säcken. Was nicht in die Säcke paßt, wird in den Sperrmüll gegeben. Der alte Kühlschrank gehört dazu und auch das braune Sofa.

An den Dingen, die täglich weggeworfen werden, können die Nachbarn sehen, wie gut es einem geht. Immer freut man sich in Nova, wenn die Müllabfuhr kommt und das verbrauchte Nova von gestern abholt. Wo die Müllmänner den Müll lassen, danach fragt keiner. Man weiß nur, daß der Müll vor die Stadt gebracht wird. Aber die Stadt Nova wächst, und so müssen die Müllhalden immer weiter vor die immer weiter wachsende Stadt verlegt werden. Weil Nova wächst, und weil immer mehr neu gekauft wird und das alte weggeschmissen wird, wachsen auch die Müllhalden.

Die Halden werden immer größer und höher. Nova ist schon von einem ganzen Müllgebirge umgeben.

So gibt es das neue Nova und das alte Nova. Das eine ist die immer sauber und frisch aussehende Stadt, das andere Nova ist das alte, dreckige, stinkende, riesige Gebirge. Ihr könnt Euch denken, daß die Müllberge von Nova bald die ganze Welt bedecken würden, wenn es nicht die anderen Städte in diesem Land gäbe. Aber auch die anderen Städte haben Berge aus Müll geschaffen, die sie umgeben. Dadurch stützen sich die Müllberge gegenseitig. In den tiefen Trichtern und Tälern liegen die Städte, die alle so aussehen wie Nova. Sie sind durch die stinkenden, verseuchten Gebirge voneinander getrennt.

Je höher die Berge werden, desto mehr besteht die Gefahr, daß sich von ihren Spitzen Müllawinen lösen. Vielleicht ist es eine alte Blechdose, ein alter Reifen oder eine alte Flasche, ein alter Schuh oder ein kaputter Fußball, der die Lawine ins Rollen bringt. Dann wird die schöne Stadt Nova unter all den alten Zeitungen, verwelkten Blumen, Marmeladengläsern und Zahnpastatuben, unter den alten Fernsehern und Sofas begraben.

Was mit den Städten ist, die jenseits des Gebirges liegen? Sie werden die Gelegenheit nutzen und das neue Nova unter ihrem alten Müll einebnen. So haben sie Platz, um sich weiter mit ihrem Müll auszudehnen. Eines Tages wird dort, wo einst die täglich neue Stadt Nova war, ein riesiges Gebirge entstanden sein. Dieses Gebirge wird dann die beiden Städte voneinander trennen, die heute noch östlich und westlich von Nova liegen.

Wir richten das Klassenzimmer ein

SM 2.2 Das Klassenzimmer ist ein Kinderzimmer. Es ist ein Kinderzimmer für 20 Kinder. Manchmal sind es noch mehr. Wie soll es eingerichtet werden? Was braucht Ihr? Wo bekommt Ihr die Dinge her?
Vieles läßt sich zu Hause im Keller oder auf dem Dachboden finden. Das sind die Dinge, die eigentlich in den Sperrmüll sollen. Alte Regale, ein altes Sofa, ein Aquarium, eine Kommode und vieles andere werdet Ihr vielleicht finden.

Warum soll man die Dinge in den Sperrmüll geben, wenn Ihr sie noch gebrauchen könnt?
Ihr könnt die alten, abgestoßenen Regale und Sessel auch anmalen. Dann sehen sie wieder fröhlich aus. Aber viele schöne Farben sind giftig, wenn man sie verstreicht. Es gibt aber auch Bio-Farben, die nicht giftig sind. Vielleicht sind sie auch so schön wie die giftigen?

Unsere Müllsammlung

SM 2.3

Wenn Ihr einmal das Buch für den Sachunterricht durchblättert, findet Ihr viele Sachen, die Ihr im Unterricht braucht. Papier, Pappe, Stoff, Holz, Draht und vieles mehr benötigt Ihr irgendwann. Ihr müßt diese Dinge nicht immer neu kaufen. Vieles läßt sich aus dem Müll zu Hause heraussuchen: Kartons, Papier, Stoff, Holz, Dosen, Drahtbügel, Korken und andere Dinge lassen sich dabei finden. Daraus könnt Ihr zum Beispiel eine Puppenstube basteln, Papierblumen, Windräder, Drachen, Flugzeuge, Hampelmänner, Rennautos, Häuser und Brücken.
Wenn das Basteln und Spielen mit Müll so richtig Spaß machen soll, dann lohnt es sich, diese Abfälle zu sammeln. Und zwar immer, nicht nur, wenn Ihr gerade etwas braucht. Da ist es praktisch, sich vom Gemüseladen oder Supermarkt einige Obstkisten zu besorgen. Auch einige Kartons mit Deckel sind ganz nützlich. Das ist ja auch alles Müll.
Ich schlage vor, folgende Kisten und Kartons aufzustellen:

Eine Kiste für Holzreste und alles, was aus Holz ist.
Eine Kiste für Dosen und alles, was sonst aus Metall ist.
Eine Kiste für Zeitungspapier.
Eine Kiste für bunte Zeitschriften, schöne Bilder und Geschenkpapier.
Eine Kiste für Gläser und Flaschen. Besonders kleine Gläser mit Deckel kann man gut gebrauchen.
Eine Kiste für Stoffreste, Apfelsinennetze und ähnliches.
Verschiedene Kartons für Schrauben, Nägel, Kronkorken und andere Korken, für Bindfäden und Schleifen, Glühbirnen, Knöpfe und was euch sonst noch einfällt.

Dann solltet Ihr noch Kartons sammeln. Große und ganz kleine. Wichtig sind auch Rollen aus Pappe: Toilettenpapierrollen, die Rolle von der Alufolie und von den Küchenrollen. Ihr könnt einfach alles sammeln. Und bevor etwas in den Sperrmüll geht oder in die Mülltonne, solltet Ihr es Euch erst einmal anschauen. Bei der alten Kaffeemühle lohnt schon das Kabel, und ein Schlag mit dem Hammer auf das Ding bringt ganz neuen Müll hervor. Nebenbei gefragt: Warum kann man die Kaffeemühle eigentlich nicht reparieren und den Fön auch nicht?
Ihr könnt auch überlegen, ob Tannenzapfen, Kastanien, Eicheln, bunte Blätter, Muscheln und Steine sowie zerschlagene Schüsseln nicht auch gesammelt werden sollten. Ist das nicht auch alles Müll? Und kann man das aufbewahren?
Ihr müßt aber nicht alles aus Abfällen herstellen. Manchmal ist es ja auch ganz schön, eine ganz neue Pappe zu zerschneiden oder einen ganz tollen, neuen, bunten Stoff zu benutzen, oder?

Das Schnurtelefon

SM 2.4 Ihr benötigt:
2 leere Konservendosen von 7—8 cm Durchmesser
15—20 m Zwirnfaden oder Perlonschnur
1 Hammer
1 dünner Nagel
Von den Konservendosen müßt Ihr den Deckel ganz entfernen und die scharfen Zacken flachklopfen. Mit dem Nagel wird dann ein kleines Loch in die Mitte des Bodens der Dosen geschlagen. Dann wird die Schnur durch die Dosen gezogen und so verknotet, daß sie nicht mehr durchrutscht.
Jetzt müßt Ihr die Dosen so festhalten, daß die Schnur straff gespannt ist. Nun könnt Ihr in die eine Dose hineinsprechen, und in der anderen Dose kann man dies hören.

Der Fallschirmspringer

SM 2.5 Ihr benötigt:
1 Plastiktüte oder 1 Stück Stoff, etwa 35 cm lang und breit. Der Stoff sollte keine Falten und Löcher haben!
1 Rolle vom Toilettenpapier
5 Flaschenkorken
2 m Schnur
1 Sägemesser
1 Locher
Falls Ihr den Springer anmalen möchtet, benötigt Ihr auch noch Tusche.
Für den Rumpf des Springers schneidet Ihr die Rolle durch, da Ihr nur eine halbe Rolle benötigt. Die fünf Korken werden von oben bis zur Mitte eingeschnitten. Die Rolle wird jetzt an einem Ende zusammengedrückt, und es wird ein Korken darauf geschoben. Das ist der Kopf. Unten, wo die Rolle noch rund ist, schiebt Ihr zwei Korken darauf. Das sind die Beine. Die Arme jetzt noch nicht festmachen!
Erst müßt Ihr in den vier Ecken der aufgeschnittenen Tüte oder des Stoffs mit dem Locher Löcher machen. Dann wird der Faden in vier gleiche Teile geschnitten und jeweils durch ein Loch gezogen und

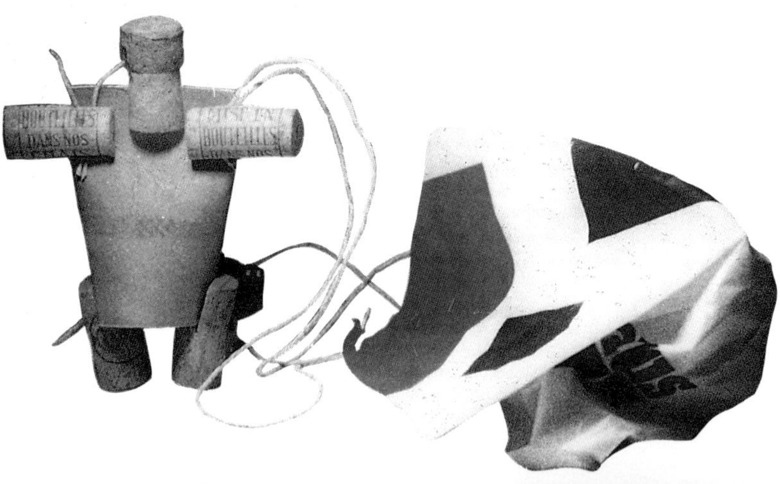

festgeknotet. Jeweils zwei Fäden, die an der gleichen Seite des Stoffs oder der Tüte festgemacht sind, werden jetzt in die beiden Korken geklemmt, die noch übrig sind. Dann schiebt Ihr sie neben den Kopf auf die Rolle. Fertig ist der Fallschirmspringer aus Müll.
Jetzt braucht Ihr nur noch ins nächste Stockwerk zu gehen, das Fenster aufzumachen und den Stoff in der Mitte festzuhalten. Wenn Ihr gleichzeitig loslaßt, kommen die Springer trotzdem nicht gleichzeitig auf dem Boden an. Und wenn Ihr in die Mitte des Stoffes ein großes Loch macht, saust der Springer ganz schnell nach unten.
Wieso eigentlich?

Der Windanzeiger

SM 2.6

Ihr benötigt:
1 Kaffeedose mit Plastikdeckel
1 Stück Styropor
1 Kleiderbügel aus Draht
2 Stücke festen Karton
1 Zwirnfaden
1 kleine Styroporkugel
Außerdem: Klebeband, wasserfesten Schreibstift, Feuerzeug, Messer, Kneifzange, Schere, Nadel.

Das Styropor mit dem Messer so zuschneiden, daß es in die Dose paßt. Es darf nicht wackeln. Den Bügel auseinanderbiegen zu einem langen, geraden Draht. Ein Ende heiß machen. Mit dem heißen Draht mitten durch den Deckel ins Styropor stechen. Den Draht wie auf dem Bild biegen, abkneifen und in die Kaffeedose stecken.
Eine Pappe quadratisch schneiden und die vier Himmelsrichtungen darauf einzeichnen. Wie auf dem Bild eine Wetterfahne ausschneiden und am Draht festkleben.
Die Styroporkugel mit der Nadel durchstechen und den Zwirnfaden durchziehen, dann am Draht festmachen.
Jetzt dreht sich die Wetterfahne im Wind, und die Kugel wird mit jedem Windstoß nach oben gedrückt.
Aber woher wißt Ihr, wo Norden, Süden, Osten und Westen ist?
Woher wißt Ihr, wie stark der Wind weht?

Frühstück mit Folgen

SM 2.7 Macht doch einmal ein Frühstück mit der ganzen Klasse! Bei schönem Wetter könnt Ihr es auch im Freien veranstalten.
Damit nicht vieles doppelt mitgebracht wird und weil größere Mengen oft billiger sind als kleine (wieso eigentlich?), könntet Ihr am Tag vorher folgendes überlegen: Was essen wir gerne zum Frühstück? Was können wir von zu Hause mitbringen? Was müssen wir einkaufen? Was kostet das? Reicht die Summe in der Klassenkasse? Was brauchen wir noch (Messer, Tassen, Servietten)? Wie bekommen wir heiße Getränke?
Anhand des Frühstücks könnt Ihr über viele Dinge reden, und nachher könnt Ihr vieles tun. Hier einige Beispiele:

- Wenn Ihr alles zum Essen und Trinken auspackt und in Gefäße und auf Teller füllt, **bevor** Ihr mit dem Frühstück beginnt, werdet Ihr sehen, daß der Berg der Verpackungen größer ist als der Berg der Getränke und des Essens.
- Woher kommen die Dinge, die Ihr eßt oder gebraucht? Woher kommt die Apfelsine, die Milch, das Brötchen, das Messer, der Strom oder das Gas für die heißen Getränke? Wie könnt Ihr das erfahren?

- Was macht Ihr mit den Verpackungen und den Essens- und Getränkeresten? Ihr könntet alles in die Mülltonne werfen. Das ist am einfachsten. Bevor Ihr das macht, gibt es aber noch einige andere Möglichkeiten.
Ihr könntet zum Beispiel versuchen, die Verpackungen im Laden wieder abzugeben. Ihr wolltet ja nur etwas zum Essen und Trinken kaufen, und die Verpackung könnt Ihr weder essen noch trinken. Was wird der Ladenbesitzer wohl sagen?
Ihr könnt auch den Müll nach den verschiedenen Stoffen aufteilen: Papier, Pappe, Plastik, Glas, Metall, Essens- und Getränkereste.
Jetzt könnt Ihr versuchen, diesen Müll getrennt loszuwerden: Sauberes Papier und Pappe gehören in den Papiercontainer (wo steht der nächste?), Glas könnt Ihr in den Glascontainer werfen. Essensreste gehören auf den Komposthaufen, wenn Ihr einen Schulgarten oder Eltern mit Gärten habt.
Kommt Ihr ganz ohne Mülltonne aus? Ist das, was Ihr in den Ausguß schüttet, auch Müll?
- Ihr könnt auch diejenigen Verpackungen aufbewahren, mit denen Ihr noch spielen oder basteln möchtet.
- Ihr könnt auch ein Riechspiel veranstalten. Einige bekommen die Augen verbunden und dürfen raten, was in den Packungen war oder ist, an denen sie riechen.
- Ihr könnt die Eltern und Großeltern fragen, ob es früher auch so viele Verpackungen gab.
- Manche Dinge sind schon deshalb schön, weil sie so schön verpackt sind, oder?
- Ihr könnt auch selbst schöne Verpackungen aus alten Schachteln, Dosen, Flaschen und anderem Material basteln. Wie wäre es mit einer ganz neuen Verpackung für Eure Lieblingsseife?
- Euch fällt sicherlich auch selbst noch etwas ein, das Ihr erfahren möchtet, worüber Ihr nachdenken könnt und was Ihr mit dem Müll machen könnt.

Aluminium sammeln

Der Deckel vom Joghurt und vom Quark, die Cremedose, Tuben, Schokoladenpapier und viele silbrig glänzende Abfälle sind aus Aluminium.
Die Herstellung von Aluminium kostet aber sehr viel Strom, und es entstehen sehr giftige Abfälle. Wenn nun das alte Aluminium gesammelt wird, kann man in der Fabrik wieder neues Aluminium daraus machen. Das kostet viel weniger Strom und macht viel weniger giftige Stoffe, weil das Aluminium ja nicht ganz und gar neu hergestellt werden muß.
Wenn Ihr das Aluminium sammelt und zurückgebt und wenn daraus wieder neues Aluminium gemacht wird, dann wird das „Recycling" genannt. Das ist englisch und bedeutet „Wiederverwendung". Auf dem Bild könnt Ihr sehen, wie das gemeint ist.

- Ihr könnt in der Schule eine Tonne oder Kiste aufstellen, in der das Aluminium gesammelt wird.
- Vorher müßt Ihr Euch erkundigen, wo das Aluminium abgegeben werden kann.
- Das Aluminium, das Ihr sammelt, muß aber frei von Eisen, Papier, Plastik und Essensresten sein.
- Was alles aus Aluminium ist, könnt Ihr mit einem Magneten feststellen. Eisen wird vom Magneten angezogen, Aluminium nicht.

Familie Nagel und das Aluminium

SM 2.8

Weil die Herstellung von ganz neuem Aluminium so viel Strom kostet und die Umwelt verschmutzt, hatte Familie Nagel beschlossen: „Wir benutzen kein Aluminium mehr und kaufen nur noch solche Waren, die nicht in Aluminium verpackt sind."
Das war ganz schön schwer. Zahnpasta gab es fast nur in Aluminiumtuben, und jedes Joghurt hatte einen Aluminiumdeckel. Auch wollte Familie Nagel nicht darauf verzichten, mit der so schön glänzenden bunten Aluminiumfolie Weihnachtssterne zu basteln.
Eines Tages konnte man aber das Aluminium, das bei Nagels zusammenkam, in einer Sammelstelle abgeben. Da sagte Frau Nagel: „Prima, jetzt können wir wieder mehr Aluminium benutzen. Denn wenn es wiederverwendet wird, kostet das ja viel weniger Strom und ist viel weniger schädlich für die Umwelt."
„Ja", sagte Herr Nagel, „Recycling ist eine prima Sache."
Jetzt kauft Familie Nagel wieder mehr Dinge, die aus Aluminium sind oder in Aluminium verpackt sind.
Ob das richtig ist, was Familie Nagel da macht?

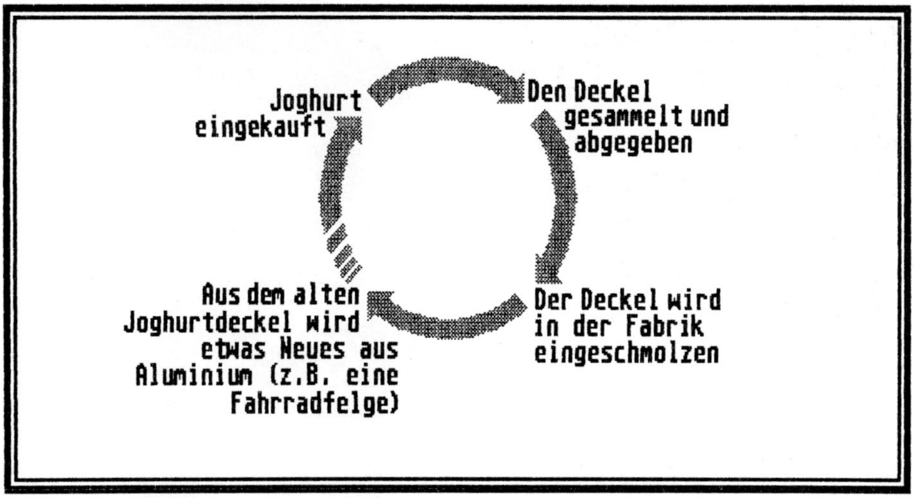

Die Geschichte der Maggiflasche

SM 2.9

Vor dreißig Jahren gab es zwei Maggiflaschen. Die eine war groß, die andere war klein. Die große Flasche stand beim Kaufmann im Regal. Die kleine Flasche stand in der Küche. Wenn die kleine Flasche leer war, ging Frau Magel in den Kaufmannsladen. Dort wurde die kleine Flasche aus der großen Flasche wieder aufgefüllt. Das kostete damals 20 Pfennig. Während die kleine Flasche aufgefüllt wurde, konnten sich der Kaufmann und Frau Magel unterhalten.
Als die großen Supermärkte entstanden, war in diesen Läden niemand mehr da, der Maggi aus der großen Flasche in die kleine Flasche füllte. Im Supermarkt gab es nur noch wenige Verkäuferinnen. Die hatten keine Zeit, Maggi abzufüllen. Der Besitzer des Supermarktes hatte nämlich sehr wenige Verkäuferinnen eingestellt, um Geld zu sparen. Daher wurde die große Maggiflasche abgeschafft. Und die kleine Maggiflasche mußte man jetzt wegwerfen. Das ist noch heute so. Statt einer Maggiflasche, die man immer wieder benutzen kann, stehen jetzt in den Regalen Maggiflaschen, die man nur einmal benutzen kann.
Jetzt kostet das Maggi natürlich viel mehr. Denn man muß die Flasche und das Etikett und den Transport der vielen kleinen Flaschen immer mitbezahlen. Seither findet man auch in den Mülltonnen hin und wieder Maggiflaschen. Früher war das nicht so.
Also: Ich will Maggi kaufen, aber die Flasche brauche ich eigentlich gar nicht. Trotzdem muß ich die Flasche immer mitkaufen – und das Maggi kostet inzwischen über 2 Mark. Außerdem machen viele Flaschen viel Müll. Und viel Müll kostet auch wieder Geld. Und wenn man immer neue Flaschen herstellt, kostet das viel Strom, macht das Arbeit, verschmutzt es Luft und Wasser.
Fragt doch einmal Eure Eltern oder Großeltern, wie sie früher eingekauft haben. Was war früher alles verpackt, und was konnten sie lose kaufen? Wie groß waren früher die Mülltonnen, und was haben sie weggeworfen?

Was Ihr noch alles machen könnt

SM 2.10

- Aus Kartons, Deckeln, Kabeln und Knöpfen ein Müllmonster bauen.
- Aus Altpapier Flugzeuge falten.
- Aus Pappe, Holz, Dosen und Deckeln Autos bauen.
- Dosen aufeinanderstapeln und mit einem Ball umwerfen.
- Batterien sammeln und ins Geschäft zurückbringen. Je kleiner die Batterie, desto giftiger ist sie meistens.

Am ungiftigsten sind die billigen Batterien. Es gibt aber auch Batterien, die wieder aufgeladen werden können. Es gibt auch Taschenlampen, die Ihr mit der Hand betreiben könnt.

- Erkunden, wo der Müll hingefahren wird und was man dann damit macht.
- Eine Umfrage machen: Wo lassen die Leute ihr Papier, ihre Flaschen, ihre alten Möbel, alte Kleidung, alte Medikamente, Altöl, alte Farben, Aluminium?
- Erkunden, wo man alte Farben, Medikamente, Glas, Papier, Kunststoff abgeben kann.
- Musikinstrumente aus Abfällen herstellen. Hier ein Beispiel für die „Heulende Dose":

Ihr benötigt eine große Konservendose ohne Deckel, 50 cm Gardinenband, eine Leiste, ca. 1 x 4 cm, 25 cm lang, eine Ringschraube.

In die Mitte des Dosenbodens ein kleines Loch machen. Vom Holz, wie auf dem Bild zu sehen, eine Ecke absägen. Oben in der Latte die Ringschraube ein Stück eindrehen, das Band festmachen, die Dose auf den Boden stellen, festhalten, das Band straffen, und schon heult die Dose los.

- Eine große Müll-Ausstellung für die Schule oder den Elternabend machen.

Auf eine Pappe den Müll kleben, den Ihr auf dem Schulweg gefunden habt.

In einer Ecke alle leeren Verpackungen auftürmen, die bei allen Kindern in einer Woche zusammengekommen sind.

In einer hochgestellten Obstkiste verschiedene Verpackungen für Getränke zeigen: Dosen, Plastikflaschen, Pappbehälter, Einwegflaschen und Pfandflaschen. Pfandflaschen kann man etwa 60mal benutzen. Die Herstellung einer Alu-Dose (Magnet-Test!) kostet 24 Pfennig, das Getränk darin nur 4 Pfennig.

In einer Kiste Giftmüll ausstellen: Knopf-Batterien, Öldosen, Farb- und Spraydosen, leere Medikamenten-Packungen, Haushaltsreiniger, UHU.

Eine Kiste kann Dinge enthalten, die immer wieder benutzt werden können: Pfandflaschen, Einkaufstasche aus Stoff, Leder oder Jute, Füllfederhalter, Teesieb oder Teenetz, Milchkanne, Taschenlampe für den Handbetrieb und was Euch sonst noch einfällt.

Außerdem könnt Ihr ausstellen, was Ihr selbst aus Müll gebastelt habt, oder Ihr könnt aus Müll Bilder zusammenkleben und aufhängen.

- Hier fällt Euch bestimmt selbst noch etwas ein.

Buchtip

SM 2.11

Ein Buch mit sehr vielen ganz einfachen Anleitungen zum Spielen und Basteln mit Müll ist:

K. Hoffmann-Pieper: Basteln zum Nulltarif. Spiel und Spaß mit Haushaltsdingen. rororo 7955, 1985.

3. WASSER- UND LUFT-VERSCHMUTZUNG LEHRERMATERIAL (LM)

Ökologische Perspektive

LM 3.1 In den Schulbüchern für den Sachunterricht wird hauptsächlich das Thema Wasser, weniger das Thema Luft behandelt. Der Grund hierfür liegt in der geringeren Anschaulichkeit und verminderten sinnlichen Wahrnehmbarkeit von Luft. Daher wird meistens vom Thema Wasser auf das Thema Luft übergeleitet. Wir folgen diesem Prinzip und lassen den Aspekt der Luftverschmutzung durchgängig in den Hintergrund treten, möchten ihn jedoch wegen seiner Bedeutung nicht ganz wegfallen lassen.

Die Elemente Luft und Wasser dienen im traditionellen Sachunterricht vor allem der Einführung in physikalische Betrachtungsweisen und einfache Versuche („Wasser hat Kraft", „Wirkung des Windes"). Häufig wird über den „Kreislauf des Wassers" zum Thema Wetter und Luft übergeleitet. Die Erkenntnis, daß „alle Lebewesen Wasser und Luft brauchen", findet sich beim Thema „Keimen

und Wachsen". Wo die Wasser- und Luftverschmutzung als Umweltproblem aufgegriffen wird, steht in den Schulbüchern die Technik als Problemlösungsstrategie im Vordergrund (z. B. Funktion einer Kläranlage, Grundwasserverschmutzung durch Öl und Lackfarben).
Der Grundgedanke des vorliegenden Materials ist ein doppelter: Die Wasser- und Luftverschmutzung sollte Anlaß für eine sinnliche Auseinandersetzung mit diesen Elementen sein. Über das „greifbare" Element Wasser läßt sich die nicht greifbare Luft thematisieren. Wasser wird somit nicht nur als H_2O und Luft nicht als bloßes Gasgemisch verstanden. Erst wenn die Elemente und der Umgang mit ihnen als Teil der kulturellen Tradition deutlich werden, bestehen die Voraussetzungen dafür, daß die Luft- und Wasserverschmutzung in ihrer umfassenden Bedeutung auch wirklich verstanden werden kann. Da das Thema Wasser hier im Mittelpunkt steht, soll das Gemeinte an ihm näher verdeutlicht werden:
Wasser wird im Zusammenhang mit Erholung und Sauberkeit, als täglicher Gebrauchsgegenstand und als Lebensmittel wahrgenommen. Für Erwachsene hat das Wasser häufig auch noch eine symbolische Bedeutung: Es ist Sinnbild des Lebens und der Vergänglichkeit. Manchmal sind Erwachsene auch noch von der Stille und Tiefe des Wassers fasziniert. Bei Kindern hingegen liegt die Faszination des Wassers hauptsächlich im Spiel: Plantschen, mantschen, spritzen etc. macht ihnen Freude. Für Kinder ist die Formveränderung und die Fluidität des Wassers entscheidend.
Aus ökologischer Sicht ist diese Freude und Faszination zu erhalten und zu fördern. „Wasser macht Spaß" ist dafür ein Schlüsselsatz. Nur so ist aus einer Sichtweise herauszukommen, die bei Wasser, wie bei anderen Rohstoffen in der Natur, lediglich nach seiner Verwertbarkeit fragt.
Eine ökologische Sichtweise geht also über den Aspekt der Sauberkeit des Wassers hinaus und dies aus mehreren Gründen:
— Trotz der vorhandenen und zukünftig denkbaren technischen Verfahren zur Wasseraufbereitung wird es nicht möglich sein, aus verschmutztem Wasser wieder klares Quellwasser zu machen.
— Die Betonung der Sauberkeit des Wassers allein unterschlägt die kulturellen, mythischen und religiösen Aspekte.
— Eine Erziehung, die mit Macht auf eine Distanzierung zum Schmutz drängt, ist pädagogisch so wenig haltbar wie der Drill bei der Sauberkeitserziehung von Kleinkindern.

Zahlen, Daten, Fakten

Wasserverbrauch

Wasser ist nicht nur Nahrungsmittel für Menschen, Pflanzen und Tiere, sondern gleichzeitig auch Lebensraum für Pflanzen und Tiere. **LM 3.2**
Die gesamte Menge der **Wasservorräte** auf der Erde wird auf eine Größe zwischen 1360 Millionen Kubikkilometer und 1640 Millionen Kubikkilometer geschätzt. Im Ozean sind 97,2% der Gesamtwassermenge enthalten. 2,5% des Wassers machen das Gletschereis und die Polarkappen aus. Wirklich flüssiges, dauernd im Kreislauf befindliches Wasser macht schließlich 0,05% aus.
Der gesamte **Wasserbedarf** betrug in der Bundesrepublik Deutschland 1975 rund 34 Millarden cbm. Davon entfielen auf die Elektrizitätswirtschaft etwa

19 Mrd. cbm, die Industrie ca. 12 Mrd. cbm und auf Haushalte und Kleinverbraucher ca. 3 Mrd. cbm.
Der **Wasserverbrauch** in Haushalten wird auf 140 l pro Kopf und Tag geschätzt. Für Duschen und Baden 20—40 l, Wäschewaschen 20—40 l, WC 20—40 l, Körperpflege ohne Baden 10—15 l, Wohnungsreinigung 3—10 l, Geschirrspülen 4—7 l, Trinken und Kochen 3—6 l.
Der Wasserbrauch hat sich in den letzten fünfzig Jahren vervierzigfacht. In den USA beträgt er heute ca. 600 l pro Kopf und Tag.
Die Studie „Global 2000" schätzt für das Jahr 2000 den Weltwasserverbrauch auf 5 450 400 Millionen cbm gegenüber 1 939 300 Millionen cbm im Jahre 1967. Für die Bundesrepublik Deutschland wird für das Jahr 2000 ein Wasserbedarf von 70 000 Millionen cbm angenommen gegenüber ca. 30 000 Millionen cbm im Jahre 1974.
Die Dimensionen der Verknüpfung von industrieller Produktion und Wasserverbrauch werden an den folgenden Zahlen anschaulich: Für die Produktion von 1 kg Feinpapier werden 1000 l Wasser benötigt, von 1 kg Garn 2500 l, von 1 t Stahl 200 000 l und für die Herstellung eines Autos 380 000 l Wasser.
Der Wasserbedarf der Landwirtschaft ist ebenfalls sehr hoch: für 1 Zentner Weizen 25 000 l, für 1 Zentner Zuckerrüben 30 000 l, für 1 Zentner Grünfutter 55 000 l.
Ein zunehmender Teil des Wasserbedarfs kann nicht mehr aus dem **Grundwasser** gedeckt werden. Dabei hat sich folgende paradoxe Situation ergeben: wäh-

Der natürliche Wasserkreislauf

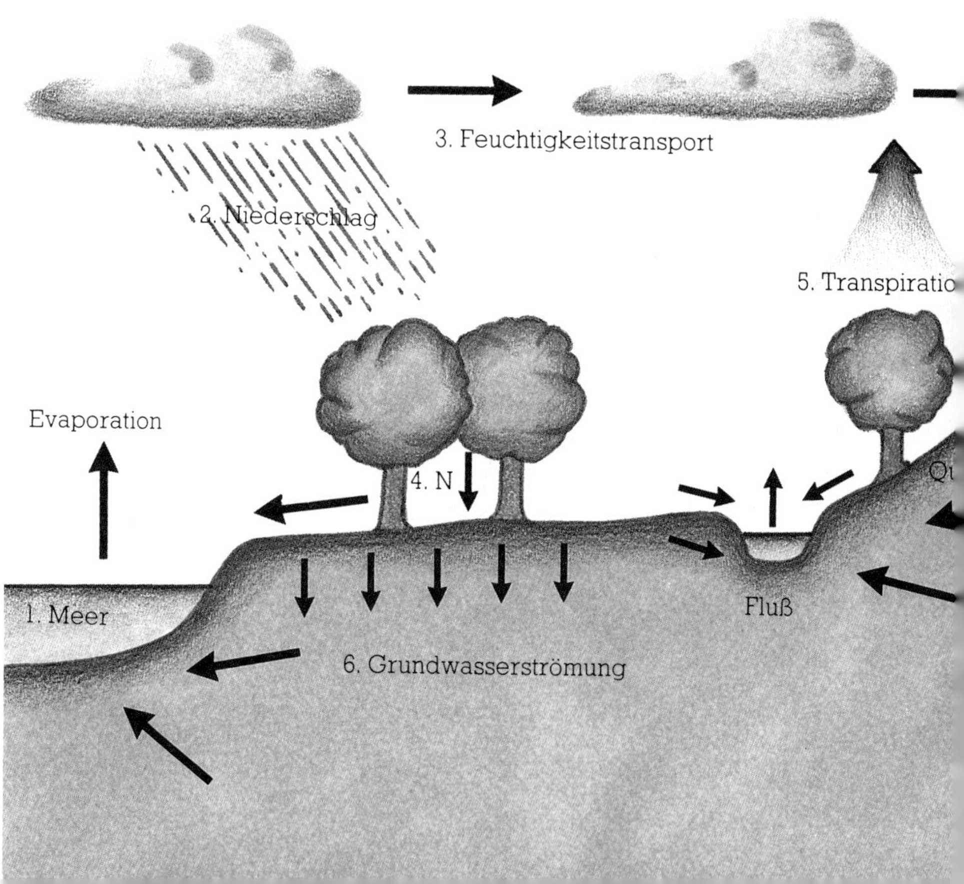

rend für die Trinkwassergewinnung auf Uferfiltrat und Oberflächenwasser zurückgegriffen werden muß, das unter hohen Kosten gereinigt wird, werden erhebliche Teile des Grund- und Quellwassers für industrielle Zwecke gefördert, obwohl dafür nur geringe Mengen qualitativ hochwertigen Wassers benötigt werden. Grundwasserabsenkungen infolge bergbaulicher Maßnahmen und Überbauung von Regenerationsgebieten führten zur Verminderung des Grundwasserbestandes.

Abwässer

Die Tatsache, daß für alle Formen des Wasserverbrauchs im Haushalt und für die meisten Arten des industriellen Wasserverbrauchs Trinkwasser genutzt wird, ist wohl vor allem eine Kostenfrage. Getrennte Zu- und Ableitungssysteme für Trink- und Brauchwasser wären denkbar. Ein erheblicher Kostenfaktor ergibt sich auch aus dem Prinzip, einen Wasservorrat in Höhe der Spitzenverbrauchsmengen bereitzuhalten, die bis zu 100% über dem Normalverbrauch liegen.
Erheblich gestiegen sind auch die Kosten der **Trinkwasseraufbereitung** aufgrund der zunehmenden Wasserverschmutzung. Aus der Industrie stammen 90% der Abwässer. Vor allem in diesen Abwässern finden sich die besonders problematischen Stoffe: z.B. Schwermetalle wie Quecksilber, Blei und Cadmium oder Chemikalien aus der Gruppe der chlorierten Kohlenwasserstoffe. Neben Abwärme und radioaktiven Abwässern sind jene Abwässer besonders bela-

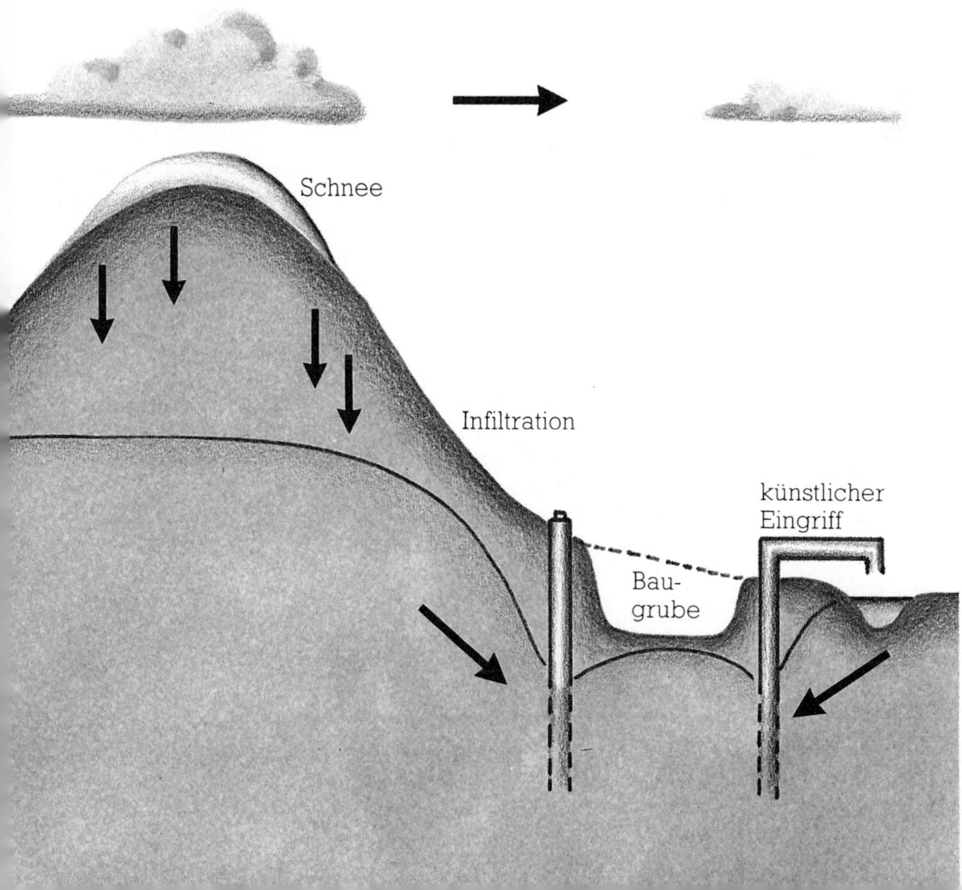

stend, die zu ihrer Neutralisierung einen hohen Sauerstoffbedarf haben. Beispiel dafür ist die Papierherstellung. Für 1 t Zellstoff werden etwa 2 t Holz gebraucht; es entsteht eine Abwassermenge von 220 000 Litern, die u.a. Stärke, Kasein, Bleichstoffe und Leim enthält. Um diese Schadstoffe zu neutralisieren, benötigt man etwa 1,2 t chemischen Sauerstoff. Das Abwasser aus der Papierherstellung beeinträchtigt erheblich die Selbstreinigungsfähigkeit der Gewässer.
Die **Selbstreinigung** wird durch aerobe Bakterien geleistet, die die organischen Wasserinhaltsstoffe abbauen; dies aber nur unter bestimmten Bedingungen, zu denen besonders eine ausreichende Menge Sauerstoff gehört (ca. 2 Liter Sauerstoff pro Gramm Trockensubstanz pro Stunde). Bei Sauerstoffmangel kann dieser Prozeß nicht mehr ablaufen. Es tritt Fäulnis der organischen Stoffe ein. Das Aufschaukeln von organischen und anorganischen Anteilen — vor allem auch Salzen — verhindert eine biologische Klärung durch Selbstreinigung.

Für den **Sauerstoffmangel** verantwortlich sind auch die großen Mengen Phosphat aus Wasch- und Düngemitteln. Das Phosphat führt zu starkem Algenwachstum, das viel Sauerstoff verbraucht. Unsere Felder werden überdüngt. Der überschüssige Dünger sickert mit dem Regen ins Grundwasser und belastet das Wasser mit Nitrat. Auch wenn ein großer Teil der Haushaltsabwässer zunächst in Kläranlagen geleitet wird, so wird dort nur ca. 1/3 der Phosphate und anderer Chemikalien abgebaut. Es sind vor allem die Reinigungsmittel aus dem Haushalt, die die Gewässerbelastung aus Haushaltsabwässern verursachen. Etwa 30 000 Tonnen Rohr- und WC-Reinigungsmittel werden jährlich in den Ausguß oder ins Klo geschüttet. Mehr als zwei Millionen Tonnen Reinigungs-, Pflege- und Waschmittel geraten jährlich ins Wasser. 1982 wurden in der Bundesrepublik Deutschland für 735 Millionen DM Putz- und Reinigungsmittel produziert. Pro Kopf und Jahr wird ca. ein halber Zentner Chemikalien beim Waschen, Putzen und Reinigen eingesetzt.
Ökologisch sinnvoll sind Schmierseife und Scheuerpulver, statt der Unzahl der Putz- und Reinigungsmittel. Problematischer ist die Situation für Waschmittel. Das absolut umweltfreundliche Waschen gibt es nicht. Empfohlen wird Sparsamkeit im Verbrauch und Verzicht auf Weichspüler und Waschkraftverstärker.
Fast 90% der Einwohner im Bundesgebiet sind an die über 7000 öffentlichen **Kläranlagen** angeschlossen, und mehr als 80% dieser Kläranlagen haben eine biologische Stufe. Der Bau von Kläranlagen galt in den sechziger und siebziger Jahren als **die** Lösung des Problems. Abgesehen davon, daß Kläranlagen nicht in der Lage sind, alle Stoffe herauszufiltern, hat sich als nicht gelöstes Folgeproblem die Frage nach dem „Wohin mit dem Klärschlamm?“ gestellt, der umwelt- oder gesundheitsgefährdende Stoffe wie Krankheitskeime und Schwermetalle enthält. Etwa 40 Millionen cbm Klärschlamm fallen jährlich in der Bundesrepublik Deutschland an; zwei Drittel wird auf Deponien gelagert und kann von dort wieder ins Grundwasser gelangen.
Möglicherweise bietet das **Wurzelraumentsorgungsverfahren** hier eine Alternative. Dieses Verfahren wird derzeit erprobt. Dabei werden die Abwässer durch Sumpfpflanzen gereinigt. Es fällt kein Klärschlamm an. Nach vorliegenden Untersuchungen entzieht die Wurzelraum-Behandlung dem

Wasser 98% der biochemisch abbaubaren und 75–78% der abbaubaren Belastung. Sie kann u.a. auch 92% des Gesamt-Stickstoffs und Schwermetalle fast vollständig im Boden festlegen.

Luft

Luft ist ebenso wichtig wie Wasser. Täglich macht der Mensch etwa 26 000 Atemzüge. Der von ihm aufgenommene Sauerstoff wird als Kohlendioxid wieder ausgeatmet. Kohlendioxid wiederum wird von den Pflanzen in Verbindung mit Wasser aufgespalten in Traubenzucker und Sauerstoff. Das heißt: der Mensch lebt indirekt durch die Pflanzen, da sie den für ihn lebensnotwendigen Sauerstoff produzieren.
Daß bei Verbrennungen schädliche Gase entstehen, ist seit langem bekannt. Ebenso bekannt sind bereits seit ca. 2000 Jahren Klagen über Geruchsbelästigungen (beispielsweise der Gerber im alten Rom) und Klagen über den Rauch aus Kaminen (brennende Augen, Reizung der Rachenschleimhäute). Als Mitte der sechziger Jahre im Ruhrgebiet hohe Schornsteine gebaut wurden – für einen blauen Himmel über der Ruhr, dachte man, die Luftverschmutzung sei nur ein lokales Problem. Die hohen Schornsteine haben jedoch, wie man heute weiß, lediglich dazu beigetragen, die Schadstoffe weiträumig zu verteilen.
Nicht bedacht wurde das physikalische Phänomen, welches für die heutige Luftverschmutzung entscheidend ist: Die Luft transportiert die Schadstoffe großräumig, und bei diesem Transport werden die Schadstoffe in der Luft durch Sonneneinwirkung in ihrer chemischen Zusammensetzung verändert. Die Luftverschmutzung ist heute kein regionales, sondern ein globales Problem, das sich allerdings in aller Regel nur lokal bekämpfen läßt.
Als die bedeutendsten Schadstoffe gelten heute Schwefeldioxid (entstehend aus der Verbrennung von Kohle und Öl in Kraftwerken und in der Hausfeuerung; es gilt zusammen mit den Stickoxiden als Hauptursache für den sauren Regen und das Waldsterben), Stickoxide (durch Emissionen aus Kraftwerken und insbesondere den Autoverkehr verursacht; in Verbindung mit anderen Schadstoffen und unter bestimmten Wetterbedingungen resultiert daraus der Smog). Zunehmend bedeutsam wird die Emission von Kohlendioxid und Staub, die im Verdacht stehen, globale Klimaveränderungen zu bewirken, da durch sie die Rückstrahlung der Wärme von der Erde ins Weltall tendenziell unterbunden wird. Treibgase (Fluorkohlenwasserstoff) in Spraydosen zerstören die Ozonschicht, die die krebserregenden Strahlen des Sonnenlichts zurückhält. Schwermetalle wie z. B. Blei im Benzin können ebenfalls Krebs verursachen. Schließlich werden durch Kunststoffe und ihre Produktion Giftgase wie z. B. Dioxin und Formaldehyd an die Luft abgegeben.
Die Auswirkungen der Schadstoffe auf die Umwelt und insbesondere ihr Zusammenwirken (Synergismus) sind heute noch weitgehend unbekannt. Die Möglichkeit einer globalen Klimaveränderung ist ebenso umstritten wie die Behauptung von den „Selbstheilungskräften" der Luft. Durch gesetzliche Maßnahmen (Technische Anleitung zur Reinhaltung der Luft, Großfeuerungsanlagen-Verordnung), durch Absorptionsverfahren in Kraftwerken, Katalysatoren in Autos, durch Grenzwertbestimmung und bleifreies Benzin wird versucht, der Luftverschmutzung Einhalt zu gebieten.

Bezug zu den Rahmenplänen

Folgende Thematiken der Lehrpläne zum Sachunterricht der einzelnen Bundesländer werden durch die hier vorgestellten Materialien zum Thema „Wasser- und Luftverschmutzung" berührt:

LM 3.3

Bundesland:	1. Schuljahr	2. Schuljahr
Baden-Württemberg	— Schwimmen und Sinken	Luft und ihre Eigenschaften
Bayern	— Kind und Schule — Wetter	— Erfahrungen mit Luft — Erfahrungen mit Wasser
Berlin	Thermometer benutzen; Kind und Schule	
Bremen	— Wir lernen die Schule kennen	— Erfahrungen mit Luft
Hamburg	— Sich in der Schule orientieren — Vom Regenwasser — Luft	— Freizeit — Umweltschutz
Hessen	— Wasser und seine Eigenschaften — Wirkungen des Windes	— Von der Luft — Das Thermometer
Niedersachsen		— Wir beobachten das Wetter — flüssig/fest
Nordrhein-Westfalen	— Wechsel der Jahreszeiten	
Rheinland-Pfalz	— Luft ist vorhanden — Erfahrungen mit Wasser	— Luft hat Kraft
Saarland	— Wir gehen zur Schule	— Eigenschaften des Wassers — Aggregatzustände — Temperaturmessungen
Schleswig-Holstein		— Schwimbad — Wetter — Wasser

3. Schuljahr	4. Schuljahr
— Wetterbeobachtung — Bedeutung des Wassers	
— Zeugnisse der Vergangenheit — Wasserversorgung der Gemeinde	— Befragen von Eltern und Großeltern — Der natürliche Wasserkreislauf
— Verdunstung und Verdichtung; Auftrieb in Flüssigkeiten; Luft als Körper — Kanalisation; Trinkwassergewinnung; Berliner Gewässer	
— Wir beobachten das Wetter	— Marsch/Watt — Wasserver- und -entsorgung — Kreislauf des Wassers — Schwimmen und Sinken
— Unser Trinkwasser — Umweltschutz	— Umweltschutz (Luft, Wasser) — Schwimmen und Sinken
— Zustandsarten, Zustandsänderungen — Mischen und trennen — Die Wasserleitung	— Umweltschutz — Schwimmen, Schweben, Sinken — Warmwasserheizung — Was Pflanzen zum Keimen und Wachsen brauchen
— Wasserversorgung u. Abwasser — Luft hat Kraft — Wasser hat Kraft	— Wir informieren uns — Wir beobachten, messen und erklären Wettererscheinungen
— Natürliche und gestaltete Umwelt; Wetter und Jahreszeiten — Luft, Wasser, Wärme	
— Luftströmung und Wetter — Wasser verwandelt sich	— Wasser hat Kraft — Die Gemeinde
— Eigenschaften der Luft — Sich informieren — Früher und heute	— Früher und heute
— Wetter; Gemeinde; Luft — Wasserversorgung; Trinkwasser — Zustandsformen von Stoffen — Natürlicher Wasserkreislauf	— Wetter; Seebad; Küste — Lösen und Wiedergewinnen — Wasserentsorgung — Verdunsten, Verdampfen, Kondensieren

Zeitperspektiven

LM 3.4 Die Einheit erstreckt sich über vier Schuljahre. Für die vollständige Einheit sind zwischen 8 und 12 Wochen zu veranschlagen. Da der Schwerpunkt eher im 3. bzw. 4. Schuljahr liegt (Wasserkreislauf), bietet sich die folgende Verteilung an: 1. Jahrgang: 1—2 Wochen; 2. Jahrgang: 1—2 Wochen; 3. Jahrgang: 3—4 Wochen; 4. Jahrgang: 3—4 Wochen.

Didaktischer Aufbau

LM 3.5 1. Schwerpunkt ist der Bereich „Wasser", weil Wasser für Kinder greifbarer und begreifbarer ist als Luft. Aus der Kenntnis des Wasserkreislaufes heraus wird die Verschmutzung der Luft erklärt.

2. Einen größeren und in sich zusammenhängenden Komplex bildet der Teil „Wasserkreislauf". Er beginnt mit „Dem Wasser auf der Spur" und endet mit „Wird schmutziges Wasser wieder sauber?". Ein aktueller Anlaß für den Einstieg in diesen Themenkomplex könnte der Montagmorgen in der nach Reinigung riechenden Schule sein. Von der Schule aus werden gewissermaßen „Feldexkursionen" unternommen.

3. Wir mögen uns weder der technischen Orientierung der Schulbücher anschließen und die Technik des Klärwerks in den Mittelpunkt stellen, noch der Aufforderung zum Wassersparen. Beide Momente sind mit aufgeführt, aber in ihrer Bedeutung bewußt abgeschwächt. Über die im Teil „Ökologische Perspektive" vorgebrachte Argumentation hinaus spielt hier die Tatsache eine Rolle, daß Wasserverbrauch und Wasserverschmutzung des einzelnen im Verhältnis zu Wasserverbrauch und -verschmutzung der Industrie gering sind (s.o.: Wasserverbrauch).

4. Wir haben auch weitgehend auf Themen verzichtet, die exakte Methoden der Beobachtung verlangen — etwa Bestimmung des pH-Wertes. Stattdessen sollen die Kinder darin bestärkt werden, ihre Sinne zu benutzen. Das sind: Anschauen, Riechen, Fühlen, Schmecken. Wir haben bei den Versuchen ebenfalls auf exakte Mengenangaben verzichtet, die sonst den reibungslosen Ablauf eines Versuches gewährleisten sollen. Uns scheint wichtig, daß die Schüler eigene Ideen einbringen können und über Versuch und Irrtum lernen. Die Schüler bedürfen beim Mißlingen eines Versuches allerdings einer emotionalen und sachlichen Unterstützung durch den Lehrenden.

Einstiege in das Thema

LM 3.6
- Eine Wanderung im Sommer läßt sich vielleicht so planen, daß man mit den Schülern in einem See baden kann. Ein Spiel könnte sein: Was kann man alles im und mit Wasser machen?
- Am Montagmorgen riecht die Schule nach Reinigungsmitteln. Man kann fragen, woher der Geruch kommt, wonach es riecht usw. Man könnte auch versuchen, den Klassenraum ohne Reinigungsmittel sauberzubekommen.
- Mit dem Rätsel (SM 3.1). Mit der Frage, „stimmt denn die Aussage in dem Rät-

sel?" läßt sich von Beobachtungen, Experimenten und Feststellungen her immer wieder auf das Rätsel zurückkommen.

- Mit den Fragen (SM 3.4); vielleicht nur mit einer Frage oder mit einigen wenigen. In bestimmten Situationen — z. B. wenn es schneit — stellen Schüler auch selbst Fragen.
- Wenn sich beobachten läßt, wie Wasser versickert oder in den Gully fließt, kann man fragen: „Wo kommt das Wasser her — und wo fließt es hin?"
- Mit dem Suchbild (SM 3.4). Dazu lassen sich eine Geschichte oder ein Gedicht vorlesen. Oder die Kinder erzählen: „Was lebt im Meer?" oder „Wasser und als ich klein war".
- Schöne Bilder von Wasser, Eis, Schnee oder Wolken ansehen.

Hinweise zu den Schülermaterialien

SM 3.1: Rätsel:

LM 3.7

Dem Rätsel können die Schüler Bilder, Zeichnungen oder Texte zuordnen. Das ist vielleicht interessanter, als die einzelnen Zeilen auf den dahinterliegenden Sachverhalt zu interpretieren.

SM 3.2: Dem Wasser auf der Spur

Der Teil ist so konzipiert, daß die Schüler die Wanderung tatsächlich unternehmen. Der Einstieg über Geschichte bzw. ein anderes Land macht sichtbar, daß aufgrund technischer Gegebenheiten die einfachen Zusammenhänge nicht mehr vertraut sind. Das Zurück„gehen" soll den Zusammenhang von Brunnen und Wasserhahn wieder erfahrbar machen. Eine Absprache für den Besuch von Pumpstation und Brunnen kann mit dem örtlichen Wasserbauamt getroffen werden. Die Wasserzuleitung läßt sich vielleicht am ehesten bei Straßenbauarbeiten oder bei einem Hausneubau verfolgen. Stationen, die von den Kindern selbst entdeckt werden könnten, wären etwa Hydranten, Hauptsperrventile, Hauptverteiler etc.

SM 3.3: Wie es früher war

Vielleicht können die Kinder Bilder mitbringen. Die Gespräche mit Eltern und Großeltern könnten auf Tonband festgehalten werden. Die Schüler sollten ihre Gesprächspartner bitten, wirklich auch etwas zu den Bildern zu sagen.

SM 3.4: Suchen und Fragen

Die Schüler können weitere Fragen dazuschreiben. Ein Teil der Fragen wird unbeantwortet bleiben (müssen); ein Teil wird sich im Laufe des Unterrichts beantworten lassen; ein weiterer Teil kann durch Befragung von Experten (Fachlehrer an der Schule, Hochschulangehörige, Redaktionen von Zeitschriften, Behörden) beantwortet werden. Die aufgelisteten Fragen sind „naive" Fragen, d.h. sie rühren her aus dem Staunen über ein Phänomen oder einen Vorgang.

SM 3.5: Dem Abwasser auf der Spur

In der Verlagerung des Abwassers von der Oberfläche in unterirdische Kanäle besteht ein technischer Fortschritt. Letztlich wird aber auch dieses Abwasser – nach dem Durchgang durch das Klärwerk – wie früher in den Fluß geleitet. Dabei hat der technische Fortschritt es bisher jedoch nicht leisten können, die modernen (Gift-)Stoffe aus dem Wasser zu entfernen. Daß heißt, auch heute wird wie in vergangenen Jahrhunderten Schmutzwasser in die Flüsse geleitet. Nur ist es anderer Art – und, wie sich an der Wasserqualität ablesen läßt, keinesfalls harmloser.

SM 3.6: Wolken und andere Regenmacher

Dieses Material dient beiden: sowohl der ästhetischen Seite als auch der physikalisch-technischen. Wichtig ist uns nicht nur, die Verdampfung und das Prinzip des Brunnens deutlich zu machen, sondern auch daran zu erinnern, daß Wasser als Wolke Stimmungen und Phantasien auslöst. Vielleicht lassen sich beide Aspekte nebeneinanderstellen.

SM 3.7: Wird schmutziges Wasser wieder sauber?

Die Versuche sind auf den kognitiven Aspekt konzentriert. Jedoch sind die „Analysen" rückgebunden an sinnliche Momente. Dies hat den Vorteil, daß auch die Grenzen sinnlicher Erfahrung (ohne zwischengeschaltete Apparatur und Chemie) ins Bewußtsein gerückt werden können.

SM 3.8: Dreck in der Luft

Mit einem physikalischen Versuch (eingefärbtes kaltes Wasser wird mit klarem, warmem Wasser übergossen) läßt sich der „Käseglockeneffekt" demonstrieren. Die Erzählung soll auch Anlaß bieten, Ängste und Erlebnisse der Schüler sowie Krankheitssymptome zu thematisieren, die bei Smog auftreten.

SM 3.9: Schmutzfänger

Thematisieren lassen sich hier alle Aspekte von Verschmutzung der Luft, reinigender Kraft des Windes (bläst den Smog weg) und Wasser (saubere Luft nach dem Regen). Alltägliche Erfahrungen und Schärfung der Wahrnehmung stehen dabei im Vordergrund.

SM 3.10: Schmutzschleuder

„Nichts geht verloren" könnte die Devise des Materials sein. Es soll ermöglichen, dem Dilemma nachzugehen, daß bei regionaler Begrenzung der Abgase die Schadstoffkonzentration das zentrale Problem ist und bei überregionaler Streuung die tendenzielle Belastung scheinbar natürlicher Regionen. Der Schmutz bleibt erhalten.

Weitere Ideen

LM 3.8

- Kindersprüche über Wasser sammeln.
- Viele Gedichte über Wasser und Fische mit leicht ironischem Unterton, die auch für Kinder verständlich sind, stammen von Joachim Ringelnatz.
- Bei einem Ausflug an einen See oder Teich läßt sich mit einer Scheibe die Klarheit des Wassers zeigen. Eine Scheibe wird schwarz/weiß bemalt und über eine Dreieckaufhängung (damit sie waagerecht im Wasser steht) mit einer Schnur verbunden, die durch Knoten in ihrer Länge markiert ist. So läßt sich feststellen, bis zu welcher Tiefe man die Scheibe noch sehen kann.
- Interview mit Behördenvertretern (Gesundheitsamt): Wo darf man baden/fischen; warum, warum nicht etc.
- Mit der Überlegung, Wasser zu sparen: am Schulklo das Kniegelenk im Wasserbehälter mit einem starken Draht umwickeln.
- Der Wasserkreislauf läßt sich gut im Sandkasten nachbauen: eine Landschaft mit Stadt, See, Fluß, Talsperre etc.
- Wassermangel in der dritten Welt. Häufig Berichte in „Natur" und „GEO".
- Wir haben auf eine genauere Anleitung zur Bestimmung der Gewässergüte durch die im Wasser lebenden Tiere verzichtet, weil das Verfahren doch kompliziert ist. Wer es machen will: Anleitung in „ökopäd", Heft 2/1983.
- Die verschiedenen Formen der Niederschläge lassen sich (an einem Wandfries) den Jahreszeiten zuordnen. In dem Zusammenhang auch Versuche und Überlegungen zum Thema „warm/kalt".
- Zum Thema: Gewässergefährdung durch Reinigungsmittel bietet sich auch an: a) entweder im Zusammenhang mit dem Thema „Werbung" die Werbung für Reinigungs- und Putzmittel oder b) eine Sammlung leerer Flaschen, Dosen etc. und Aufbau einer Plastik aus Flaschen/Dosen.
- Vielleicht fragen die Schüler auch, warum man überhaupt ein „Waschmittel" benötigt. Das Waschmittel setzt die Oberflächenspannung des Wassers herab. Das ist eine Voraussetzung für seine reinigende, d. h. Schmutzteile aufnehmende Wirkung. Die Oberflächenspannung läßt sich mit einer auf dem Wasser schwimmenden Nadel demonstrieren.

Erfahrungen mit dem Material

LM 3.9 Die Erprobung ergab, daß das Material generell in allen Jahrgängen eingesetzt werden kann. Voraussetzung ist, daß der Lehrende das Material mit den Erfahrungen der Kinder in Verbindung bringt. Das heißt, man sollte von der Faszination ausgehen, die das Wasser auf Kinder ausübt: mit Wasser spielen, über Pfützen springen, mantschen, Geschichten zum Wasser erzählen und Bilder malen.

Zu einzelnen Aspekten:

- Die literarischen und spielerischen Momente (z.B. SM 3.1) wurden manchmal als reine Einstiegstexte verstanden. Wir möchten demgegenüber noch einmal darauf hinweisen, daß es nicht Absicht ist, das spielerische, ästhetische und auch magische sowie mythologische Moment durch die Reflexion alltäglicher Erfahrungen abzulösen und später auf wissenschaftliche Analysen umzusteigen. Dieser sehr suggestive „Aufstieg" ist gerade nicht Intention. Vielmehr halten wir den Erhalt, ja sogar den Ausbau der „Lust am Wasser" und selbst mythologisierender Zugänge für unverzichtbar, soll Wasser mehr sein als bloßes (mehr oder weniger verschmutztes) H_2O.
- Die Erkundungen (z.B. SM 3.2 und auch SM 3.3) machen häufiger organisatorische Probleme (langfristiger planen). Oft ist auch den Eltern und Großeltern kaum noch gegenwärtig, wie es früher war. Wasser scheint inzwischen ein selbstverständlich zur Verfügung stehendes Element zu sein.
- Die Versuche (SM 3.5, SM 3.6, SM 3.8) sind für die Schüler zumeist sehr eindrucksvoll — besonders dort, wo sie eigene Erklärungen und Überlegungen anbringen können, da das Element Wasser für sie zu den elementarsten „Spielgegenständen" zählt.
- Beim Material SM 3.6 „Wird schmutziges Wasser wieder sauber?" hat es sich als weniger umweltbelastend und auch anschaulicher erwiesen, statt des WC-Reinigers ein Geschirrspülmittel zu verwenden. Die Tatsache, daß das Spülmittel nicht herausgefiltert werden kann, ist daran abzulesen, daß auch das gefilterte Wasser noch schäumt.
- Beim Thema „Abwässer" bietet sich ein direkter Bezug zur „Schilfkläranlage" im Thema „Landwirtschaft/Gartenbau" an.
- Das Thema „Dreck in der Luft" (SM 3.7) macht es erforderlich, über die Ängste der Schüler zu sprechen: oft wird die Umwelt als sehr bedrohlich empfunden.

Buch- und Medientips

Buchtips

LM 3.10 **I. Illich: H_2O und die Wasser des Vergessens,** rororo aktuell 1200, Reinbek 1987. Illich schildert eindrucksvoll, wie der Umgang mit Wasser von der jeweiligen Kultur abhängt.

E. Lausch: Der Planet der Meere. Forscher entschlüsseln die Geheimnisse der Tiefe, GEO im Verlag Gruner + Jahr, Hamburg 1983. Bezieht sich nicht nur auf Meere. Es finden sich auch: Wasser, Wind, Wetter, Meeresverschmutzung. Schöne Bilder und solider, umfassender Text.

G. Garbrecht: Wasser. Vorrat, Bedarf und Nutzung in Geschichte und Gegenwart, rororo sachbuch 7724, Reinbek 1985. Es gibt vor allem einen historischen Überblick über die Geschichte der Wassernutzung.
G. Scholz: Wasser zwischen H_2O und Wogengefühl, Berlin 1988.
Auf 60 Bögen wird das Wasser sinnlich und experimentell für Schüler erfahrbar. Bezug: Lernbögen, Essener Str. 14, 1000 Berlin 21.
H. Stoffer: Die Magie des Wassers, Verlag Anton Hain, Meisenheim am Glan 1966.
Der Untertitel „Eine Tiefenpsychologie und Anthropologie des Waschens, Badens und Schwimmens" weist darauf hin, daß hier Wasser mit den Methoden der situationsanalytischen Psychologie untersucht wird. Darin mit einbezogen sind Mythen und literarische Texte, so daß das Buch einen guten Einblick bietet in die Beziehung Mensch-Wasser.
U. Lahl/B. Zeschmar: Kein Wasser zum Trinken, rororo aktuell 5035, Reinbek 1984.
Das Buch bietet den umfassendsten Überblick über Probleme der Wassergewinnung und Wasserverschmutzung.
Bundesministerium des Innern (Umweltbundesamt): Was Sie schon immer über Luftreinhaltung wissen wollten, Kohlhammer, Stuttgart 1983.
J. Michelet: Das Meer, Qumran Verlag, Frankfurt/New York 1987.
Eine hervorragende Schilderung biologischer, geographischer und naturgeschichtlicher Aspekte des Meeres. Gleichzeitig eine literarische Begegnung mit dem Meer.

Filmtips

Wie das Wasser zum Problem wurde (1980, LBS, Lichtton, Farbe, 14 Min., ab 3. Klasse).
Aus der Serie „Meine Umwelt — Deine Umwelt". Die Idee, daß sich Kinder ein Spielhaus bauen, in dem sie auch Wasser benötigen, gibt genügend Anlaß für einen Einsteig in das Thema Wasser.
Ein sauberer See für den Barsch (1978, LBS, Lichtton, Farbe, 14 Min., ab 2. Klasse)
Gezeigt wird die Belastung eines Sees durch Abwässer und seine „Rettung" durch eine Kläranlage.
Wie die Luft zum Problem wurde (1980, LBS, Lichtton, Farbe, 10 Min., ab 3. Klasse)
Gehört zu der Serie „Meine Umwelt — Deine Umwelt" und thematisiert „Luft" als ein Problem der Kinder mit der Umwelt beim Spiel in ihrem Spielhaus.
An einem großen Fluß (1979, LBS, 12 Dias, Farbe, ab 4. Klasse). Der Rhein vom Bodensee bis Monheim; Landschaftsaufnahmen und Bilder, die die Belastung des Rheins mit Abwässern zeigen.

WASSER- UND LUFT-VERSCHMUTZUNG SCHÜLER-MATERIAL (SM)

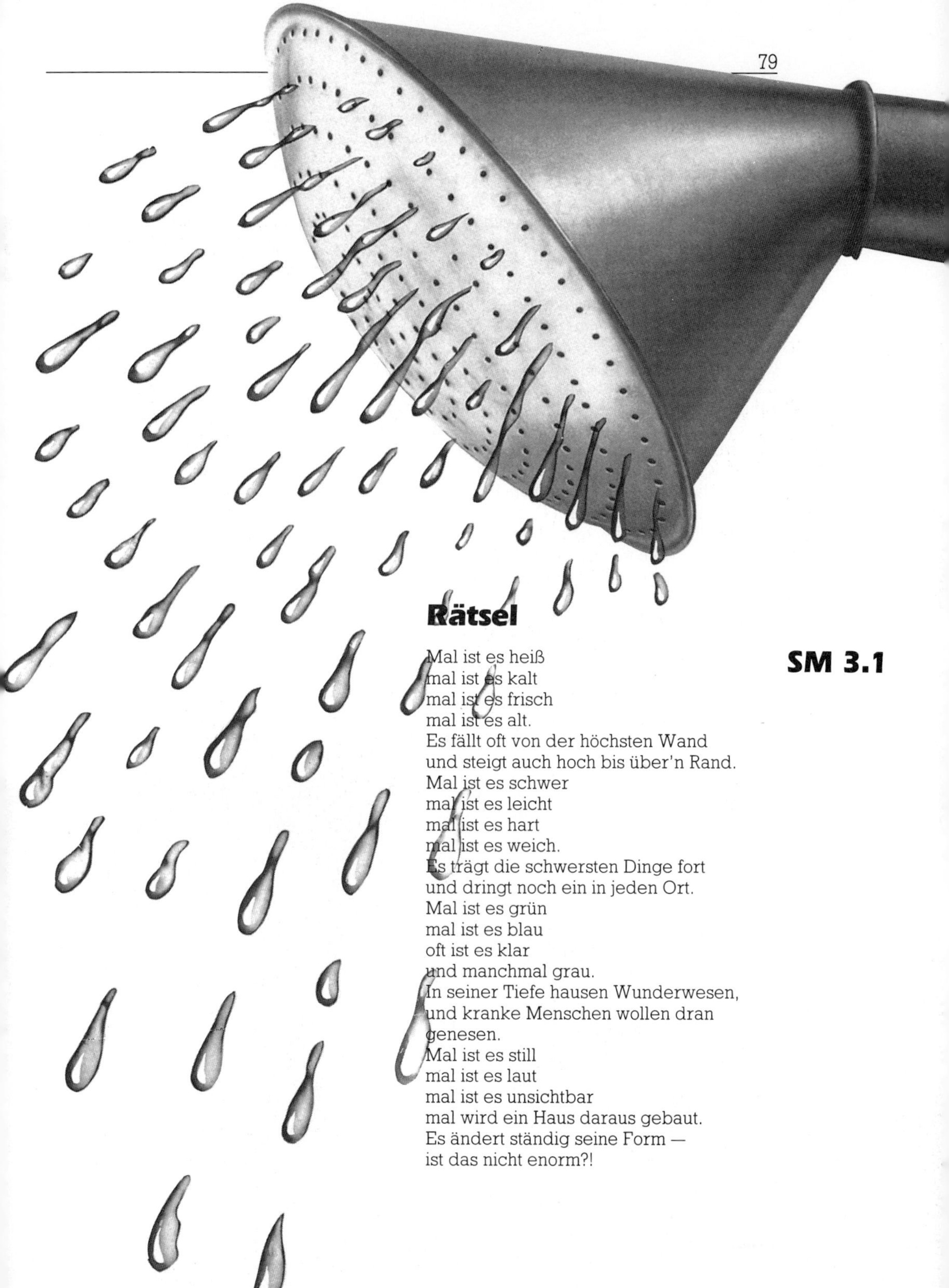

SM 3.1

Rätsel

Mal ist es heiß
mal ist es kalt
mal ist es frisch
mal ist es alt.
Es fällt oft von der höchsten Wand
und steigt auch hoch bis über'n Rand.
Mal ist es schwer
mal ist es leicht
mal ist es hart
mal ist es weich.
Es trägt die schwersten Dinge fort
und dringt noch ein in jeden Ort.
Mal ist es grün
mal ist es blau
oft ist es klar
und manchmal grau.
In seiner Tiefe hausen Wunderwesen,
und kranke Menschen wollen dran
genesen.
Mal ist es still
mal ist es laut
mal ist es unsichtbar
mal wird ein Haus daraus gebaut.
Es ändert ständig seine Form —
ist das nicht enorm?!

Dem Wasser auf der Spur

SM 3.2

Wenn in Altdorf vor 300 Jahren die Mutter zu Matthias sagte, „hole Wasser zum Kochen", dann wußte Matthias, was er tun sollte. Er nahm den hölzernen Wassereimer und ging an den Marktplatz zum Brunnen. Er hängte den Eimer an das dicke Seil und ließ ihn in den Brunnen schwirren. Um ihn wieder hochzuziehen, drehte er an der Kurbel. Dann zog er den Eimer mit dem Seil über den Rand des Brunnens und stellte ihn auf das Pflaster. Dabei mußte er aufpassen, daß er nicht in den Brunnen fiel. Er machte den Eimer vom Seil los und trug ihn nach Hause in die Küche. Das Wasser kam aus dem Brunnen.
Wenn eine Mutter in einem Dorf in Afrika zu ihrer Tochter sagt, „geh und hole Wasser", so geht auch dieses Mädchen entweder zu einem Brunnen oder zu einer Quelle. Anders als Matthias trägt es nicht einen Eimer in der Hand, sondern eine Schale mit Wasser auf dem Kopf. Auch dieses Mädchen weiß: Das Wasser kommt aus der Erde.
Wenn Du Wasser brauchst — zum Schwamm naßmachen, zum Händewaschen oder zum Malen — dann gehst Du an den Wasserhahn und drehst ihn auf. Aber weißt Du, wo das Wasser herkommt?
Wenn Du das wissen willst, mußt Du — genau wie die beiden anderen Kinder — ein Stück laufen. Am besten, Du beginnst in Deinem Klassenraum. Dreh doch den Wasserhahn einmal kurz auf, laß etwas Wasser in ein verschließbares Glas laufen, dreh wieder zu, steck das Glas ein und versuche herauszufinden, woher das Wasser in Deinem Glas gekommen ist.
Hier siehst Du einige Suchbilder. Sie zeigen Teile, die Du auf Deinem Weg finden kannst. Die anderen kannst Du selber finden und einzeichnen.
Beim Wasserhahn geht's los!

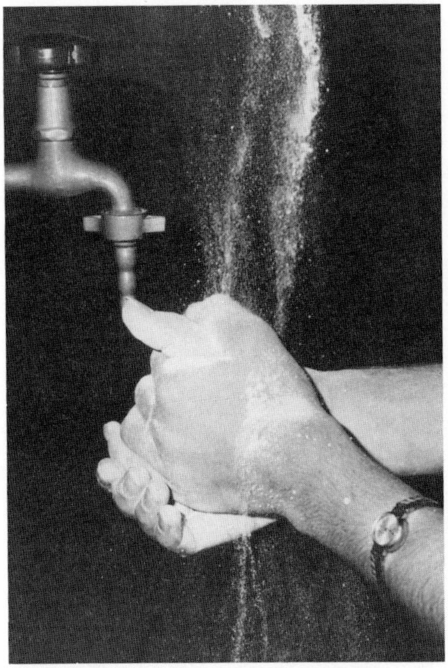

HYDRANT

Wie es früher war

SM 3.3

Die Bilder zeigen, wie früher eine Spüle aussah, wie man früher badete, wie Abwasserrohre verlegt wurden und so fort.

Wenn Du jemanden kennst, der jetzt zwischen sechzig und siebzig Jahre alt ist, kannst Du ihn zu den Bildern befragen. Er hat das, was Du auf den Bildern siehst, selbst erlebt.

DIE UNTERIRDISCHE STADT

Suchen und Fragen

SM 3.4

- Warum ist Wasser mal durchsichtig, mal grün, mal blau?
- Wie entstehen Wellen?
- Warum schneit es?
- Warum ist Schnee weiß?
- Warum kann Wasser hochsteigen?
- Warum schwimmt warmes Wasser immer oben?
- Wie kann etwas schwimmen, was schwerer ist als Wasser?
- Wo bleibt das Wasser, wenn es verdunstet?
- Bestehen auch Steine aus Wasser?
- Wonach riecht Wasser?
- Was machen die Pflanzen mit dem Wasser?
- Warum wird aus Wasser Eis, und warum trägt das leichte Eis den Menschen, aber nicht das schwere Wasser?
- Gibt es Lebewesen im tiefen Meer?
- Wie atmen Fische?
- Was wäre, wenn es kein Wasser mehr gäbe?
- Warum kühlt der Schweiß?
- Wie entstehen Eisblumen und Eiskristalle?
- Warum sind Schnee und Eis glatt?
- Warum kann man sich im Wasser spiegeln?
- Warum regnet es in Tropfen?

Dem Abwasser auf der Spur

Herr Müller seufzte. Er saß in seiner Theaterloge und war über und über naß und schmutzig. Der Regen war ja nicht das Schlimmste. Aber er war mit einem Bein mitten in den Kanal getreten, der in der Mitte der Straße verlief und der alles schmutzige Wasser und allen Abfall aufnahm, den die Menschen auf die Straße warfen. Herr Müller war nicht nur schmutzig, er stank auch schrecklich und war wütend. Denn er hatte einen Schwall Abwaschwasser abbekommen, den seine Nachbarin vielleicht aus Absicht gerade aus dem Fenster gegossen hatte, als er vorbeiging.
Daß er so schmutzig und stinkend im Theater sitzen mußte, machte ihn wütend. Weniger Gedanken machte er sich um die Frage, wo das Dreckwasser aus den Straßen hinfloß. Irgendwie wurde es in den Fluß gespült.
Das war auch nicht weiter schlimm, solange nicht sehr viele Menschen in einem Gebiet wohnten. Aber in den Städten wurden die Menschen oft krank, weil sie ihr Schmutzwasser in den Fluß leiteten, in dem sie badeten oder aus dem sie Wasser zum Trinken holten.
Nun wirst Du fragen, wo bleibt denn das schmutzige Wasser, das wir in das Waschbecken gießen? Nun, auch unser schmutziges Wasser fließt in einen Fluß. Wir gießen es nicht mehr auf die Straße, sondern lassen es unterirdisch, unter Straßen entlang durch große Abwasserrohre fließen, bis es zum Fluß kommt oder zu einer Kläranlage.
Eine Kläranlage funktioniert so:
Zuerst läuft das Wasser durch ein Gitter, wo Scheuerlappen und Konservendosen hängenbleiben. Sogar Gebisse kann man da finden. Dann kommt es in ein Wasserbecken, wo sich der Schlamm absetzt. Dann wird das Wasser in ein zweites Becken gepumpt, und es wird viel Luft durchgeblasen, damit sich riesige Mengen Bakterien entwickeln, die den Schmutz im Wasser auffressen. Wenn sie alle Schmutzstoffe aufgefressen haben, sterben sie ab. Dann kommt das Wasser in den Fluß.
Natürlich sind die Bakterien keine Allesfresser. Sie mögen zum Beispiel
— kein Öl
— keinen Tabak
— keine Waschmittel
— keine Gifte
— keinen Dünger
— keine Chemikalien.
Unser Trinkwasser kommt aus einem Brunnen, aus einem Fluß oder einem See. Das Schmutzwasser fließt wieder zurück in den Fluß. Das ist genau so wie früher. Geändert hat sich nur, daß viele Städte und Dörfer heute eine Kläranlage haben und dicke Rohre oder Abwasserkanäle unter der Straße.
Wenn Du dem Wasser auf der Spur bleiben willst, kannst Du jetzt zum Beispiel folgendes machen:
★ Den Weg des schmutzigen Wassers aus dem Ausguß Deiner Schule verfolgen — wo es hinfließt, und was damit gemacht wird. Du könntest Dir dazu die großen Kanäle unter der Stadt zeigen lassen oder ein Klärwerk besichtigen. Wenn Du in das Klärwerk gehst, frag doch mal, welche Stoffe die Bakterien nicht fressen, ob Du das Wasser aus dem Klärbecken trinken kannst und was mit dem vielen Schlamm passiert, der aus dem Becken gebaggert wird (der ist nämlich giftig, weil sich die ganzen Giftstoffe aus dem Wasser jetzt darin befinden).
★ Du könntest mit Deinen Mitschülern überlegen, was schlimmer war: vor hundert Jahren im Fluß zu baden oder heute. Da müßte man überlegen, was früher die Leute alles in den Fluß geleitet haben und was heute darin fließt.

Wolken und andere Regenmacher

SM 3.6 Es gibt wunderschöne Wolken, und manche sehen aus wie Schafe, andere wie Hunde oder Walfische. Und wenn Du mal guckst, siehst Du, daß die Wolken ziehen. Sie werden vom Wind getrieben. So kommen sie vom Meer über das Land. Wenn die Wolken zum Beispiel an einen Berg stoßen und deshalb immer höher gedrängt werden, wo es immer kälter wird, regnet es. Daß der Regen aus den Wolken kommt, weißt Du ja.

Aber hast Du schon einmal versucht, selber Regen zu machen?

Du brauchst **1 Topf und einen Deckel**. In den Topf füllst Du Wasser und läßt es stark kochen. Dann hältst Du den Deckel schräg zur Hälfte über den Topf. An der unteren Seite des Deckels „regnet" es nach einiger Zeit. Du kannst die Tropfen auch in einem zweiten Topf auffangen.

Das Wasser, daß Du auffängst, nennt man „Kondenswasser". So heißt Wasser, das erst zu Dampf geworden ist und dann wieder zu Wasser. Zu Wasser ist es wieder geworden, weil der Deckel kalt war. Trink mal von dem Wasser — es schmeckt nach nichts.

Du baust Dir einen Brunnen und eine Quelle.

Du brauchst **1 große Glasschüssel, einige größere Steine, Kies, Sand, Humuserde und Ton.**

Aus dem Ton formst Du eine Mulde und legst sie auf die Steine. Dann schüttest Du Kies, Sand und oben Humuserde auf die Tonplatte. Wenn alles fertig gebaut ist, gießt Du Wasser auf die oberste Humusschicht. Nach einiger Zeit läuft an einer Seite ein kleiner Wasserstrahl heraus, wie aus einer Quelle. Nimm nun eine Dose, bohre viele Löcher hinein und setze sie wie einen Brunnen in die Erde,

bis sie an die Tonschicht stößt. Nun hast Du einen Brunnen.

Wird schmutziges Wasser wieder sauber?

Das muß man ausprobieren.
Du brauchst: ganz viele Blumentöpfe mit einem Loch im Boden; genau so viele Gläser, auf deren Rand Du die Blumentöpfe stellen kannst. Dann noch mal genau so viele Gläser für verschiedene Wasser und dann noch mal genau so viele kleine Gläser (Reagenzgläser), in denen Du das gereinigte Wasser stehen läßt.
Dann brauchst Du alles Mögliche, was Wasser durchläßt, aber keinen Schmutz: Zum Beispiel: Kaffee-Filterpapier, Zeitungspapier, Gartenerde, Sand, Kies, Watte und was Dir einfällt.
Dann kannst Du Stoffe im Wasser lösen: Zucker, Salz, Tuschfarbe, Kreide, Schmutz vom Fußboden, Öl, Waschmittel, Kloreiniger, Fußbodenreiniger, Kaffee, Limonade und was Dir noch einfällt.
Manchmal muß man kräftig umrühren.
Dann gießt Du die Flüssigkeit langsam in das Filtergefäß. Das Loch im Blumentopf am besten immer mit etwas Watte zudecken. Warte, bis es durchgelaufen ist, und gieß etwas in das kleine Reagenzglas. Am besten, Du klebst einen Klebestreifen auf das Reagenzglas, schreibst eine Zahl darauf und schreibst Dir in Dein Buch, was mit dem Wasser in diesem Reagenzglas gemacht worden ist.
Wie kannst Du wissen, ob es sauber ist? Wenn man es genau wissen will, ist das nicht leicht. Aber du kannst es Dir genau ansehen, Du kannst daran riechen, Du kannst das Wasser verdunsten lassen und nachsehen, was sich unten im Glas abgesetzt hat.
Wenn Du den Erdboden nachmachen willst, durch den das Wasser sickert, dann sieh Dir das Bild mit dem Blumentopf an.
Bei manchen Deiner Versuche wirst Du sehen, daß das Wasser wieder sauber wird. Aber bei einem bestimmt nicht. Den solltest Du genau nachmachen.
★ Gieß etwas Fußbodenreiniger oder Kloreiniger in das Wasser und versuch, es zu filtern. Wenn Du an dem gefilterten Wasser riechst, dann riecht es noch nach Kloreiniger oder Fußbodenreiniger. Auch wenn Du nichts sehen kannst, kannst Du riechen, daß noch Reinigerflüssigkeit im Wasser ist. Auch die großen Kläranlagen kriegen ihn nicht raus. Und diese Reiniger sind giftig für Fische und viele andere Tiere. Nur wenige Tropfen Spülmittel im Aquarium töten jeden Fisch. **SM 3.7**
Und nun mußt Du einen Moment nachdenken:
Das Spülmittel bleibt im Wasser, und das Wasser bleibt im Kreislauf immer das gleiche. Wenn immer mehr Spülmittel zugesetzt wird und es nicht verschwindet, gibt es einen immer größeren Anteil an Spülmittel im Wasser, und das wird für die Fische und auch für Menschen immer gefährlicher.
Und wenn Euer Klassenraum am Montag früh so riecht wie Deine Probe, dann ist das Wasser für immer und ewig wieder etwas schmutziger geworden. Früher gab es solche Fußboden- und Kloreiniger überhaupt nicht. Da nahm man Schmierseife. Probier doch mal aus, ob man die Schmierseife wieder aus dem Wasser herausbekommt und ob mit Schmierseife das Klassenzimmer sauber wird. Wetten daß!

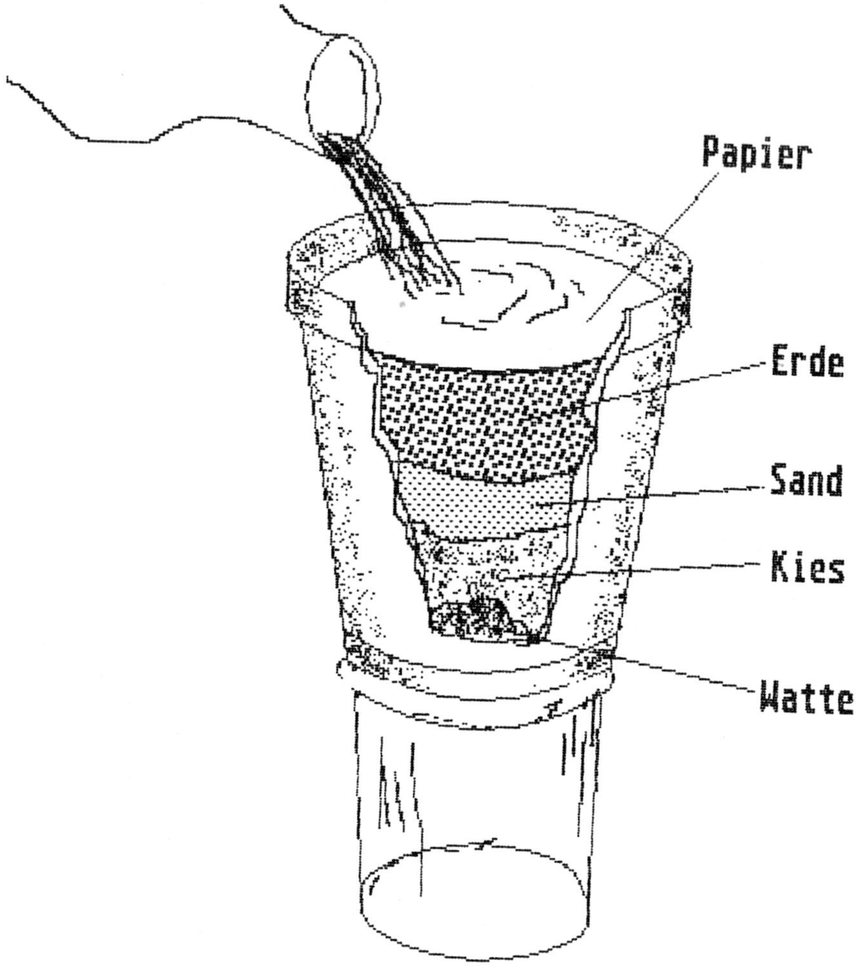

Dreck in der Luft

SM 3.8 Dicke Luft 1

Petra und Marianne trafen sich nach der Schule an der Eisbude. „Bei uns war vielleicht dicke Luft", sagte Marianne, „wir haben alle so'n Krach gemacht, daß der Schulleiter rein kam und der Lehrer stinksauer war." „Dicke Luft, dicke Luft", lachte Petra. „Das gibt's doch gar nicht. Luft ist nicht dick, und sehen kann man sie auch nicht." „Das sagt man ja auch nur so. Aber außerdem ist es so, daß das jeder gleich merkt, wenn dicke Luft im Klassenzimmer ist, das sieht man doch."

Dicke Luft 2

„Mutti wollte schon, daß wir raufkommen, weil Smog ist." Alex ist wütend. „Alle reden vom Smog. Ich will jetzt endlich wissen, was das ist."
Kaspar bleibt auf dem Fensterbrett sitzen und wendet sich den Kindern zu.
Dann beginnt er zu erklären, daß der Smog von den Abgasen kommt. Die Fabriken pusten Gift in die Luft, genau wie die Kraftwerke. Aus den Schornsteinen der Häuser kommt giftiges Gas und aus dem Auspuff der Autos. Im Winter ist es besonders schlimm, denn es wird mehr geheizt, und die Kraftwerke produzieren mehr Strom, weil es so spät hell und schon früh dunkel wird. Alex findet das seltsam. „Dann müßten wir ja den ganzen Winter Smog haben." Kaspar seufzt. „So weit ist es glücklicherweise noch nicht. Meistens bläst der Wind eine ganze Menge Dreck weg. Aber wenn es windstill ist, so wie heute, und die Luft weiter oben wärmer ist als unten am Boden, dann bleibt die dreckige Giftluft stehen und kann nicht weg — als ob man eine riesengroße Käseglocke über die Stadt gestülpt hätte. Das ist der Smog!"

Schmutzfänger

1. Fangmethode
Du merkst Dir ein Auto am Straßenrand, wartest, bis es lange Zeit nicht geregnet hat, dann aber doch regnet, und fängst den Schmutz auf der Windschutzscheibe des Autos. Von dort kannst Du ihn dann mit einem Tuch abwischen.
2. Fangmethode
Du machst es im Zimmer ganz dunkel und schaltest einen Diaprojektor ein, ohne ein Bild einzulegen. In dem Lichtstrahl kannst Du den Staub im Zimmer sehen, und einige Staubteilchen setzen sich auf der Linse ab.
3. Fangmethode (Winter)
Du holst etwas Schnee von einer verschneiten Wiese und bringst ihn zu Hause zum Schmelzen. Zum Beispiel dadurch, daß Du ihn in einen Kochtopf umfüllst und heiß machst. Das geschmolzene Schneewasser schüttest Du durch einen Kaffeefilter. Der Schmutz bleibt im Kaffeefilter hängen. Der Fang mißlingt, wenn Salz im Schnee war.
4. Fangmethode (Sommer)
Du sammelst Regenwasser und schüttest das durch den Kaffeefilter. Dazu brauchst Du aber viel Regenwasser.
★ Was nicht geht: den Schmutz mit dem Teesieb fangen.

Wie kommt der Schmutz in den Schnee?

Na, sagst Du, ist doch klar. Das Wasser in den Seen und in den Flüssen und im Meer ist schmutzig. Dann verdunstet es dadurch, daß das Wasser von der Sonne aufgesogen wird. Na, und da geht der Schmutz mit. Der Wassertropfen ist ja schmutzig und fällt dann schmutzig wieder zur Erde.
Ob das so stimmt, kannst Du selbst herausfinden.
★ Mach den Versuch mit dem Wasserdampf noch einmal (aus SM 3.6: Wie das Wasser zum Brunnen kommt).
In den Topf füllst Du jetzt aber schmutziges Wasser. Du läßt es ordentlich kochen, so daß es verdampft, hältst den Deckel schräg darüber und fängst das Kondenswasser in einem Glas auf. Das Wasser im Glas ist sauber, und der Schmutz blieb im Topf.
Es ist also so: der Wassertropfen oder die Schneeflocke wird erst unterwegs schmutzig, von der Luft.

Woher stammt der Dreck in der Luft?

Das ist so kinderleicht zu beantworten, daß wir es dir nicht zu sagen brauchen. Du kannst ja mal alles aufschreiben oder aufmalen, was die Luft verschmutzt. Wenn Du meinst, Du könntest noch etwas vergessen haben, dann geh mal durch die Stadt oder durch den Ort spazieren. Und noch ein Tip: es ist ja schon wahr, dicke Luft kann man nicht sehen, aber oft kann man sie riechen.

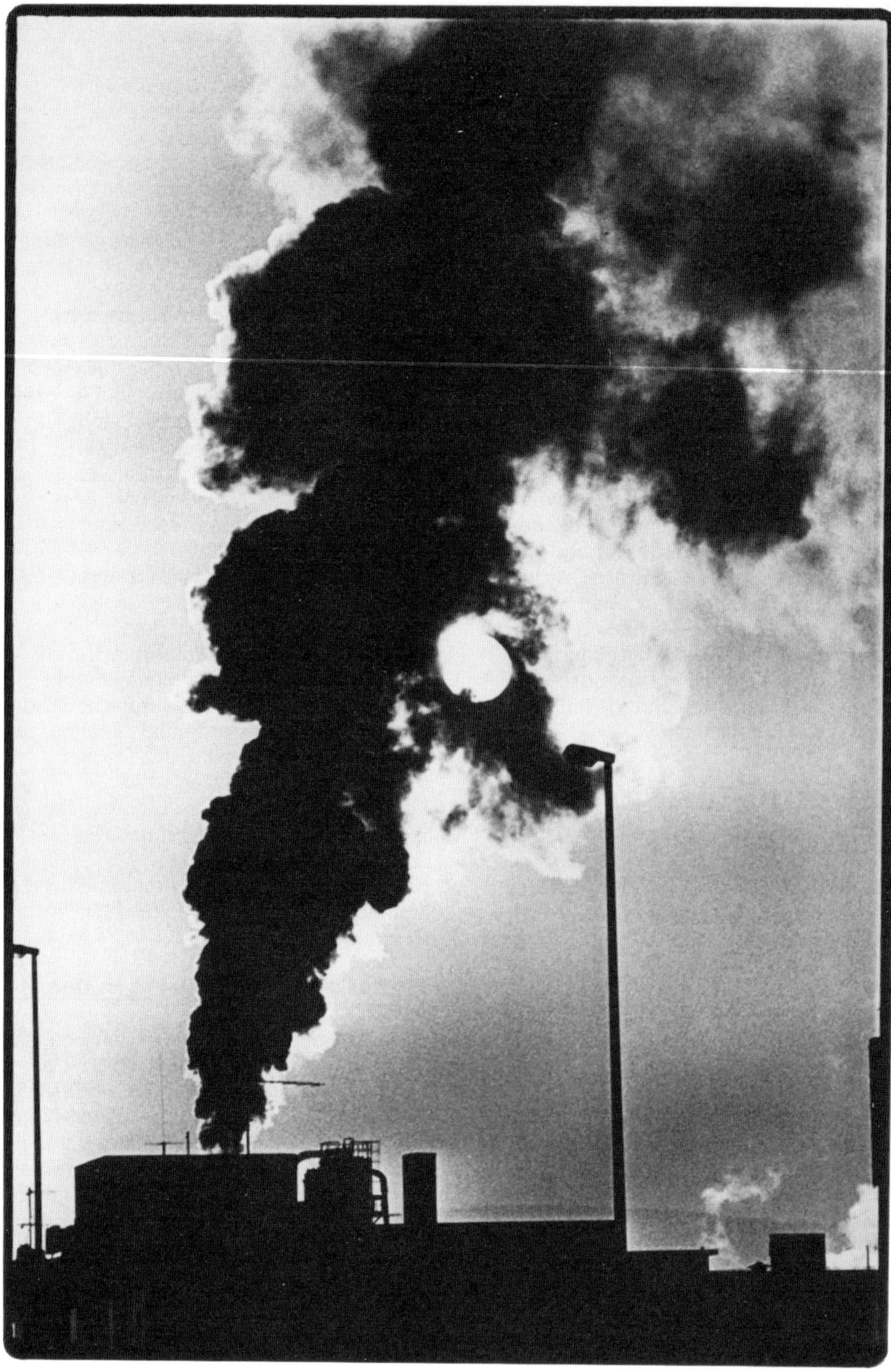

Schmutzschleuder

SM 3.10

„Jeden Tag muß man putzen. Wenn man morgens saubergemacht hat, dann ist es abends schon wieder schmutzig", sagte Frau Müller zu ihrem Mann. „Das ist ja gar nicht so schlimm", sagte der, „aber wenn ich morgens ein weißes Hemd anziehe, dann sieht es mittags aus, als wenn ich's schon drei Wochen anhätte." „Das ist ja noch nicht das Schlimmste", sagte seine Frau, „aber wenn ich Dein gewaschenes Hemd auf die Leine hänge zum Trocknen, dann kann ich es nochmal waschen, so dreckig ist es."
So wie die Familie Müller schimpften viele Menschen im Ruhrgebiet. Das war vor dreißig Jahren die Gegend in der Bundesrepublik Deutschland mit der meisten Industrie und dem meisten Schmutz. Da gab es viele Bergwerke, aus denen man Kohle holte, Kohlekraftwerke und Stahlwerke und noch viel mehr. Der ganze Schmutz fiel den Menschen vor die Füße. Dann bauten sie ganz hohe Schornsteine, über 100 m hoch, damit der Schmutz in der Luft verteilt würde — dachten sie. Und weil der Schmutz niemandem mehr vor die Füße fiel, geriet er in Vergessenheit. Erst viele Jahre später haben die Menschen gemerkt, daß er nicht verschwunden ist, sondern aus den hohen Schornsteinen hoch in die Luft geschleudert und viele hundert oder tausend Kilometer weit getragen wird — bis zum Nordpol sogar — und dort wieder auf der Erde ankommt, und dabei überall das Wasser verderben und die Wälder sterben läßt. Schmutz kann man eben nicht loswerden.

Was Ihr noch alles machen könnt

- Aus Büchern und Zeitschriften Fische und andere Meerestiere ausschneiden und zu neuen „Meeresungeheuern" zusammensetzen. Oder einen Dosenfisch bauen oder den Zigarettenstummelfisch zeichnen, mit einem Rumpf aus einem Zigarettenstummel.

- Eine Wasserrutsche bauen. Eine große Plastikfolie wird auf einer Wiese ausgebreitet und unter Wasser gesetzt. Mit Anlauf kann man (auf dem Hintern) durchrutschen.

- So bekommt man Wasser aus dem Aquarium, ohne sich anzustrengen: Ein Ende eines Schlauches in das Aquarium halten und am anderen Ende Luft aus dem Schlauch saugen; den Schlauch aus dem Mund nehmen und dieses Ende nach unten halten. Es muß tiefer sein als die Oberfläche des Wassers im Aquarium. Mit einem durchsichtigen Schlauch und gefärbtem Wasser kann man beobachten, wie das Wasser im Schlauch steht, wenn man den Schlauch verschieden hält und verbiegt. Wenn man am unteren Ende des Schlauches einen Korken reinsteckt, in den man vorher Löcher gebohrt hat, kriegt man vielleicht einen Springbrunnen hin (nimm verschiedene Korken mit verschieden großen Löchern).

- Ausprobieren: was schwimmt, was schwimmt nicht, und aus allem, was nicht schwimmt, „Schiffe" basteln.

- Im Schwimmbad, in der Badewanne, am Teich, am Bach: ausprobieren, was man alles mit und im Wasser machen kann.

- Schneekristalle unter dem Mikroskop angucken. Ebenso dünne Eisstücke.

- Musik hören über Wasser. Zum Beispiel „Die Wassermusik" von Händel, „Die Moldau" von Smetana oder selber singen: „Wasser ist zum Waschen da..."

- Wassermusik selber machen. Gieß in Flaschen unterschiedlich viel Wasser. Mit einem Stock oder Klöppel angeschlagen, klingen die Flaschen verschieden. SM 3.11

- Mit einem Kassettenrecorder

Wassergeräusche aufnehmen und die anderen raten lassen, was sie hören. Zum Beispiel: Wasser, das aus der Badewanne abläuft, Wasserhahn, Toilettenspülung, Regentropfen, Wasserfall, Spritzen, Wellen am Strand...

- Eine Geschichte erzählen oder einen Aufsatz schreiben: „Ein Wassertropfen erzählt."

- An einem verschmutzten Bach herausfinden, wer den Bach verschmutzt und den- oder diejenigen in die Klasse zu einem Gespräch einladen.

- Ihr könnt Eltern und Großeltern fragen, wo sie als Kinder gebadet haben. Darf man dort heute auch noch baden? Falls nicht, warum nicht?

- Könnt Ihr herausfinden, was vor 100 Jahren in die Flüsse geleitet wurde und was heute in die Flüsse geleitet wird?

- Fülle auf einen flachen Teller etwas Wasser, stelle ihn über Nacht in die Nähe der Heizung. Am nächsten Morgen ist das Wasser weg. Aber wohin?

- Wieso werden nasse Schuhe und wird nasse Wäsche eigentlich wieder trocken? Wo bleibt das Wasser?

Buchtips

SM 3.12

H. Gebert: Meermädchen und Wassermänner, Beltz Verlag, Weinheim 1982.
Viele Geschichten über Meerjungfrauen und Wassermänner und dazu ein Nixen-Lexikon.

D. Lloyd/P. Visscher: Luft, Verlag Sauerländer, Frankfurt am Main 1983.
Ein Buch über Luft, Wind, Sturm, Fliegen, Windmühlen und Segelschiffe.

P. Kunstreich/R. Welsh: Philip und sein Fluß, Otto Maier Verlag, Ravensburg 1982.
Philip lernt mit seinem Großvater den Fluß und das Meer kennen.

4. SANFTE TECHNIK LEHRER-MATERIAL (LM)

Ökologische Perspektive

LM 4.1 Durchgängig thematisiert der Sachunterricht auch technische Phänomene. Die Kraft von Luft und Wasser, Hebelgesetze und Zahnräder, Verbrennung und Elektrizität zählen zu den Standardthemen. Manchmal wird auch schon auf geschichtliche Aspekte rekurriert; so im Zusammenhang mit der Wasserkraft (Wassermühlen) und der Windkraft (Geschichte des Müllerhandwerks).

Dabei wird zwar deutlich gemacht, daß Arbeit Kraft und somit Energie benötigt, jedoch nur äußerst selten berücksichtigt, daß die heutige Form der Energiegewinnung primär durch endliche Ressourcen erfolgt und zudem umweltbelastend wirkt.
Selbst dort, wo es sich anbietet, nämlich bei der Behandlung von Wasser- oder Windmühlen, wird kaum auf den Aspekt der umweltschonenderen und „regenerativen" Form der Energiegewinnung durch diese Techniken eingegangen.
Der erste Schritt in Richtung auf eine ökologische Perspektive ist dementsprechend, mit einfachen Formen sanfter Technik vertraut zu machen, das heißt, ihre Grundprinzipien zu verdeutlichen, und zwar an jenen vorgegebenen Gegenständen des technisch orientierten Sachunterrichts, die im Prinzip schon auf sanfte Technik verweisen.
Die ökologische Perspektive erfordert jedoch noch mehr: Es kommt darauf an, die Technik nicht isoliert zu betrachten nach dem Motto „wie funktioniert das", sondern sie in den historischen, heutigen und zukunftsbezogenen Kontext zu stellen. Darüber hinaus ist die ökologische Perspektive erst dann eingeholt, wenn den Schülern die Sicht und Interpretation heutiger Naturwissenschaft und Technik nicht einfach nur vermittelt wird, sondern wenn sie sich mit sich selbst und anderen über die Phänomene verständigen, wenn sie selbst Interpretationen und Hypothesen wagen können. Im anderen Fall wird die Technik für die Schüler zu einem fertigen Gebäude, das man sich anzueignen hat, ohne daß Platz bleibt für eigenes Ausprobieren und eigene Erklärungen.

Zahlen, Daten, Fakten

Hintergründe

Sanfte, angepaßte, alternative, d. h. ökologische Technik erhält ihre Triebkraft und positive Wertung zumeist durch die Negation der sogenannten harten oder auch **traditionellen Technik.** Spätestens seit dem Ölschock der 70er Jahre ist ins Bewußtsein gerückt, daß die herrschenden Formen der Energiegewinnung sowie die Ausbeutung von Bodenschätzen sich nicht unendlich fortsetzen lassen. **LM 4.2**
Das Bewußtsein darüber, daß die **Vorräte** an fossilen Brennstoffen wie Erdöl (Ressourcen für etwa 70 bis 100 Jahre), Erdgas (ca. 170 Jahre), Kohle (1700 Jahre), nukleare Brennstoffe (ca. 150 Jahre) **begrenzt** sind (zumal die hier angegebenen Zahlen auch die Spekulation um noch nicht aufgefundene Lagerstätten einschließen), ist jedoch nur e i n Faktor, der — zunächst allein auf die Gewinnung von Energie bezogen — zur sanften Technik führt.
Hinzu kommt, daß mit der Gewinnung und Nutzung dieser fossilen Brennstoffe eine hochgradige **Schädigung der Umwelt** durch Abgase, Landschaftszerstörung, radioaktive Strahlung, ja sogar eine Klimaveränderung größeren Ausmaßes einhergeht.
Der sogenannte „saure Regen", das Waldsterben, ölverseuchte Strände und Smog sind nur die sichtbaren Effekte dieser Form der Energiegewinnung und

der darauf basierenden Industrie.
Zu diesen beiden Faktoren kommt ein dritter hinzu, der sich eher auf die **innergesellschaftliche Seite** bezieht: Großindustrielle Produktion und hochtechnisierte Apparaturen sind für den einzelnen nicht mehr durchschaubar, er kann nicht über sie verfügen, und ihre Nutzung ist gebunden an die bestehenden Arbeitsverhältnisse.
Erst der dritte Faktor, nämlich der **soziale Aspekt** der Technik, verweist auf sanfte oder alternative Techniken. Denn auch mit der traditionellen Technik lassen sich Formen der Energiegewinnung praktizieren, die der Ressourcenreduktion entgegenwirken: Gezeiten- oder sonstige Wasserkraft, geothermische Energie (sie könnte allein schon den Energiebedarf der Erde

So teilen sich die wichtigsten Arten des Endenergiebedarfs auf die verschiedenen Sektoren des Endenergieverbrauchs auf.

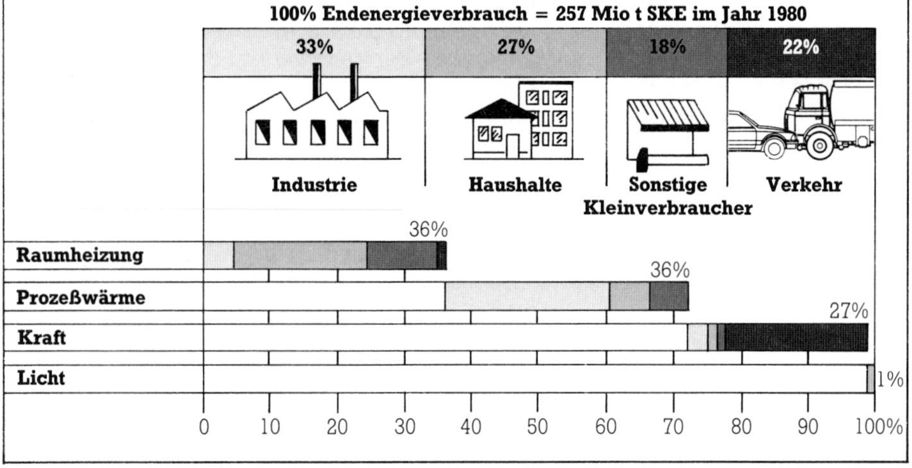

Quelle: P. Schnell, M. Dehli: Wege der Energie, hg. von der Informationszentrale der Eletrizitätswirtschaft e. V., Bonn 1983, S. 7.

decken) sowie Solarenergie und Biomasse werden mehr und mehr in großtechnischen Anlagen genutzt.
Zu den **„unendlichen" Ressourcen** zählt neben der Wasser- und Sonnenenergie sowie der Erdwärme die Windenergie. Hier wurden und werden Anlagen erprobt, die hohe Leistungen mit einem Gerät erbringen. So wurde 1983 bei Dithmarschen (Schleswig-Holstein) eine Großwindanlage in den Versuchsbetrieb genommen (GROWIAN), die bei einer Kapazität von 3 Megawatt etwa 4000 Haushalte mit Strom versorgen kann. Allerdings müßten 20 000 solcher Windräder im Abstand von 1 km aufgestellt werden, um den Elektrizitätsbedarf der Bundesrepublik Deutschland zu decken. Inzwischen wurde dieser Versuch wieder eingestellt.
An diesem Beispiel wird deutlich, daß auch mit harter, komplexer Großtechnologie Ressourcen eingespart und Umweltschäden vermindert werden können. In diese Richtung wirken auch Maßnahmen zum Auffangen von

Abwärme (etwa deren Nutzung für Fernwärmeheizungen, da Kraftwerke nur ca. 1/3 der Primärenergie in Strom umwandeln, während der „Rest" Abwärme ist) sowie generell alle Formen der Isolierung und gleichzeitig Optimierung der Energienutzung.
Während innerhalb der traditionellen Industrie technische Innovationen dazu führen, daß sich das Verhältnis zur Natur wandelt in Richtung reduzierten Ressourcenverschleißes und reduzierter Schädigung der Natur, wird mit sanfter

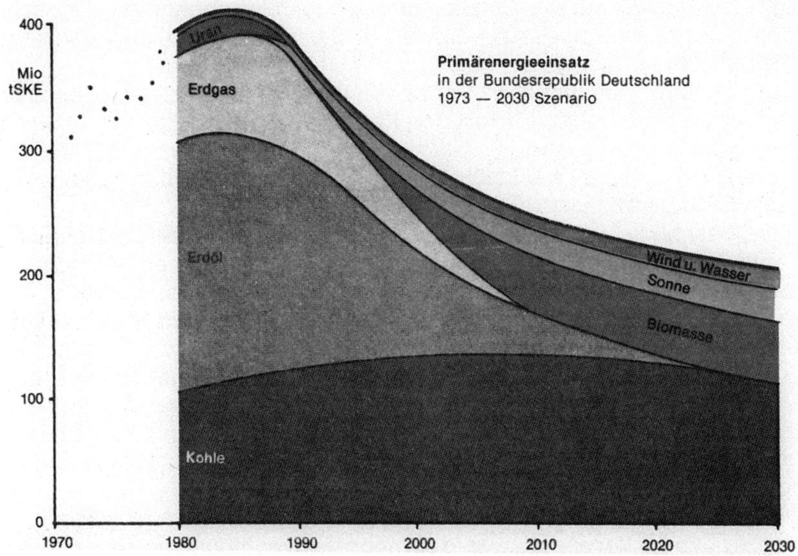

(Quelle: Öko-Institut Freiburg). Nach diesem Szenario könnte sich der Energieverbrauch bis zum Jahr 2030 um 60% reduzieren. Rohstoffimporte wären überflüssig. Erneuerbare Energiequellen sind kostengünstiger als Atomstrom.

oder alternativer Technik darüber hinaus versucht, generell eine andere Einstellung zur Natur sowie andere soziale Verhältnisse voranzutreiben.

Kriterien sanfter Technik

Hier kann keine Geschichte der alternativen Technik skizziert werden, und an dieser Stelle können ebenfalls nicht alle Formen sanfter Technologie in den Blick gerückt werden.
Hingegen seien die Intentionen, die sich mit diesen neuen (und z.T. schon sehr alten) Techniken verbinden, kurz beschrieben:
1. Sanfte Technik arbeitet mit erneuerbaren d. h. sich nicht erschöpfenden Energiepotentialen: Sonne, Wind, Wasser und Biomasse.
2. Sanfte Technik wird mit dem Anspruch betrieben, nicht zerstörerisch oder

schädigend auf die Natur und auf die Gesundheit der Menschen zu wirken.
3. Sanfte Technik nutzt nicht nur erneuerbare Ressourcen, sondern führt ebenso endliche Ressourcen in den Produktionskreislauf zurück (Recycling).
4. Sanfte Technik versteht sich im Einklang mit der Natur. Sie soll der Hege und Pflege dienen und das physische wie psychische Wohl des einzelnen wie der Gesellschaft fördern.
5. Sanfte Technik ist für den Benutzer durchschaubar. Er kann sie häufig selbst herstellen und reparieren.
6. Sanfte Technik ist auf die Situation und lokalen Gegebenheiten zugeschnitten, innerhalb deren sie eingesetzt werden soll. Sie ist also keine universale, globale Technik.
7. Sanfte Technik macht unabhängiger von komplexen ökonomischen und politischen Strukturen. Sie fördert den Regionalismus und die Autonomie ihrer Nutzer.
8. Sanfte Technik nimmt Rücksicht auf gewachsene soziale und regionale Zusammenhänge und ist in sie integriert.
9. Sanfte Technik ist in der Regel arbeitsintensiv, da handwerklich orientiert.
10. Sanfte Technik wird unter dem Anspruch betrieben, einem einfachen Lebensstil und der Befriedigung „wirklicher" Bedürfnisse zu dienen.
Ohne Zweifel klaffen bei der sanften Technik **Anspruch und Wirklichkeit** oft auseinander, und man gewinnt häufig den Eindruck, daß dort, wo handwerklich und ohne Nutzung der komplexen technologisch-wissenschaftlichen Kenntnisse der Industriegesellschaft gearbeitet wird, die Effizienz dieser Technik auf der Strecke bleibt. Gleichzeitig ist aber fraglich, ob Effizienz ein adäquates Vergleichskriterium ist und ob man nicht die sozialen und langfristigen ökologischen Vorteile höher bewerten sollte.
Neben dieser handwerklich orientierten sanften Technik bildet sich allmählich ein ganzer Produktionszweig aus, der modernste computergesteuerte Technik und Ökologie zu verbinden sucht: So werden inzwischen Windräder für Ein- bis Dreifamilienhäuser hergestellt, die hochkomplex und elektronisch gesteuert alle Möglichkeiten der aerodynamischen Forschung berücksichtigen, oder es werden Solarzellen angeboten, die hocheffizient regional und situativ eingesetzt werden können, deren Funktionsweise jedoch nichts Handwerkliches mehr hat.

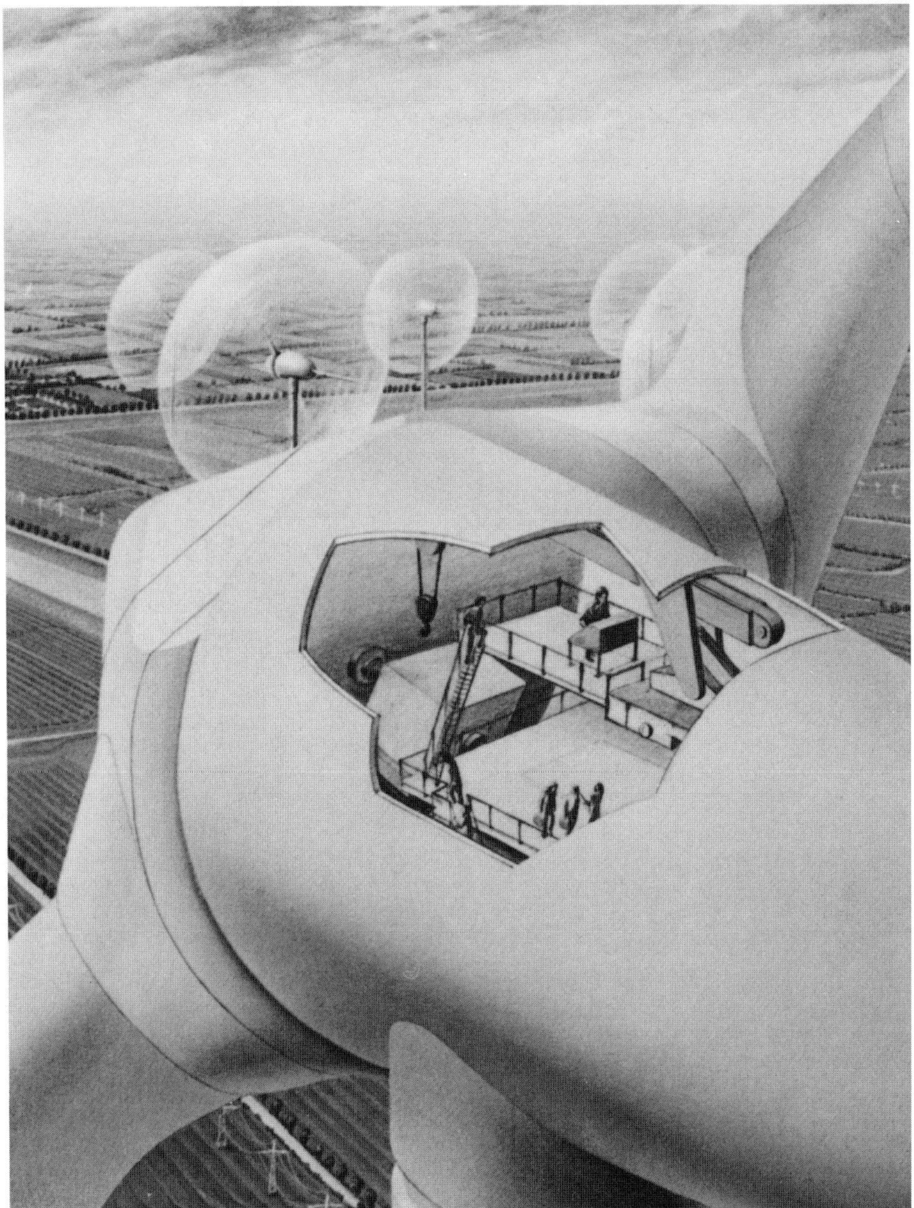

Die Anlage in Schleswig-Holstein: So hätte die Landschaft ausgesehen, wenn vom GROWIAN mehrere aufgestellt worden wären. Der Versuch wurde inzwischen eingestellt.

Bezug zu den Rahmenplänen

Folgende Thematiken der Lehrpläne zum Sachunterricht der einzelnen Bundesländer werden durch die hier vorgestellten Materialien zum Thema „Sanfte Technik" berührt:

LM 4.3

Bundesland:	1. Schuljahr	2. Schuljahr
Baden-Württemberg	— Licht und Schatten — Schwimmen und Sinken — Bauen eines Wasserfahrzeugs	— Luft und Eigenschaften — Tages- und Jahreszeiten
Bayern	— Erfahrungen und Erlebnisse mit dem Wetter	— Erfahrungen mit Luft und Wasser — Tages- und Jahreszeiten
Berlin	— Lupe; Taschenlampenbatterien — Glühlampe messen; Temperatur — Werkzeug gebrauchen; Tages- und Jahreszeiten — Papier kleben	
Bremen	— Tages- und Jahreszeiten — Licht und Schatten	— Jahreszeiten — Erfahrungen mit der Luft — Messen
Hamburg	— Luft — statisches Bauen	— statisches Bauen — Fahrzeuge
Hessen	— Licht und Schatten — Spiegel und Spiegelungen — Kerzen; Wasser; Wind — Einfache Maschinen	— Einfache Maschinen — Fördern von Lasten — Luft; Thermometer — Getriebe
Niedersachsen	— Spielzeug basteln	— Jahreszeiten — Wetter — Wohnung — Temperatur
Nordrhein-Westfalen	— Materialeigenschaften kennen; Werkstoffe; Werkzeuge — Tages- und Jahreszeiten	
Rheinland-Pfalz	— Luft — Wasser — Spielzeug herstellen	— Licht und Schatten — Luft hat Kraft — Jahres- und Tageszeiten
Saarland	— Materialeigenschaften	— Wasser — Temperaturmessungen — Jahreszeiten
Schleswig-Holstein	— Wärme — Lichtquellen — Heizen	— Handwerksbetriebe — Das Jahr; Wetterbeobachtungen — Wasser; Batterie und Lampe — Strom

3. Schuljahr	4. Schuljahr
— Bedeutung des Wassers — Fahrzeuge	— Mensch und Feuer — Heimatgeschichte — Arbeitsstätten im Heimatraum
— Wandel der Zeit — Verbrennung — einfacher Stromkreis — Handwerk	— Geschichte des Heimatortes — Stromversorgung
— Warmwasserheizung; Räder; Wellen; Achsen; Verdunstung — Wirkung elektr. Stromes; temperaturbedingte Veränderung von Körpern; Auftrieb in Flüssigkeiten; Luft als Körper — Maschinen konstruieren und montieren; Heben von Lasten	
— Arbeit heute und früher — Technisches Werken	— Der Mensch in der Landschaft — Wasser — Technisches Werken
— Arbeitsteilung, Handwerk und Handwerkstradition — Feuer und Wärme — Arbeitsmaschinen, Werkzeuge	— Geschichte der Stadt — Luftverschmutzung — Elektrizität, Licht — Antriebsmechanismen
— Mischen und Trennen — Segel; Stromkreis; Geräte aus Holz und Metall; Räderfahrzeuge — Handwerksgeschichte	— Wärmeleitung — Wasser- und Windräder — Stromkreis; Warmwasserheizung — Handwerksgeschichte
— Luft und Wasser haben Kraft — Wandel in der Landschaft — Windrad; Wasserrad	— Umgang mit Strom — Handwerk; Wettererscheinungen; Windrad — Wasserrad
— Veränderungen in der Heimat; Umweltbedingungen/Wasser — Wärme, Luft, Licht; handwerkliches Geschick; einfache Geräte; Wetter und Jahreszeiten	
— Spiegelung — Luftströmung und Wetter — Stromkreis; Maschinen — Landschaftsnutzung	— Wasser hat Kraft — Stromkreis; Bauen früher und heute — Entwicklung der Arbeitswelt
— Luft hat Kraft	— Licht und Spiegel — Geschichte der Heimat
— Heimatort — Wetterbeobachtung — Licht und Schatten	— Früher war vieles anders — Wetterbeobachtung — Wärmeübertragung — Stoffumwandlungen — Strom

Zeitperspektiven

LM 4.4 Das Material ist von unterschiedlichem Anforderungsniveau. Während die Versuche mit dem Gartenschlauch schon für das erste Schuljahr geeignet sind und das Eissegel sich im zweiten Schuljahr erarbeiten läßt, sind die anderen Materialien eher an den älteren Jahrgängen der Grundschule orientiert.
Das gesamte Material kann (je nach Intensität der Bearbeitung und Ausdehnung der Fragestellungen) etwa 8—12 Wochen den Sachunterricht bestimmen mit eindeutigem Schwerpunkt in den letzten Grundschuljahren, in denen es auch im Rahmen einer Projektwoche behandelt werden kann.

Didaktischer Aufbau

LM 4.5 1. Die ökologische Perspektive verweist auf den komplexen Zusammenhang zwischen sanfter Technik, Ressourcennutzung, Naturzerstörung, sozialen Strukturen und individuellen Entfaltungsmöglichkeiten. Es dürfte schwerfallen, dieses Beziehungsgeflecht vollständig und differenziert im Sachunterricht einzuholen. Kaum zu leisten ist das zumindest dort, wo man über die Argumentationsmuster für sanfte Technik zur konkreten Technik selbst gelangen will. Daher wird an die physikalischen Aspekte im Sachunterricht angeknüpft, d.h. es wird von den technischen Geräten und physikalischen Phänomenen ausgegangen und von dort (gleichsam auf umgekehrtem Weg) auf die Implikationen der sanften Technik verwiesen. Dabei zeigt sich sogleich die Verschachtelung dieses Themas mit anderen Themen des Sachunterrichts und dieser Handreichung.
2. Das Material greift die wichtigsten Quellen sanfter Energiegewinnung und -nutzung auf: Sonne, Wind und Wasser. Da wir davon ausgehen können, daß eine hinreichende Klärung der physikalisch-technischen Phänomene in den Schulbüchern präsentiert wird, verzichtet die Materialsammlung darauf. Dies geschieht ferner, um den Schülern mehr Raum für eigene Interpretationen zu lassen. Das Material ist der Beschreibung von Konstruktionen einfachster Geräte sanfter Technik vorbehalten. Dabei wird weitgehend auf den Bau solcher Apparaturen verzichtet, die lediglich das Funktionsprinzip von Technik demonstrieren (wie dies etwa im Rahmen traditioneller Technik bei der Demonstration von Stromkreisen mit einer Flachbatterie, einer Glühbirne und einem Schaltbrett üblich ist). Vielmehr werden in der Regel solche Versuche vorgestellt, die einen spielerischen und/oder nutzbaren Aspekt aufweisen.
3. Der spielerische Umgang mit den vorgestellten Geräten sanfter Technik und die Nutzung von Material, das überwiegend zum Abfall zählt (vgl. Thema 2), kann deutlich machen, daß diese Technik durchschaubar ist, selbst hergestellt und repariert werden kann. Das eigene „handwerkliche" Ausprobieren, die Abhängigkeit dieser Technik von Sonne, Wind und Jahreszeiten verweist außerdem darauf, daß sanfte Technik rückbezogen ist auf die Natur und auf

regionale Gegebenheiten. Somit dürfte wenigstens ein Teil der in LM 4.2 beschriebenen Intentionen und Prinzipien, die sich mit sanfter Technik verbinden, aufscheinen, und vielleicht läßt sich so auch ein Interesse an technischen Geräten erhalten bzw. wecken, die man selbst handhaben kann.
4. Die sanfte Technik ließe sich, wie die traditionelle auch, auf ihre Funktionalität reduzieren. Entsprechend der ökologischen Perspektive ist jedoch beabsichtigt, dabei nicht stehenzubleiben. Daher sind die Materialien so aufgebaut, daß sie zahlreiche Perspektivverschränkungen und Vernetzungen mit anderen Themen (Abfall, Verkehr, Wohnen, Wasser, Artenschutz etc.) ebenso beinhalten wie historische Bezüge und futuristische Ausblicke. Diese Verästelungen sind aufgrund ihres Umfangs nicht alle realisierbar, jedoch halten wir die Behandlung wenigstens von Teilaspekten für unumgänglich, will man erstens verhindern, daß Technik geschichtslos erscheint oder als bloße Erfindergeschichte gedacht wird, und will man zweitens auch eine andere als die überkommene Verflechtung von Natur, Gesellschaft, Individuum und Technik denkmöglich machen.

Einstiege in das Thema

LM 4.6

- Themen wie „Licht und Schatten" oder auch „Jahreszeiten" können Anlaß sein, auf „Die kleine Sonnendusche" (SM 4.1) einzugehen.
- Beim Thema „Fördern von Lasten" bietet sich an, „Das kleine Wasserrad" (SM 4.6) einzuführen.
- Für den lebensweltlichen Bezug des Themas „Luft hat Kraft" könnte man „Das Eissegel" (SM 4.5) einführen.
- Im Bereich der Elektrizitätslehre, insbesondere im Zusammenhang des Verbleibs leerer Batterien, kann nach sich selbst erneuernder Energie gefragt werden: „Das große Windrad" (SM 4.4).
- „Feuer und Wärme" und die „Zustandsformen des Wassers" finden praktische Umsetzungsmöglichkeiten durch die Einführung der „Windmühle ohne Wind" (SM 4.3) oder der „Riesensonnendusche" (SM 4.2).
- Ebenso können es aber auch Erfahrungen der Schüler sein, an denen sich die Einführung von Fragen der sanften Technik orientiert. Etwa: Die Belieferung der Schule mit Brennstoff; Segelboote oder Segelflieger; Windmühlen oder Wasserräder, die man eventuell besichtigen kann; Solaranlage auf einem Dach; Besichtigung eines Alternativbetriebes etc.

Hinweise zu den Schülermaterialien

SM 4.1: Die kleine Sonnendusche

LM 4.7

Erfahrungen mit dem Gartenschlauch zählen für viele Kinder zum alltäglichen Leben. Das warme Wasser kann Anlaß sein zu fragen und zu erforschen, wie üblicherweise Wasser erhitzt wird. Dies verweist auf Verbrennungsvorgänge und Rückstände bzw. Abgase, aber auch auf die Abhängigkeit von zentraler Energieversorgung und komplexer Zulieferung.

SM 4.2: Die Riesensonnendusche

An der Konstruktion der „Riesensonnendusche" können die Schüler unmittelbar erfahren, daß gemeinsames Arbeiten und die Nutzung von Abfallstoffen zu den Grundprinzipien der sanften Technik zählen. Es besteht auch die Möglichkeit, auf große Reflektoranlagen und deren technischen Gigantismus einzugehen. Mehr noch als bei den Versuchen mit dem Gartenschlauch wird hier deutlich, daß Sonne und Schatten die Effektivität der Anlage bestimmen.

SM 4.3: Das große Windrad

Diese recht aufwendige Konstruktion wurde aufgenommen, weil sie einen direkten Bezug zum Thema „Fahrrad" hat. Von daher sind die Bewegungsprinzipien und die Erzeugung des Lichts schon bekannt, nur daß jetzt der Wind als Antrieb dient. So wird auch ein Schrott-Fahrrad noch zu einem neuen technischen Gerät, welches gemeinsam hergestellt werden kann. Es ermöglicht den Ersatz von Batterien in der Elektrizitätslehre und macht gleichzeitig den Strom mit Hilfe des Windes selbst produzierbar.

SM 4.4: Das Eissegel

Diese einfache Konstruktion scheint uns am besten geeignet, die Kraft des Windes positiv am eigenen Körper zu erfahren. Die Überleitung zu windgetriebenen bzw. -betriebenen Fahrzeugen (Segelschiffe — auch modernster Bauart, z.B. als Containerschiffe; Segelflugzeuge; Ballone; Zeppeline etc.) bleibt durch dieses Spielzeug rückbezogen auf die eigene sinnliche Erfahrung.

Millionenfach bewährt: amerikanische Windturbine

Segel an Land: Windmühle auf Kreta

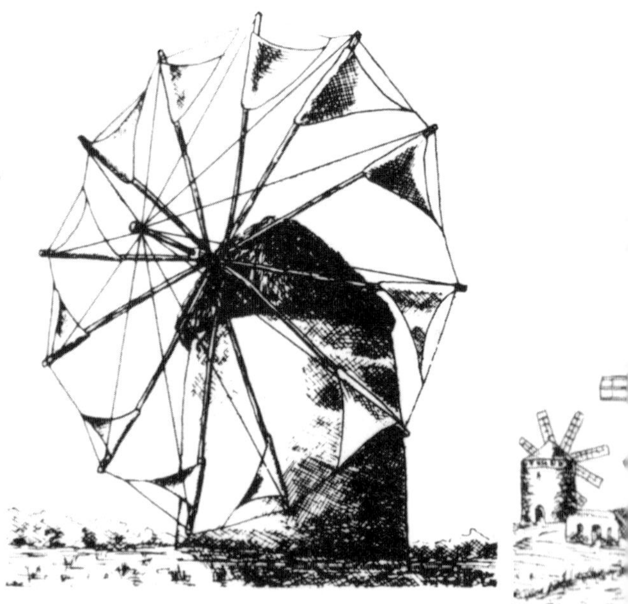

SM 4.5: Das kleine Wasserrad

Das Wasserrad soll zunächst primär die Funktionsweise dieser Technik demonstrieren und verdeutlichen, daß Wasser Kraft hat. Es ist jedoch so konzipiert, daß es leicht auf Ausflügen oder bei sonstigen Gelegenheiten in ein kleines Fließgewässer gesetzt werden kann.

SM 4.6: Die alte Wassermühle

Der Text ist prototypisch gedacht. Ebenso könnte hier die Geschichte einer alten Windmühle behandelt werden oder ein Bericht zur Geschichte der Technik gegeben werden. Wichtig erscheint uns, daß generell ein historischer Bezug zwischen Technik, Erfindungen, Gesellschaftsentwicklung und individuellen Lebensverhältnissen hergestellt wird, um die Implikationen der sanften Technik begreifen zu können. Ebenso sollten sanfte Technik bzw. traditionelle Technik nicht ohne Bezug zur Zukunft thematisiert werden (vgl. LM 4.8).

Weitere Ideen:

LM 4.8

- Im Rahmen von Erkundungen lassen sich zahlreiche Möglichkeiten finden, heutigen Formen der Energiegewinnung und Nutzung technischer Geräte nachzuspüren: angefangen bei der Schulheizung über die Beleuchtung bis zum Kraftwerk oder zur Müllverbrennungsanlage.
- Erkundungen können auch den Energieträgern der sanften Technik gewidmet sein: von Segelbooten über Windmühlen und Drachen bis hin zu der einfachen Feststellung, daß sich ein Gewässer nach mehreren Sonnentagen erwärmt hat oder der Wind Zweige von den Bäumen reißen kann.
- Der gesamte Komplex der Themen „Transport" und „Weg der Waren" ließe sich unter den Prinzipien der sanften Technik neu beleuchten (Energieaufwand, Abhängigkeiten, Störanfälligkeit etc.).
- Auf der Ebene der Technik sind zahlreiche andere Versuche und einfache Baumöglichkeiten gegeben.

Robust und erfolgreich: dänischer Dreiflügler

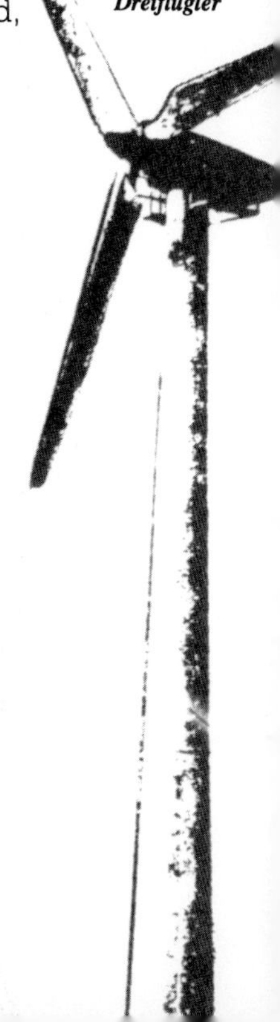

Braucht Starthilfe: kleiner Darieus-Rotor

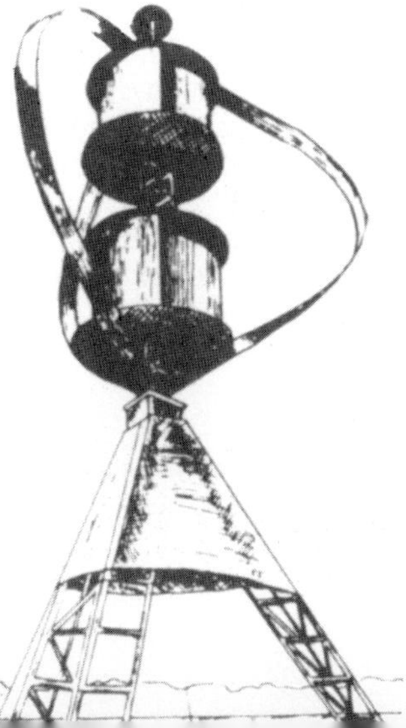

Senkrechte Achse: Trommelturbine

0 Jahre alt: dmühle von Alexandria

● Besonders betont sei der zukunftsweisende Aspekt der sanften Technik. Die Schüler könnten z.B. Bilder zeichnen oder Geschichten erfinden, die ein Windmühlenland beschreiben oder ein Land oder einen Ort, der die Energie direkt von der Sonne bezieht. Ebenso ließe sich eine Geschichte über „geschlossene Tankstellen" erzählen, oder es läßt sich ein fiktiver Bericht denken, der eine Robinsonade in gemäßigten Klimazonen schildert.

Erfahrungen mit dem Material

LM 4.9 Sich den Grundgedanken sanfter Technik über das technische Gerät selbst zu nähern, hat sich bewährt. Insbesondere die Herstellung bzw. der Umgang mit jenen Gegenständen, die in die Lebenswelt integriert sind (wie der Gartenschlauch) oder deren Betrieb in einer Erlebnissituation geschieht, bewirken bei den Schülern ein starkes Interesse an dieser Technik. Freilich werden die Prinzipien sanfter Technik kaum abstrakt reflektierend wahrgenommen. Es ist auch nicht beabsichtigt, die Grundschüler in die Lage zu versetzen, die sozialen und gesellschaftlichen Intentionen der sanften Technik abstrahierend aufzählen zu können. Vielmehr dient das Thema dem Erfahren der sanften Technik und der auf den Fall bezogenen Reflexion über sie. Und eben dies machen die hier ausgewählten Materialien durchaus möglich.

Zu einzelnen Aspekten:

● Die Versuche mit dem Gartenschlauch (SM 4.1) führen, einmal angefangen, zu immer neuen Überlegungen und Varianten bei den Schülern (aufrollen und Aluminiumfolie unterlegen; aufrollen und schräg stellen u. v. a. m.). Leider ist die erwärmte Wassermenge nicht allzu groß, so daß sich das Sammeln in einem kleinen Plastik-Schwimmbecken bewährt hat. Entdeckt wurde auch, daß Steine Wärme speichern und Scheiben Wärme nur in eine Richtung durchlassen, aber die Wärme nicht speichern.

● Im Fall der Hohlspiegel geht die Faszination von dem großen, gemeinsam hergestellten Gegenstand aus. Der Effekt, warmes Wasser zu erzeugen, geriet demgegenüber manchmal in den Hintergrund. Wichtig ist, daß die Schüler wegen der Blendgefahr mit Sonnenbrillen arbeiten (die Schüler begriffen sich als Arbeiter mit Schutzbrille!). Hilfestellung ist notwendig, damit die Aluminiumfolie glatt eingeklebt und der Brennpunkt gefunden wird.

● Das große Windrad ermöglicht die Einbeziehung der Eltern, ja macht sie manchmal sogar erforderlich, denn es war schwieriger, ein Eisenrohr aufzutreiben als ein altes Fahrrad. Deutlich wurde insbesondere, daß die sinnliche Erfahrung von physikalischen Phänomenen zu einem weitaus stärkeren Interesse führt als abstrakte Thematisierungen.

● Letzteres gilt ebenso für das kleine Wasserrad (SM 4.6). Erstaunlich ist nicht nur die Hebekraft dieses einfachen Apparates, sondern auch die Möglichkeit der älteren Grundschüler, dieses Wasserrad zu verbessern. Soweit sie im Unterricht schon das Thema „Zahnräder" behandelt haben, entwickeln sie schnell Ideen zu einem Wasserrad mit Getriebe.

● Der geschichtliche Aspekt, der Entwurf von utopischen oder futuristischen Landschaften und Orten war leichter einzuholen als die Reflexion der sozialen Dimension sanfter Technik.

Buch- und Medientips

Buchtips

LM 4.10

Die Literatur zum Themenkomplex sanfte Technik ist kaum noch zu überschauen. Daher ist die hier getroffene Auswahl subjektiv gefärbt und spart Kontroversen aus.

R. Lutz (Hg.): Sanfte Alternativen. Ein ÖKO-LOG-Buch, Beltz-Verlag, Weinheim 1981.
Das „neue Weltbild" der sanften Technik, die „Sicht der Frauen", Modelle der sanften Technik, neue Organisations- und Kommunikationsstrukturen werden dargestellt.

G. Scholz: Alternative Technik, Berlin 1988.
Auf 60 Blättern werden einfache Formen alternativer Technik sowie deren Grundprinzipien dargestellt. Eine Sammlung ausdrücklich für die Grundschule. Bezug: Lernbögen, Essener Str. 14, 1000 Berlin 21.

B. Seiler: Sonne, Wasser, Wind... Erneuerbare Energiequellen. Informationen und Experimente, Zytglogge-Verlag, Gümlingen 1984.
Physikalische Erklärungen, einfachste Versuche und komplexe Anlagen werden beschrieben. Zahlreiche Illustrationen. Manche der einfachsten Versuche (etwa zum Biogas) lassen sich schon in der Grundschule realisieren.

F. Moisl: Energie-Experimentier-Buch. Wie man Energie gewinnen, umwandeln und einsparen kann. Otto Maier-Verlag, Ravensburg 1985.
Das Buch ist für Jugendliche gedacht, enthält aber auch sehr einfache Versuche, von denen einige auf sanfte Technik verweisen (ohne jedoch die sozialen Implikationen zu berühren).

Filmtips

Bauer und Müller zu Großvaters Zeit (1965, LBS, Lichtton, Farbe, 20 Min., ab 3. Klasse).
Von der Aussaat bis zum Mahlen in der Windmühle wird der Weg des Getreides in vorindustrieller Zeit beschrieben.

Vom Windrad zur Großwindkraftanlage (1983, LBS, 12 Dias, Farbe, ab 3. Klasse).
Von Spielzeugwindrädern bis hin zu den modernen Varianten werden Windkraftanlagen gezeigt.

Wie das Öl ins Haus kommt (1981, LBS, Lichtton, Farbe, 13 Min., ab 3. Klasse).
Von der Bohrstelle bis in den Haustank wird der Weg des Öls beschrieben und ein Tankerunfall durch Standfotos demonstriert.

Wasserkraftwerk (1973, LBS, Lichtton, Farbe, mit 4 Dias, 4 Min., ab 3. Klasse).
Es wird ein großes Wasserkraftwerk in seiner Funktion gezeigt. Beigefügt sind 4 Dias, die alte Wasserräder zeigen.

Wir mahlen mit Wind (1979, Stiftung deutsche Kinemathek, Farbe, 70 Min.).
Es handelt sich um einen Spielfilm, der das Leben eines Müllers im heutigen Ostfriesland zeigt. Ein Film der Gegenkultur.

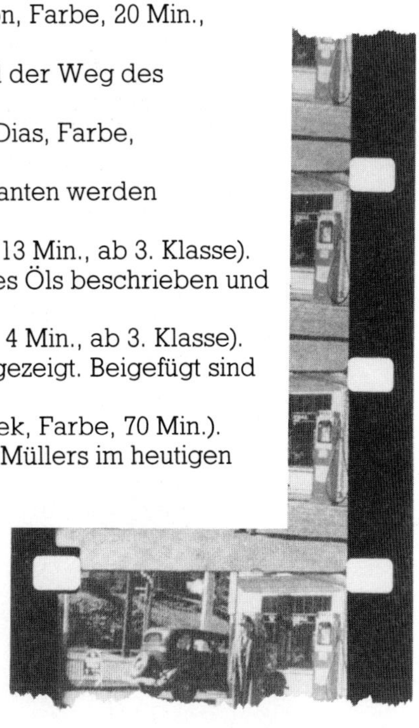

SANFTE TECHNIK SCHÜLER MATERIAL (SM)

Die kleine Sonnendusche

SM 4.1

Wie Ihr draußen — ohne ein Feuer zu machen und umsonst — warmes Wasser zum Duschen, Naßspritzen und Baden bekommen könnt, ist eine einfache Sache.
Ihr benötigt:
Den Gartenschlauch vom Hausmeister oder von den Eltern
Sonnenschein
Badeanzug oder Badehose.
Den Gartenschlauch (möglichst schwarz und möglichst lang sollte er sein) legt Ihr abgerollt in die Sonne und schließt ihn an.
Wenn der Schlauch voll Wasser ist und die Sonne daraufscheint, wird das Wasser langsam warm. Ihr müßt nur etwas Geduld haben.
Dann könnt Ihr den Wasserhahn aufdrehen, und schon fließt warmes Wasser.
Achtung! Ihr müßt aufpassen. Manchmal ist das Wasser so heiß, daß Ihr Euch daran verbrennen könnt!
Lange reicht das warme Wasser aber nicht. Wieso eigentlich?
Und wieso wird das Wasser im Schlauch warm?
Mit dem Gartenschlauch könnt Ihr viele Dinge ausprobieren.
Dazu einige Tips:
Wenn Ihr den Schlauch einmal auf hellem, das andere Mal auf dunklem Untergrund ausbreitet, ist das Wasser in der gleichen Zeit bei gleichem Sonnenschein unterschiedlich warm.
Und im Sommer ist das Wasser bei Sonnenschein wärmer als im Frühling oder Herbst. Und wenn Ihr den Schlauch in den Schatten legt?
Ihr könnt Euch selbst auch noch einiges ausdenken, wie und wo das Wasser in Schläuchen draußen wärmer wird oder kalt bleibt.
Ihr könnt diese kleine Sonnendusche auch verbessern.
Heißer wird das Wasser, wenn Ihr viele Kartons, von denen Ihr die Deckel und Querseiten abschneidet, von innen schwarz anmalt und miteinander verbindet, dann den Schlauch hindurchlegt und mit Klarsichtfolie oben verschließt. Jetzt wird das Wasser bei Sonnenschein richtig heiß.
Ihr seht, mit einem Gartenschlauch und Sonnenschein bekommt man ohne Feuer und umsonst warmes Wasser.
Praktisch ist das, und Spaß macht es auch.

Die Riesensonnendusche

SM 4.2

Falls Ihr eine größere Müllsammlung angelegt habt, so zahlt sich das jetzt aus. Denn mit ganz einfachem Material könnt

Ihr gemeinsam eine Riesensonnendusche bauen.
Ihr benötigt:
25 Meter glatten Karton (möglichst große Stücke)
80 Kleiderbügel aus Draht (von der Reinigung)
20 m Aluminiumfolie
1 Gartenschlauch, möglichst dick, lang und schwarz
Tapetenleim oder, wenn es schnell gehen soll, schnellklebenden Holzleim
1 Papierkorb oder einen anderen runden Gegenstand mit 30 cm Durchmesser oder mehr (der Durchmesser muß oben und unten

1. Das Material für die Hohlspiegel.

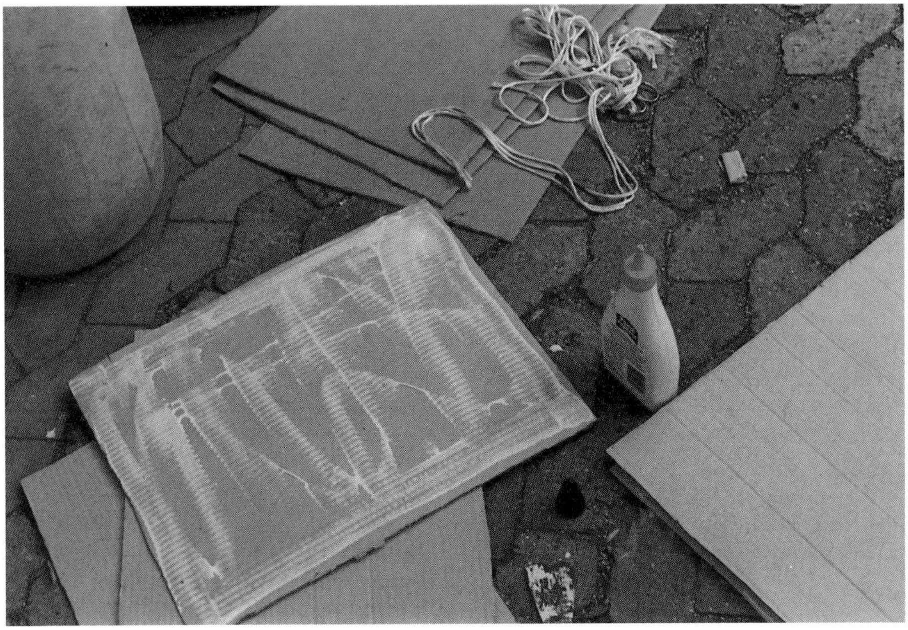

2. Zwei Pappen werden mit Leim bestrichen und aufeinandergeklebt.

3. Die aufeinandergeklebten Pappen werden um die Tonne oder einen Papierkorb gespannt.

4. So werden die Drahtbügel auf der Rückseite des Hohlspiegels befestigt.

gleich groß sein)
Klebeband
Bindfaden
Schere
Kleisterpinsel
Sonnenbrille.

Am besten arbeitet Ihr zu dritt oder zu viert.

Ihr schneidet die Pappe in gleich große Stücke: 40 cm breit und so lang, wie der runde Gegenstand hoch ist. Vier Pappen bestreicht Ihr mit Leim, klebt immer zwei aufeinander und legt die beiden doppelten Pappen um den runden Gegenstand. Mit Bindfaden oder Klebeband drückt Ihr die Pappen fest an den runden Gegenstand und laßt sie trocknen.

Wenn Ihr insgesamt etwa 20 der gebogenen Pappen fertig habt, beklebt Ihr die Innenseiten der gebogenen Pappen mit Aluminiumfolie, wobei die glänzende Seite der Folie oben sein muß.

Jetzt habt ihr glänzende, gebogene Pappen. Das sind Hohlspiegel.

Für jeden Hohlspiegel biegt Ihr zwei Kleiderbügel zurecht, auf denen Ihr den Hohlspiegel mit Klebeband festklebt.

Diesen Hohlspiegel stellt Ihr draußen in der Sonne auf und haltet die Hand davor. Vorher die Sonnenbrille aufsetzen! Der Abstand vom Hohlspiegel, an dem die Hand am wärmsten ist, ist jetzt wichtig. Ihr müßt ihn Euch genau merken.

Nun schneidet Ihr rechts und links und oben und unten in die Pappe kleine Schlitze, etwa 6 cm lang. Dort klemmt Ihr jeweils einen Drahtbügel ein, den Ihr vorher so biegt, daß der Aufhänger des Bügels dort ist, wo die Hand am heißesten wurde.

Jetzt werden im Hof alle Hohlspiegel nebeneinandergestellt, und zwar so, daß die Sonne direkt in die Spiegel scheint. Dann zieht Ihr den Gartenschlauch durch die Aufhänger der Bügel.

Wenn die Sonne im Sommer kräftig scheint, habt Ihr ganz schnell heißes Wasser.

Was ist hier anders als bei der kleinen Sonnendusche?

Wieso wird das Wasser wärmer als in dem Fall, wo man den Schlauch einfach in die Sonne legt?

Sicherlich habt Ihr auch hier viele Fragen und könnt auch hier viele Versuche machen.

Aber erst einmal solltet Ihr das warme Wasser nutzen.

Wie gesagt: Ihr braucht kein Feuer und keinen Strom, nur Sonne, Sonne, Sonne.

Das große Windrad

SM 4.3

Ihr benötigt:
Aus dem Sperrmüll ein oder mehrere alte Fahrräder, so daß Ihr folgendes zusammenbekommt:
Vorderrad, möglichst groß und mit Schlauch und Decke
1 Dynamo und viel Lichtkabel vom Fahrrad
1 Gabel mit Rahmen, passend zum Vorderrad
9 größere Kistenbretter oder andere gleich große Bretter, ca. 15 x 60 cm
Schrauben und Muttern von Fahrrädern
1 Brett, etwa 80 x 50 cm
1 Eisenrohr, mindestens 250 cm lang, ca. 2,5 cm Durchmesser
5 m biegsamen Draht
Eisensäge, Bohrer, Hammer, Schraubenschlüssel.

Dieses Windrad zu bauen ist gar nicht so schwer, wenn Ihr es gemeinsam macht und Euch ein Erwachsener behilflich ist.
Die genauere Beschreibung könnt Ihr den Bildern entnehmen.
Ein paar Kniffe und Tricks wollen wir aber doch geben:
Mit der Eisensäge werden eine Seite der Gabel und der Lenker abgesägt. Der Rahmen wird einige Zentimeter hinter dem Lenkkopf abgesägt und flachgeklopft; danach werden dort Löcher hineingebohrt, und daran wird das große Brett als Windfahne befestigt.
Vom Vorderrad wird die Achse nach einer Seite etwas herausgedreht, und dann wird das Rad außen an der Gabel festgeschraubt. Jetzt macht Ihr den Dynamo an der Gabel fest und probiert, ob er gut funktioniert.
Die Bretter verseht Ihr mit Löchern, wie auf den Bildern zu sehen ist. Dann klemmt Ihr sie zwischen die Speichen und bindet sie mit dem Draht fest. Wenn Ihr das richtig macht, stehen sie alle schräg in einer Richtung.
Dann müßt Ihr das Kugellager, das sich zwischen Lenkkopf und Gabel befindet, festsetzen, und zwar so, daß die Windfahne (so nennt man das große Brett, das Ihr vorher am Rahmen festmachen

müßt) genau quer zum Rad steht.
Am Dynamo befestigt Ihr ein Lichtkabel und an der Halterung des Dynamos ein zweites.
Für die Eisenstange sucht Ihr einen windgünstigen Platz, grabt dort ein Loch, steckt das Windrad mit dem Lenkkopf in das Eisenrohr und richtet gemeinsam das große Windrad auf.
Jetzt könnt Ihr eine Fahrradlampe mit dem Windrad betreiben — wenn der Wind weht.
Ihr benötigt keine Batterien mehr, und wenn Ihr einen Schalter dazwischensetzt, könnt Ihr die Lampe an- und ausschalten.
Wofür könntet Ihr den Strom von Eurem Windrad noch benutzen?
Ganz perfekt ist dieses Windrad nicht, aber andere sollen es Euch erst einmal nachmachen!
Damit es etwas schöner aussieht, könnt Ihr Euer Windrad auch anstreichen (vielleicht mit Bio-Farben?) oder Euch Verbesserungen ausdenken — zum Beispiel durch größere Flügel aus Stoff.

Das Eissegel

SM 4.4 Das kennt Ihr schon vom Radfahren: Gegen den Wind zu fahren ist sehr schwer, aber mit Rückenwind braucht Ihr kaum noch zu treten.
Auch habt Ihr sicherlich schon einmal Segelboote gesehen oder Euch selbst ein kleines Segelschiff gebastelt, das vom Wind angetrieben wird.
Aber nicht nur für das Segeln auf dem Wasser und als Erleichterung für das Radfahren läßt sich der Wind nutzen, auch für das Rollschuhlaufen und besonders für das Schlittschuhlaufen ist der Wind ein guter Partner.
Damit der Wind Euer Partner sein kann, benötigt Ihr ein Segel. Und für das Segel wiederum benötigt Ihr:
1 Stück festen, dicken, dichten Stoff oder dicke Plastikfolie, 150 x 120 cm. Es kann auch aus Stücken zusammengenäht sein. Stoff, der den Wind leicht durchläßt (testen!), könnt Ihr mit Stärke behandeln.
3 Holzstäbe, rund oder eckig, etwa 2 x 2 cm stark. Ein Stab muß etwa 110 cm lang sein, die beiden anderen 140 cm lang.
2 Streifen Leder oder 2 Stücke dicke Kordel, etwa 20 cm lang.
1 Hammer sowie Polsternägel (Blaukuppen) und einen „Nagler“ oder „Tacker“.

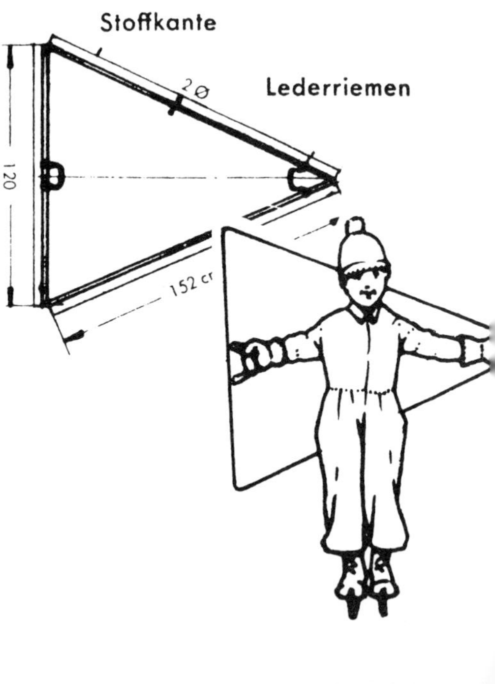

In die Mitte der kürzeren Latte nagelt Ihr einen Lederstreifen, so daß eine Schlaufe entsteht, durch die Ihr eine Hand stecken könnt. Dann legt Ihr die Latten zu einem Dreieck zusammen und nagelt eine zweite Schlaufe an der Stelle fest, wo die beiden langen Holzstäbe zusammenstoßen. Nun legt Ihr dieses Dreieck auf den Stoff und befestigt diesen mit dem Tacker oder mit den Nägeln auf dem Holz.
Fertig ist das Eissegel.
Jetzt braucht Ihr noch festes Eis und viel Wind oder eine nicht vor dem Wind geschützte Rollschuhbahn.
Wie Ihr das Segel halten müßt, damit Ihr auch bei Seitenwind noch vorwärts kommt, zeigen die Bilder.

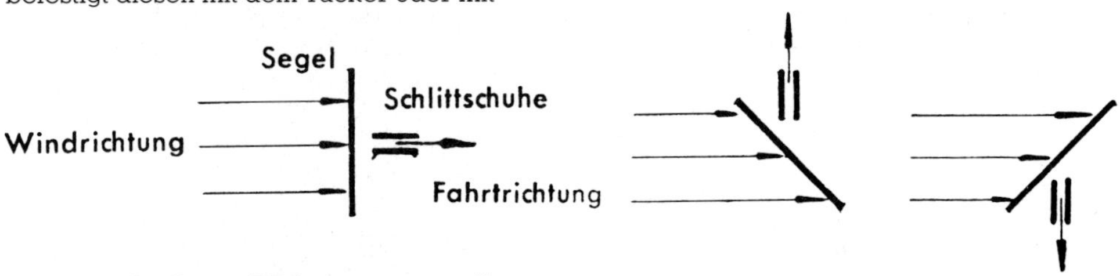

Das kleine Wasserrad

SM 4.5

Auf Bildern, im Fernsehen oder in Filmen habt Ihr vielleicht schon einmal ein Wasserrad oder eine Wassermühle gesehen. Einige von Euch kennen es möglicherweise auch aus einem Museumsdorf oder aus dem Urlaub. Oder gibt es sogar eines bei Euch in der Umgebung?
Ein großes Wasserrad zu bauen ist wahrscheinlich noch etwas schwierig für Euch. Aber ein kleines Wasserrad könnt Ihr schon herstellen.
Ihr benötigt:
1 stabilen Draht, ca. 40 cm lang, oder einen Drahtbügel aus der Reinigung, aus dem Ihr den Steg herauskneift
3 Flaschenkorken, die Ihr zunächst mit einem Korkenzieher einmal ganz durchbohrt
2 Joghurtbecher aus Plastik
1 Garnrolle
1 scharfes Messer
1 Feuerzeug
1 Stück Papier
1 m Nylonfaden
1 alten Plastikeimer
1 Kerze.
Einen Korken an den Seiten mit vier Schlitzen versehen. Die Joghurtbecher zerschneiden, so daß Ihr vier Schaufeln bekommt.
Den Draht durch den Korken stecken, die Schaufeln in die Schlitze drücken. Den Draht erhitzen und zwei gegenüber-

liegende Löcher oben in den Plastikeimer stechen und unten in den Eimer ein größeres Loch bohren.
Jetzt das Wasserrad durch die Löcher des Eimers stecken und von außen mit den beiden anderen Korken sichern, damit der Draht nicht verrutscht. Vorher die Korken mit der angewärmten Kerze an der Seite einreiben, die den Eimer berührt.
In das Loch in der Garnrolle ein Stück mit Klebstoff eingestrichenes, aufgerolltes Papier stecken und die Rolle dann auf eine Seite des Drahtes schieben. Trocknen lassen. Den Nylonfaden an der Garnrolle befestigen.
Jetzt könnt Ihr das Wasserrad mit dem Eimer unter den Wasserhahn stellen, und Euer Wasserrad dreht sich — und wickelt den Nylonfaden auf. Am Nylonfaden könnt Ihr jetzt Gegenstände in die Höhe ziehen lassen. Wieviel Kraft hat Euer Wasserrad dank des Wassers?

Die alte Wassermühle

SM 4.6 Herr und Frau Müller sind Lehrer. Sie wohnen auf dem Land in einer alten Wassermühle. Aber das Wasserrad dreht sich schon seit vielen Jahren nicht mehr. Familie Müller überlegt gerade, ob sie das alte Wasserrad nicht reparieren sollte. Es könnte einen großen Dynamo antreiben. Dann könnten die Müllers die Stromrechnung sparen und vielleicht sogar noch die Nachbarn mit Strom versorgen.
Früher war die Wassermühle aber dazu da, Getreide zu mahlen. Das hat Frau Müller herausgefunden. Sie hat in alten Büchern und Schriften etwas über die Geschichte ihrer Mühle gefunden.
Gebaut wurde die Wassermühle ungefähr 1680. Sie gehörte damals dem Landesfürsten, und der verpachtete sie an einen Mann, der Gumpel hieß. Dafür mußte er dem Landesfürsten im Jahr 300 kg Getreide und 300 Hühnereier abliefern, außerdem mußte er zwei Jagdhunde des Fürsten versorgen und von dem Mehlstaub der Mühle für den Fürsten zwei Schweine füttern. Herr Gumpel wiederum erhielt von den Bauern, die bei ihm ihr Getreide mahlen ließen, einen Teil des Getreides oder aber Geld. Davon mußte er einen Müllergesellen bezahlen, die Mühle in Ordnung halten und sich und seine Familie ernähren. Damals gab es in der Umgebung noch sechs andere Mühlen. Aber die Bauern und auch die Bäcker, die ebenfalls in den Wassermühlen das Getreide für das Brot mahlen ließen, konnten nicht einfach zu der Mühle gehen, zu der sie wollten. Der Landesfürst hatte festgelegt, zu welcher Mühle sie gehen mußten, und die Kosten für das Mahlen waren auch festgelegt.
Dem Müller Gumpel ging es jedoch schlecht. Er hatte wenig zu tun, da nur wenige Bauern und Bäcker das Getreide zu ihm brachten. Im Oktober und November hatte er viel Arbeit, aber sonst nicht. Auch hatte der kleine Bach im Sommer nur wenig Wasser, so daß das Mühlrad sich nicht drehte, und im Februar fror der Bach zu. Dann hing das ganze Wasserrad voller Eiszapfen und bewegte sich nicht mehr. Müller Gumpel war also ein armer Mann, und er hatte einen kleinen Acker und einige Schweine und Hühner, um sich etwas dazuzuverdienen.
Aber das ist lange her. Seit etwa 100 Jahren steht die Wassermühle still — und verfällt. Die Bauern liefern seit 100 Jahren ihr Getreide bei einer großen Mühle in der nächsten Stadt ab. Diese Mühle mahlt viel schneller als die Wassermühle, in der jetzt die Familie Müller wohnt. Die große Getreidemühle schafft genausoviel Getreide an einem Tag wie 10 Wassermühlen zusammen. Sie mahlt mit Strom. Den bekommt sie vom Kraftwerk — wie Ihr in der Schule auch.
Wie gesagt, heute lebt die Familie Müller in der alten Wassermühle und überlegt, ob sie das Wasserrad nicht reparieren sollte, weil sie dann keinen Strom mehr vom Elektrizitätswerk beziehen müßte — was ja Geld kostet.
Außerdem meint Moritz, der Sohn in der

Familie Müller, daß Wasserräder keinen Dreck machen und keine Abgase. „Wasserkraft kostet keine Kohle und keine Kohlen", sagt er.
Gesine, die Tochter der Familie Müller, findet, daß es sicher Spaß macht, das Wasserrad zu reparieren und selbst Strom herzustellen. Und der Nachbar, Herr Pfieffe, sei doch Tischler und werde sicher helfen, wenn er auch Strom abbekomme.

Was Ihr noch alles machen könnt

SM 4.7

- Aus Holz, Pappe und Papier die verschiedensten Wasserfahrzeuge bauen, die vom Wind angetrieben werden.
- Ihr könnt Euch viele Luftfahrzeuge ausdenken: Ballone, die mit heißer Luft gefüllt werden, oder Ihr nehmt ein großes Stück schwarzes, dünnes Plastik, klebt es zusammen und füllt es mit Luft. An einem dünnen Band festgebunden und in die Sonne gelegt, steigt die „Plastikwurst" oder der Plastikballon auf.
- Natürlich sind auch Drachen, alle anderen Ballone und selbst Fallschirmspringer Luftfahrzeuge.
- Wenn man das Wasserrad mit einem Getriebe aus Zahnrädern versieht, lassen sich viele Dinge damit antreiben.
- Auch das große Windrad kann zum Antrieb genutzt werden, wenn Ihr mit Zahnrädern arbeitet. Dabei müssen Euch

die Erwachsenen aber ein wenig helfen.

- Ihr könnt Euch erkundigen, wie früher geheizt wurde und was sich da verändert hat.
- Ihr könnt Euch erkundigen, wie früher Getreide gemahlen, Holz gesägt, Brot gebacken, Eisen bearbeitet wurde. Dann werdet Ihr feststellen, daß früher oft mit Wind und Wasser Geräte angetrieben wurden.
- Ihr könnt auch andere Erkundungen durchführen: Wo gab es früher eine Mühle oder ein Wasserrad, und wie haben die Leute damals wohl gelebt?
- Ihr könnt Euch Geschichten ausdenken: Das Windmühlenland; das Land ohne Benzin; das Land ohne Fabriken und viele andere Geschichten.
- Es gibt unzählige Dinge, die Ihr noch ausdenken oder erfinden könntet.

Vielleicht könnt Ihr dabei versuchen, folgendes zu beachten:
Das Material, welches Ihr benutzt, sollte möglichst aus Sperrmüll oder Abfällen bestehen.
Außerdem sollte immer entweder die Sonne, der Wind oder das Wasser für den Antrieb des Spielzeuges oder der Geräte genutzt werden. Also: Ihr solltet nicht auf Öl, Kohlen, Batterien, Strom und möglichst auch nicht auf Kerzen angewiesen sein.
Das heißt, Ihr solltet jene Dinge nutzen, für die man nicht zahlen muß (wie für Batterien, Strom, Gas) und die nicht zum Schluß verschwunden sind (wie Kerzen und Kohlen) oder leer sind (wie die Batterien).

SM 4.8

Was Ihr benötigt, ist zwar manchmal nicht leicht zu bekommen (zum Beispiel bestimmte Dinge aus dem Sperrmüll), oder es ist manchmal nicht da (kein Wind oder die Sonne scheint nicht), aber dafür ist alles umsonst, und das gemeinsame Suchen nach Dingen im Sperrmüll und gemeinsames Basteln macht ja meistens viel Spaß. Und irgendwann ist auch wieder genug Wind da, oder die Sonne scheint.

Luftige Kunst: Ein schwebendes Segel im Lichthof des Stadtmuseums von Paris – gesehen 1985.

Buchtip

E. E. Rönner: Selber machen. Basteln mit Emil Ernst Rönner, Zytglogge-Verlag, Gümlingen 1982.
Vieles in diesem Buch wird von Sonne, Wind und Wasser angetrieben, und bei vielen Basteleien werden Sonne, Wind und Wasser genutzt.
Wenn Ihr Glück habt, hat Euer Vater noch ein Werkbuch aus seiner Kinderzeit. Da lassen sich Bastelanleitungen finden, in denen Abfälle genutzt und keine Maschinen, Batterien und teuren Zusatzgeräte benötigt werden.

5. VERKEHR/ FAHRRAD

Ökologische Perspektive

Die Verkehrserziehung zählt zum festen Bestandteil des Sachunterrichts bzw. wird als ihm angegliedertes Fach gesondert ausgewiesen. Neben der Erziehung zum richtigen Verkehrsverhalten als Fußgänger steht dabei das Fahrrad im Zentrum des Unterrichts. Jedoch konzentriert sich die Thematisierung primär auf das verkehrsgerechte Verhalten der Schüler, die Verkehrssicherheit des Fahrrades sowie dessen Wartung. Selten nur wird in diesem Zusammenhang auf verkehrsberuhigte Zonen, Lärm und Abgase des Autoverkehrs sowie gesundheitsfördernde Aspekte des Radfahrens näher eingegangen. **LM 5.1**
Diese Punkte sind notwendige Aspekte einer ökologischen Perspektive, aber

LEHRER-MATERIAL (LM)

nicht hinreichend. Denn die Aneinanderreihung der Vorteile des Fahrrades gegenüber anderen Verkehrsmitteln bei der Überwindung kurzer Distanzen kann nicht verhindern, daß letztlich doch die Bequemlichkeit obsiegt und sich bei den Kindern die Vorstellung festsetzt, daß sie, sobald sie die erforderliche Altersstufe erreicht haben, das Fahrrad durch ein motorisiertes Fortbewegungsmittel ersetzen werden.
Uns scheint es daher sinnvoll, die Lust am Radfahren zu wecken bzw. zu erhalten. Erst wenn die Erfahrung des Radelns trotz Wind und Wetter den Gedanken fördert, daß das Fahrrad eine geradezu geniale Erfindung im ökologischen Sinne ist, da es die Autonomie des einzelnen ermöglicht, ferner ein Apparat ist, der nicht nur reparaturfreundlich ist, sondern sogar selbst wieder instandgesetzt werden kann, darüber hinaus kaum Raum beansprucht und keine Umweltschäden verursacht, bietet sich auch die Chance, daß das Fahrrad nicht als Interimslösung bis zum Mofa oder als bloß utilitäres Fortbewegungsmittel betrachtet wird.
Auch wird hier auf die Beziehung zwischen Rad und Raum Wert gelegt. Radfahren setzt kurze Distanzen und ein anderes Ortsbild voraus als Autofahren. Bei letzterem ist Monotonie die Voraussetzung für Sicherheit, bei ersterem ist die Kleinteiligkeit der Landschaft und ihre „Unübersichtlichkeit“ ein Genuß. Außerdem wird das Radfahren heute durch die großen Distanzen zwischen Wohn-, Arbeits-, Einkaufs- und Erholungsstätten, die die Industriegesellschaft in den letzten 50 Jahren mit sich brachte, immens erschwert.

Zahlen, Daten, Fakten

Erfindungsgeschichte

LM 5.2 Die erste Zeichnung von einem Fahrrad mit Pedalen, Lenker und Hinterradantrieb stammt von einem Schüler Leonardos da Vinci. Sein Name ist Salai; er dürfte die Skizze im Alter von 13 Jahren um 1493 entworfen haben.
Erst 370 Jahre später entspricht dieser Konstruktionszeichnung auch ein technisches Gerät: 1817 meldete **Drais** eine lenkbare Laufmaschine zum Patent an (vgl. SM 5.1). Mit dieser Laufmaschine benötigte Drais für die Strecke Karlsruhe—Kehl 4 Stunden — ein Fußgänger 16.
Der Erfolg dieses Verkehrsmittels war jedoch gering. Erst die Entwicklung einer an der Vorderachse befestigten Tretkurbel, der Einbau einer Bremse und eines gefederten Sattels durch den Franzosen **Michaux** (um 1860) brachten das Fahrrad zu bescheidenem lokalen Erfolg bei serieller Fertigung.
Waren die ersten Räder noch Holzkonstruktionen, so wurden in der folgenden Zeit im sportbegeisterten England Stahlspeichen und -rahmen entwickelt sowie Fahrzeuge, mit denen sich größere Geschwindigkeiten erreichen ließen: Das Hochrad (in den 1870er Jahren) ermöglichte bei einer Pedaldrehung durch das überdimensionale Vorderrad das Zurücklegen etlicher Meter.
Um 1870 erfolgte der entscheidende Schritt, den Antrieb auf die Hinterachse zu verlegen. Das hatte mehrere Vorteile: Erstens brauchten beim Kurvenfahren

die Beine nicht mehr die Kurvenbewegung mitzuvollziehen. Zweitens wurde durch die Kette als Verbindung zwischen Tretkurbel und Hinterachse eine Übersetzung möglich und damit gleichzeitig der Raddurchmesser verkleinerbar. Drittens wurde der Schwerpunkt zwischen die Räder verlagert, womit Stürze seltener und weniger gefährlich wurden.
In England erlebten diese Räder unter dem Namen „Rover" (to rove = umherstreifen) einen enormen Boom, der mit der Erfindung des Luftreifens (um 1890) zum Siegeszug des Fahrrades führte. Verbesserungen waren auch schon seit etwa 1870 durch den Gebrauch von Kugellagern und später (um 1890) durch die Entwicklung des Freilaufs von **Fichtel & Sachs** erreicht worden. Wenig später folgten die „Torpedo-Freilaufnabe mit Rücktrittbremse" und die erste Gangschaltung, so daß um 1900 die Prinzipien des heutigen Fahrrades nach nur 80 Jahren Entwicklungsgeschichte vollständig herausgebildet waren.

Verkehrsentwicklung

Zunächst Spielzeug der Reichen, wurde das Fahrrad schnell zum Volksfahrzeug („Spielzeug" der Reichen wird das Auto). Nach einer Untersuchung der deutschen Fahrradindustrie war das Fahrrad schon 1912 das populärste Verkehrsmittel. Die Anschaffung eines Fahrrades kostete um 1910 ca. 27 Mk. Ein ungelernter Arbeiter verdiente damals etwa 50 bis 70 Mk im Monat.
Wurden schon 1887 im Deutschen Reich ca. 37 000 Fahrräder verkauft, so wuchs der **Fahrradbestand** von 1928 mit 10 bis 12 Millionen 1936 auf 17 bis 18 Millionen an. Das heißt, 1936 besaßen 25% der Einwohner ein Fahrrad bzw. jede Familie eines. Dies führte jedoch nicht zu einer Orientierung der Verkehrsplanung am Fahrrad, vielmehr war die Perspektive schon damals das Automobil.
Nach dem Zweiten Weltkrieg erlebte das Fahrrad erneut einen Boom. Allein 1950 wurden 2 Millionen Fahrräder verkauft. Der Anschaffungspreis für einfache Räder lag bei einem Wochenlohn.
Aber das Auto, neues Statussymbol, holte schnell auf. Standen noch 1950 ca. 16 Millionen Fahrrädern 1 Million PKW gegenüber, so sind es heute zwar etwa 45 Millionen Fahrräder, aber gleichzeitig 24 Millionen PKW, die sich im Verkehr bewegen.
Diese Relation täuscht leicht darüber hinweg, daß das Fahrrad nicht mehr, wie noch in den 50er Jahren, Alltagsverkehrsmittel ist. Der Straßenverkehr wird eindeutig von Automobilen dominiert.
Erst in den letzten Jahren werden wieder verstärkt strukturelle Maßnahmen für das Fahrrad ergriffen, und immerhin gibt es heute wieder 15 Millionen **Alltagsradler,** wobei je nach örtlicher Gegebenheit jeder dritte bis zehnte Weg per Fahrrad zurückgelegt wird.

Fahrrad und Raum

Zu den wichtigsten Erkenntnissen der letzten Jahre gehört, daß im innerstädtischen Raum Entfernungen bis zu 5 km mit dem Rad schneller als mit allen anderen Verkehrsmitteln zurückgelegt werden können. Bedenkt man zudem, daß das Auto etwa 80% seiner Betriebszeit im Nahverkehr fährt (bis 8 km) und dort nur eine Durchschnittgeschwindigkeit von 15 bis 25 km/h erreicht,

wird schnell deutlich, daß die meisten Fahrten schneller und billiger mit dem Fahrrad gemacht werden könnten, zumal 34% aller Autofahrten kürzer als 3 km sind. Interessant ist in diesem Zusammenhang auch, daß Autofahrer die gleiche Zeit im Verkehr zubringen wie die Nutzer anderer Verkehrsmittel: etwa 70 bis 80 Minuten täglich. Mit dem Auto werden nämlich auch die Wege länger (keine Abkürzungen, Umgehungsstraßen, Staus in den Hauptverkehrszeiten etc.).
Die **Vorteile** des Fahrrades sind an dieser Stelle kaum aufzählbar. Nicht nur, daß anstelle eines Autos 70 bis 100 Fahrräder produziert werden können, das Fahrrad ist auch in jeder Hinsicht das preiswerteste Fahrzeug (geringe Wartungskosten, kein Kraftstoffverbrauch, keine Steuern und Haftpflicht, geringer Raumbedarf, eine Haltbarkeit von über 20 Jahren etc.).

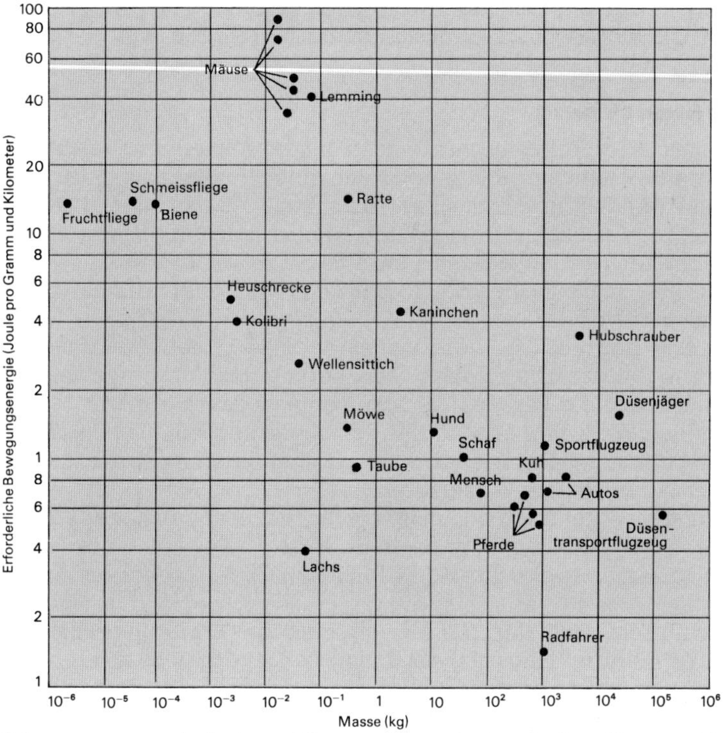

Radfahren verursacht keinen Lärm und produziert keine Abgase. Selbst das Radfahren im dichten Berufsverkehr ist nicht so gesundheitsschädlich wie das Sitzen im Auto in eben diesem Verkehr. Nach einer Untersuchung von Ökotest (8/85) atmet der Autofahrer im Innern des Autos selbst bei geschlossenen Fenstern ein Vielfaches der Schadstoffe ein, die ein Radfahrer am Straßenrand oder gar auf dem Radweg neben der Straße einatmet. Im Autoinnern ist man zudem den Ausdünstungen von vielen chemischen Verbindungen ausgesetzt, die z.T. nachweislich giftig für den Körper sind.
Grundsätzlich ist das Fahrrad das die Um- und Mitwelt am wenigsten belastende oder störende Verkehrsmittel. Jedoch ist es durch die am Automobil orientierte

Verkehrsplanung und die **Differenzierung von Lebens- und Arbeitsräumen** immer noch wenig attraktiv für die tägliche Nutzung: Da die zurückzulegenden Entfernungen zwischen Wohnung und Arbeitsplatz, Erholungsorten und Einkaufsstädten sich besonders nach dem Zweiten Weltkrieg immer mehr vergrößerten (vgl. Thema 7: Wohnen), werden die Strecken oft als fürs Fahrrad zu lang angesehen (mehr als 10 km gelten als schwer überwindbare Hürde: nur 10% aller Fahrten sind länger, die Durchschnittsstrecke beträgt 2,5 km). Außerdem ist man mit dem Fahrrad im fließenden Verkehr nahezu ungeschützt. Daher wird allerorten für **Radwege** und den Verbund von Fahrradverkehr und öffentlichen Verkehrsmitteln plädiert. Derzeit beträgt das Netz der Radwege ca. 10% aller Verkehrswege. In Erlangen und Freiburg sind es jedoch schon ca. 50%, was den Autoverkehr drastisch reduzierte.
Hier seien kurz die **verschiedenen Modelle** skizziert:

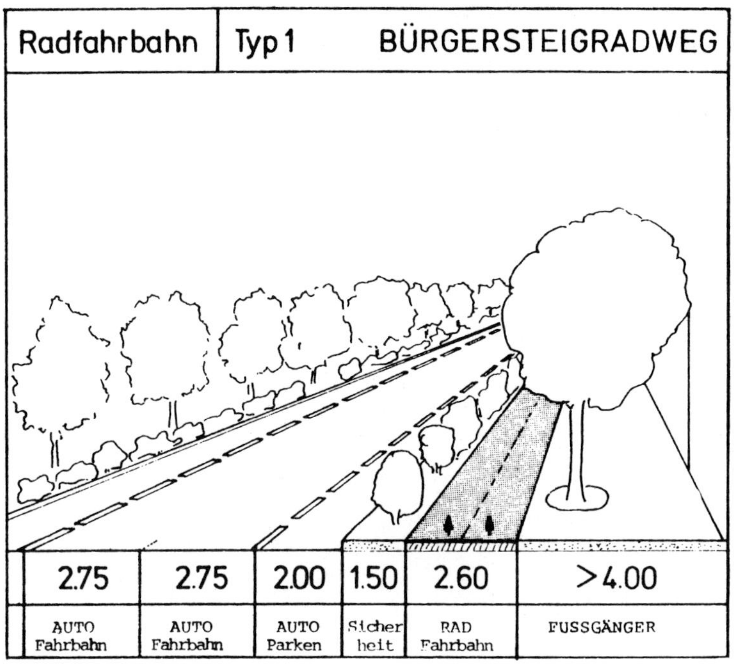

(Quelle: Fahrradbüro Berlin)

Die billigste, hier nicht graphisch dargestellte Möglichkeit, dem Fahrrad Raum im Verkehr zu verschaffen, ist die Begrenzung der innerstädtischen **Geschwindigkeit auf 30 km/h.** Die anderen Varianten sind hier abgebildet. Generell kann das Radfahren auch durch **Verkehrsberuhigung** erleichtert werden: Durch das Absperren von Wohnstraßen, den Vorrang für Radfahrer und Fußgänger, den Einbau von Schikanen in den Straßenzug etc. In verkehrsberuhigten Zonen vermindert sich der Lärm, es passieren weniger Unfälle, das Kleinklima verbessert sich durch Anpflanzungen, die Straße

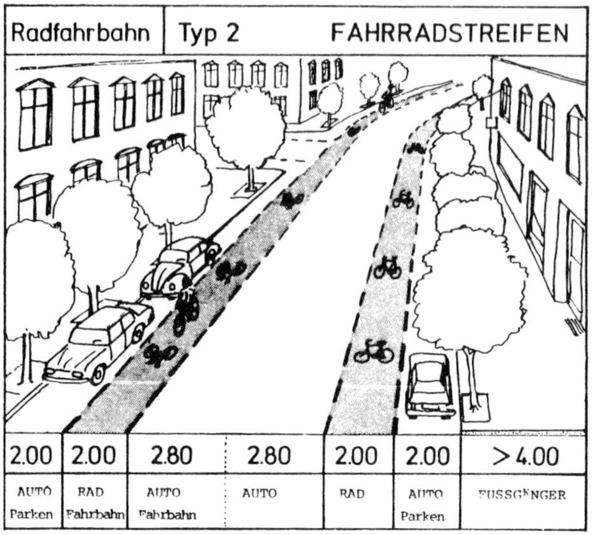

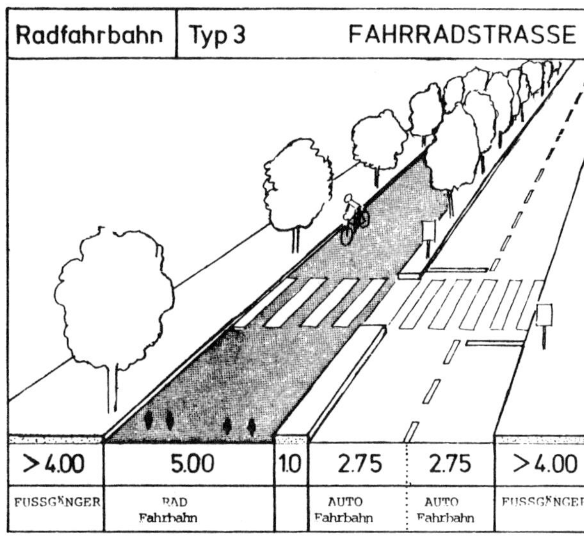

kann zum Spielen und als Ort der Begegnung genutzt werden. Ferner läßt sich das Radfahren durch ein ausgebautes **„bike and ride"**-System fördern. Noch immer ist die Mitnahme von Rädern in U- und S-Bahnen sowie bei der Bundesbahn erschwert (Verbote, umständlicher Transport, wenige Abstellplätze für Räder an den Haltestellen).
Damit das Fahrrad zum alltäglichen Beförderungsmittel werden kann, muß jedoch weit mehr als hier beschrieben geschehen. Die Arbeits-, Freizeit- und Wohnräume müßten wieder enger zusammenliegen, und die Straße müßte nicht mehr nur Verbindungstangente zwischen Orten sein, sondern selbst ein Ort der Kommunikation.

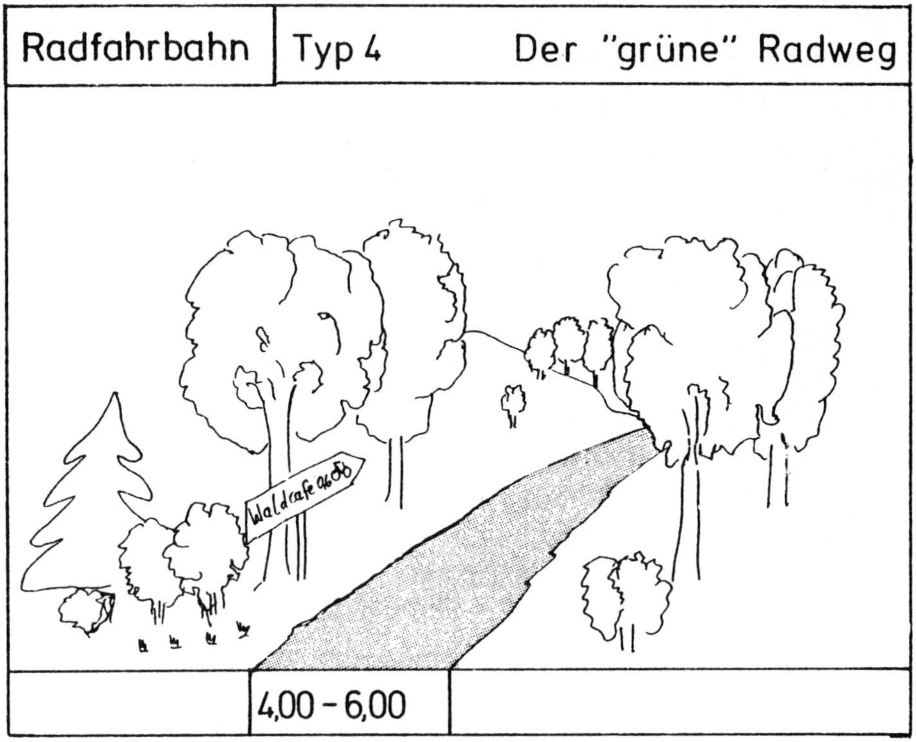

Kind und Fahrrad

In der Verkehrserziehung der ersten Schuljahre ist das Kind zumeist nur als Fußgänger Gegenstand des Unterrichts. Erst im 3. und 4. Schuljahr wird das Kind als Radfahrer thematisiert. Demgegenüber erlernen Kinder das Radfahren schon im Alter von vier oder fünf Jahren. Im Kindergartenalter besitzen auch schon 80% der Kinder ein Fahrrad. Das Thema „Fahrrad" setzt im Unterricht bisher also zumeist verspätet ein.

Für die Kinder ist der Spaß am Radfahren (noch) ein entscheidender Gesichtspunkt. Etwa 1/3 der Fahrten unternehmen sie aus Freude am Radfahren. Das Rad ist für sie vor allem ein Spiel- und auch ein Sportgerät. Sie erleben die Erweiterung ihres **Aktionsradius** und nutzen das Rad, um Verpflichtungen schneller und bequem nachkommen zu können. Dieser Aspekt nimmt mit wachsendem Alter zu.

Kinder legen im Alter zwischen 7 und 14 Jahren durchschnittlich 1300 km im Jahr mit dem Rad zurück. Sie radeln in diesem Alter täglich 3 bis 4 km. Dabei sind sie sehr schnell: Die Durchschnittsgeschwindigkeit liegt bei fast 12 km/h, wobei 7jährige durchschnittlich 7,5 km/h und 14jährigen ca. 15 km/h schnell sind.

Bezogen auf das Verkehrsverhalten von Kindern verweisen wir ausdrücklich auf die Literatur zur Verkehrserziehung in der Grundschule.

Bezug zu den Rahmenplänen

Folgende Thematiken der Lehrpläne zum Sachunterricht der einzelnen Bundesländer werden durch die hier vorgestellten Materialien zum Thema „Verkehr“ berührt:
(Die Verkehrserziehung wurde nur berücksichtigt, soweit sie im Sachunterricht thematisiert ist).

LM 5.3

Bundesland:	1. Schuljahr	2. Schuljahr
Baden-Württemberg	— Schulweg — Spielstraße	— Freizeitgestaltung — Luft — Erfahrung mit dem Wetter
Bayern	— Freizeitgestaltung — Erlebnisse mit dem Wetter	— Eigenschaften der Luft — Geschichte des Ortes
Berlin	— Schulweg — Verkehrsmittel	
Bremen	— Wind und Wetter — Schulweg; Spielorte — Bewegung und Gesundheit	— Straßenspiele/Spielstraße — Fahrrad; Luft — aktive Freizeitgestaltung
Hamburg	— Schulweg; Spielorte — Wind und Wetter — Luft	— Freizeit/Radtour — Töne/Geräusche — Straßenspiele
Hessen	— Freizeitgestaltung — Wind und Wetter	— Umgebung erkunden — Getriebe; Hebel; Drehbewegung — Luft; Verkehrslärm
Niedersachsen	— Schulweg — Orientierung im Stadtverkehr	— Verhalten als Radfahrer — Wetter
Nordrhein-Westfalen	— Schulweg — Freizeit	
Rheinland-Pfalz	— Körpererfahrungen — Umgebung erforschen	— Luft und Kraft
Saarland	— Radwege — Fahrzeuge, Signale	— Körperbewegungen — Straßen; Spielplätze — Karten lesen; Geschwindigkeit
Schleswig-Holstein	— Schulweg — Kind als Radfahrer	— Wohnstraße — Freizeitgestaltung — Bremswege

3. Schuljahr	4. Schuljahr
— Geschichte des Rades — Das Fahrrad	— Verkehrswege — Freizeitgestaltung — Radfahren
— Freizeit früher — Gesundheitserziehung/Bewegung	— Freizeitgestaltung — Eingriffe in die Landschaft: Straßenbau — Das Rad
— Räder und Wellen; Luft und Fahrtwind; Fahrzeuge; Freizeit — Umgebung kennen; Straßennetze; verändertes Verkehrsbild — Veränderung von Fahrzeugen; Radfahrer im Verkehr	
— Plan vom Wohngebiet — Wohnen früher und heute	— Radfahren — Freizeitgestaltung; Ausflug planen — Pläne lesen
— Wohnviertel erforschen — umweltfreundliche Wohnstraße — Straßenverkehr	— Verkehrsentwicklung; Ortsgeschichte — Luftverschmutzung/Lärm und Verkehr — Verkehrsberuhigte Zonen
— Freizeit gestalten; Karte lesen — Veränderung der Umgebung — Luft und Lärm; Streusalz/Sand	— Räderfahrzeuge; Lenkung — Bewegung; Muskulatur — Rost; Übersetzungen
	— Fahrzeuge mit Rädern — Naherholung; Ortsveränderung — Wetterabhängigkeit
— Ortsveränderung — Fahrrad — Eingriffe in die Umwelt	
— Beweglichkeit des Körpers — Wohnort/Landschaftsveränderung — Freizeitgestaltung; Luft; Räder	— Ausflugziele — Veränderung des Ortes — Luft und Wetter
— Luft bremst und treibt — Veränderungen der Umwelt — Fahrrad	— Naherholung
— Ortsplan — Luft — Fahrrad	— Früher war alles anders — Ferien gestalten; Fahrrad — Lärm

Zeitperspektiven

LM 5.4 Das Material ist differenziert einzusetzen. Während sich die Geschichten, Erzählungen, die Aspekte sinnlicher Wahrnehmung und die spielerischen Momente schon für die ersten Grundschuljahre eignen, sind die anderen, auch quantifizierende und planerische Momente enthaltenden Materialien erst für die letzten Grundschuljahre gedacht.

Freilich läßt sich die gesamte Einheit auch im Block behandeln. Dies käme aber der Intention, das Fahrrad immer wieder bewußt wahrzunehmen, nicht entgegen.

Je nach Selektivität und Intensität läßt sich das Thema Verkehr/Fahrrad in 8 bis 12 Unterrichtsstunden behandeln.

Didaktischer Aufbau

LM 5.5 1. Um die ökologische Perspektive zum Thema „Verkehr" in den Materialien zu realisieren, wird das Schwergewicht auf das Erlebnis des Radfahrens und die Erfahrung des Raumes gelegt. Denn das Fahrrad ist das einzige Verkehrsmittel, mit dem man sich selbst voranbringt, bei dem man selbst über die Wege entscheidet, bei dem noch Wetter, Geräusche und Gerüche sowie Details der Umgebung wahrgenommen werden können. Es schafft somit ein spezifisches Verhältnis zum Körper, zur Natur und zur sozialen Umgebung.

Entsprechend sind die hier vorgestellten Schülermaterialien dezidiert für eine Perspektivverschränkung gedacht, nämlich als ergänzende, erweiternde, vielleicht sogar primäre Sicht auf das Fahrrad, das aus verkehrserzieherischer oder technischer Perspektive schon Thema des Unterrichts ist. Die Konzentration auf die Sinne, die Phantasie und eigenen Erlebnisse erlaubt es, das Fahrrad nicht nur dort zu thematisieren, wo es aufgrund der Behandlung der Mechanik oder Verkehrssicherheit naheliegt. Vielmehr läßt sich vom Fahrrad auch dort reden, wo sonst sehr abstrakt im Sachunterricht die Sinne behandelt werden. Insofern ist auch das Thema „Fahrrad" an zahlreiche Schwerpunkte des Unterrichts anbindungsfähig, löst diese aus ihrer Abstraktheit und stellt unmittelbar wie reflexiv Lebensweltbezüge her.

2. Die Schwerpunkte des Materials liegen in mehreren Bereichen: Erstens im historischen Bereich, der sich nicht auf die Erfindungsgeschichte beschränkt, sondern die in die Konstruktion des Fahrrades einfließenden lokalen, ökonomischen und sozialen Aspekte mit aufgreift. Zweitens wird der Erlebnischarakter und der Anreiz, eigene Erfahrungen zu thematisieren, durch das Thema „Sonne, Wind und Wetter" in den Vordergrund gerückt. Bei der Erstellung des Materials war uns besonders an der differenzierten Wahrnehmung, der Darstellung der Lust und Mühsal des Radfahrens gelegen. Uns scheint, daß erst mit dem Erlebnis und seiner Reflexion den Kindern der Spaß am Radfahren erhalten bleibt. „Rad und Raum" als zweiter Schwerpunkt neben dem sinnlichen Erlebnis kann lokale Veränderungen und die Vorteile des Rades verdeutlichen. Der Rückbezug auf die Alltagserfahrungen sowie historische Veränderungen (Regionalgeschichte) ist dabei unmittelbar gegeben.

Zur Phantasie, zur Beschäftigung mit Zukunftsperspektiven und zu verändertem Handeln soll die fiktive Geschichte von der Stadt Velocia anregen. Gezielt auf die Sinne abgestellt ist die sonst nur allzuleicht auf reine Faktenvermittlung reduzierte Behandlung der Aspekte Luftverschmutzung, Lärm und Gesundheit. Wichtig ist uns einerseits, daß die Folgen des Individualverkehrs nicht immer unmittelbar wahrzunehmen sind. So läßt sich nur sehr vermittelt vom vorbeifließenden Verkehr auf die Zerstörung der an der Straße liegenden Sandsteingebäude schließen. Andererseits ist die unmittelbare sinnliche Wahrnehmung aber äußerst wichtig, denn eine nur kognitive Vermittlung von Fakten führt bei den Schülern nur selten zu tiefgreifender Reflexion.

Einstiege in das Thema

LM 5.6

- Vor oder nach den Sommerferien bietet sich die Frage nach dem Radfahren im Urlaub an (vgl. SM 5.2).
- Bei der Thematisierung der Mechanik kann die Geschichte des Fahrrades aufgegriffen werden (SM 5.1).
- Ereignisse wie ein Unfall mit dem Fahrrad, Straßenbauarbeiten u.ä. können Anlaß sein, mit der Geschichte von den „Straßen von Velocia" zu beginnen (SM 5.4).
- Das neue Fahrrad eines Schülers oder auch ein Tachometer bieten die Möglichkeit, der Frage nach der Beziehung zwischen Fahrrad und Raum nachzugehen (vgl. SM 5.3).
- Ausdrücklich verwiesen sei darauf, daß bei der Behandlung der Sinne (Hören, Riechen) ein Bezug zum Verkehr als Rückbezug auf die Alltagswelt möglich wäre (SM 5.5 und 5.6). Ferner sind Erfahrungen mit der Haut und dem Sehen bei unterschiedlichen Geschwindigkeiten in SM 5.2 angelegt.

Hinweise zu den Schülermaterialien

LM 5.7 SM 5.1: Das erste Fahrrad

An diese kurze Geschichte zur Entstehung des Fahrrades lassen sich mehrere Aspekte anknüpfen: die Veränderung des Fahrrades in der Geschichte (alte Fotos, Bilder aus Illustrierten etc.); das Fahrrad als billiges „Volks-Fahrzeug“; Transportwesen; wann ist etwas funktional, wann ein Spielzeug?; wie haben die Kinder das eigene Fahrrad in Erinnerung (Zeichnen); wie sieht das Fahrrad der Zukunft aus?

SM 5.2: Sonne, Wind und Wetter

Die fiktiven Tagebucheintragungen sollen dazu anregen, daß die Schüler selbst von ihren Erfahrungen mit dem Fahrrad erzählen. Besonders für eine Auseinandersetzung mit dem Körpergefühl und für die Differenziertheit der Sinneswahrnehmungen soll die Geschichte Anregungen bieten. Der Vergleich mit einer Autofahrt müßte deutlich machen, daß dabei nur Seherfahrungen möglich sind und diesen die Kleinteiligkeit fehlt. So könnte das Fahrradfahren als Erlebnisform einmaliger Art wahrgenommen werden.

SM 5.3: Mit dem Fahrrad von hier nach dort

Der Zusammenhang zwischen Radfahren und Raumstruktur wird am besten über dieses kurzgefaßte Material erreicht. Es setzt gewisse mathematische Kenntnisse und ein Raumvorstellungsvermögen voraus. Daher sollte es erst im letzten Grundschuljahr eingesetzt werden. Wichtig ist nicht nur zu klären, wie weitläufig der Lebensraum ist, sondern vor allem, daß der Lebensraum sich am Automobil orientiert.

SM 5.4: Die Straßen von Velocia

Die Erzählung soll als Anregung dienen, sich einen Ort vorzustellen, wo Fahrrad und Fußgänger Vorrang haben. Kinder mögen hier ganz andere Vorstellungen entwickeln. Sie könnten diese gemeinsam zeichnerisch umsetzen, wobei freilich ihre Interessen im Vordergrund stehen. Dabei ließe sich auf Modelle für Fahrradwege (siehe Zahlen, Daten, Fakten), auf Schwierigkeiten des Radfahrens im Ort etc. eingehen.

SM 5.5: Das Auto und Eure Nase

Es ist nicht daran gedacht, die Kinder mit quantifizierenden Daten und Fakten zur störenden und zerstörerischen Wirkung des Automobils zu konfrontieren, denn schließlich sind sie nicht in der Position, an der Automobilisierung etwas verändern zu können. Vielmehr ist uns daran gelegen herauszustellen, was die Kinder selbst wahrnehmen können und wie weit ihre Wahrnehmungen verläßlich sind.

SM 5.6: Das Auto und Eure Ohren

Was für SM 5.5 gilt, trifft auch hier zu. Die in beiden Materialien angebotenen Versuche sind nicht auf Exaktheit und Quantifizierungen angelegt, sondern auf Empfindungen und Empfindsamkeit.

Weitere Ideen

LM 5.8

- Eine Ortsbegehung machen: Wo fehlen Radwege, wo wäre eine Verkehrsberuhigung angebracht, wie lassen sich gefährliche Bereiche entschärfen etc.
- Wieviel Platz brauchen die Autos im Verkehr, wieviel Platz bleibt den Fußgängern und Radfahrern? Auch: Parkplätze, Sitzbänke, Abstellplätze fürs Fahrrad.
- Es lassen sich zahlreiche weitere Erkundungen denken: Der Besuch einer Fahrradwerkstatt: Wie werden Fahrräder repariert; was sind die häufigsten Defekte; was braucht man als Ausbildung etc.; Besuch eines Fundbüros für Fahrräder; ein Radrennen besuchen u. v. a.
- Bilder zur Geschichte des Fahrrades sammeln und aufhängen (Buchtip: Ph. Summer: Early Bicycles, London 1966).
- Eine Radtour mit den Eltern organisieren.
- Eine Geschichte erfinden oder erzählen lassen zu: „Alle Tankstellen sind geschlossen".
- Einen Aktionstag durchführen: „Die Fahrrad-Schule". Alle kommen mit dem Fahrrad, wenn nicht anders möglich, mit öffentlichen Verkehrsmitteln zur Schule (vielleicht sogar in Verbindung mit einem Elterntag).

Erfahrungen mit dem Material

LM 5.9

Den Erlebnischarakter des Radfahrens herauszustellen und sogar die Konkurrenz zum Auto zu riskieren, hat generell mit der Schwierigkeit zu kämpfen, daß die Grundschüler schon auf das Auto hin sozialisiert sind (Spielzeugautos, Playmobil, Status des Autos in der Familie). Viele Kinder fahren auch ausgesprochen gerne Auto (in Erwartung von Urlaub, Besuch, Einkauf etc.;

ferner: Lust an der Geschwindigkeit). Das Material würde mißverstanden, wenn es zur „Gegenerziehung" genutzt würde (wozu es sich in der Erprobung auch nicht als tauglich erwies). Absicht war und ist, wie in der „ökologischen Perspektive" betont, die Lust am Radfahren zu erhalten bzw. zu fördern und den Facettenreichtum des Fahrradfahrens zu verdeutlichen. Auf dieser Basis waren die Texte in der Erprobung leicht einzusetzen. Es entstand allgemein der Eindruck, daß die Schüler erst über dieses Material dazu befähigt wurden, über das eigene Verhältnis zum Fahrrad nachzudenken, die Möglichkeiten des Fahrrades sowie seine Effekte wahrzunehmen und auszubauen. Der Spaß am Radfahren wurde von einer Selbstverständlichkeit zur bewußten Intention.

Zu einzelnen Aspekten:

● Die Geschichte des Fahrrades (SM 5.1) ist für die Schüler nur dann nachzuvollziehen, wenn sie selbst ausprobieren, wieviel leichter es ist, sich auf dem Rad mit den Füßen abzustoßen, als zu Fuß zu gehen. Spaß machte es den Kindern auch zu versuchen, nicht zu lenken (das Prinzip der Laufräder vor Drais). Die Versuche scheiterten regelmäßig selbst bei großer Geschicklichkeit. Angeregt aufgenommen wurden auch Darstellungen von Fahrrädern, die den Schülern nicht geläufig waren.

● Mühe machte es den Schülern hingegen, sich einen Ort vorzustellen, an dem keine Autos fahren. Zumeist wird die Geschichte von Velocia (SM 5.3) lediglich in Bilder übersetzt. Anknüpfen läßt sich hier am Spielplatz und dessen Ausdehnung zum Fahrradspielplatz (Sprungbrett für BMX-Räder etc.).

● Gerne erzählen Kinder nach, was sie beim Radfahren erleben (zumeist handelt es sich um Ungewöhnliches). Jedoch ist der Vergleich zwischen Autofahrt und Radtour schwierig. Das Autofahren wird oft als Interimszeit zwischen zwei Orten wahrgenommen. Erst die bewußte Registrierung der Autofahrt macht die Differenz zum Radfahren bei den Kindern deutlich.

● Die Registrierung der Wege (SM 5.4) zeigt, daß es sich manchmal um durchaus kürzere Wege handelt als früher (Supermarkt bietet alles, das Schwimmbad ist in der Nähe und die Schule auch). Das verweist auf die Differenz zwischen Stadt und Land (früher wohnten die Eltern häufig noch auf dem Land, jetzt wohnen sie in der Stadt). Die Entfernungen sind auf dem Land jedoch generell gewachsen (Schulzentren etc.). Es hat sich bewährt, Eltern und Großeltern erzählen zu lassen.

● Die Materialien zu den Themen Luft und Lärm (SM 5.5 und 5.6) waren für die meisten Schüler spannende Ereignisse. Noch nach Tagen mühten sich die Kinder, den Geruch des Parfüms im Klassenzimmer wahrzunehmen, und sagten plötzlich im Unterricht, jetzt sei es nicht mehr zu riechen.

Buch- und Medientips

Buchtips

LM 5.10

Zum Thema Fahrrad ist zahlreiche Literatur erschienen, die Fahrradtypen, Reparaturanleitungen und Kaufentscheidungshilfen enthält. Hier kann man kaum einen Fehlgriff tun.
Folgende Literatur sei empfohlen:
BBU/UWI (Hg.): Die Fahrradfibel: „Steig um auf's Rad“, Berlin 1980.
Die Broschüre liefert auf etwa 100 Seiten einen hervorragenden Überblick von der Fahrradgeschichte über das Fahrrad als Nahverkehrsmittel und Aspekte der Verkehrsplanung bis hin zu Verkehrssicherheit, Verbraucherinformationen und zahlreichen Adressen. Bezug: AK Verkehr im BBU, Cheruskerstr. 10, 1000 Berlin 62.
H.-E. Lessing: Das Fahrradbuch, rororo 7178, Reinbek bei Hamburg 1978.
Es enthält alles Wissenswerte zum Fahrrad: Fahrradtypen und -kauf, Kind und Fahrrad, Auto und Fahrrad, Adressen etc.
W. Sachs: Die Liebe zum Automobil. Ein Rückblick in die Geschichte unserer Wünsche, Rowohlt, Reinbek bei Hamburg 1984.
Vom Fahrrad kann heute nicht gesprochen werden, ohne vom Auto zu reden. Das Buch versucht, ebenso die Hoffnungen aufzuspüren, die sich mit dem Automobil verbanden, wie die Enttäuschungen aufzufangen, die eine automobilisierte Gesellschaft erleidet. Letztlich ist das Buch ein Plädoyer fürs Fahrrad in einer bewohnbaren Welt.

G. D. Gabrecht: Gehen. Plädoyer für das Leben in der Stadt, Beltz-Verlag, Weinheim/Basel 1981.
Das Buch ist eine Liebeserklärung an das Zufußgehen als Erfahrung von Bewegung und als Erfahrung vermittelnde Bewegung, die selbst durchs Radfahren nicht zu ersetzen ist. Zudem handelt es sich um eine argumentative Auseinandersetzung mit den Möglichkeiten der Drosselung des Autoverkehrs und der Unwirtlichkeit der Städte.

Filmtips

Zur Verkehrssicherheit des Fahrrades, zum Fahrrad als Transportmittel und zum sicheren Schulweg finden sich in den Katalogen der Landesbildstellen zahlreiche Filme, Dias etc.
Daher sei hier nur auf folgendes verwiesen:
Der Umsteiger — Das Fahrrad im Nahverkehr (Landesfilmdienste Bayern, Baden-Württemberg, Niedersachsen, 16 mm, Farbe, 13 Min.).
Der für ein allgemeines Publikum gedrehte Film eignet sich auch für Grundschüler, da eine Geschichte erzählt wird: Herr Schmitz fährt mit dem Auto zur Arbeit, ärgert sich über den täglichen Stau und sieht abends im Fernsehen einen Trickfilm über die Vorteile des Radfahrens. So steigt er aufs Fahrrad um.
Fahrraddiebe (1948, Spielfilm von Vittorio de Sica; falls er irgendwo aufzutreiben ist oder gezeigt wird, sollte er nicht versäumt werden).
Dieser Film zeigt, wie im Italien der Nachkriegszeit eine ganze Familie finanziell vom Fahrrad des Vaters abhängig ist. Eindrucksvoll sind nicht nur die Bilder dieser „Fahrradgesellschaft", sondern der soziale Realismus und die Rolle des etwa 9jährigen Sohnes, die die Liebe zum Fahrrad ebenso deutlich machen wie seinen ökonomischen Nutzen.
Technikgeschichte des Fahrrades. Vom Laufrad zum Fahrrad (12 Dias, Farbe, ab 3. Schuljahr).
Von der Draisine über verschiedene Fahrradtypen von 1870 bis heute werden die jeweiligen Konstruktionen deutlich.

VERKEHR SCHÜLER-MATERIAL (SM)

Das erste Fahrrad

SM 5.1

So hat es ausgesehen, als Herr Drais vor 170 Jahren mit dem ersten Fahrrad durch die Stadt Mannheim radelte.* Ihr seht, das erste Fahrrad hatte noch gar keine Pedalen und einen merkwürdigen Lenker. Auch war es noch aus Holz gebaut.
Herr Drais stieß sich mit den Füßen vom Boden ab und rollte so vorwärts.
Laufräder gab es schon vor der Erfindung von Herrn Drais. Neu ist an seinem Fahrrad die Lenkung, die gab es bis dahin noch nicht.
Folgendes hatte Herr Drais sich bei seiner Erfindung des Fahrrades gedacht: „Als Fußgänger bewege ich immer ein Bein nach dem anderen vorwärts. Ein Bein ist in der Luft, das andere ist am Boden. Dabei ist das Gewicht meines Körpers einmal auf dem einen Bein, dann auf dem anderen. Das kostet aber viel Kraft, wenn ich das Gewicht meines Körpers immer von einem Bein auf das andere verlagere.
Fahre ich mit dem Laufrad, dann brauchen die Beine den Körper gar nicht mehr zu tragen, weil ich ja sitze. Dann kann ich meine ganze Kraft für das Abstoßen vom Boden behalten. Dann komme ich also auch leichter vorwärts. Aber da gibt es noch ein Problem. Die Straßen sind oft schlecht. Sie haben Schlaglöcher, und manchmal gibt es nur Sandwege mit ganz weichen Stellen darin. Wenn das Rad immer nur geradeaus fährt, fährt es durch den weichen Sand und die Schlaglöcher. Da kann ich leicht stürzen, oder ich bleibe stecken. Wenn sich das Vorderrad aber lenken läßt, dann kann ich den Schlaglöchern und weichen Stellen in den Wegen ausweichen."
So erfand Herr Drais den Lenker am Laufrad. Er brauchte keine Kutsche mit Kutscher und Pagen mehr, wie Menschen mit viel Geld. Und er brauchte nicht mehr zu Fuß zu gehen wie die meisten Leute. Aber er war mit seinem lenkbaren Laufrad fast so schnell wie eine Kutsche und viel schneller als die Fußgänger.
Die Pedalen am Fahrrad wurden erst 50 Jahre später erfunden. Sie waren zunächst am Vorderrad befestigt, wie Ihr das von den Dreirädern der kleinen Kinder kennt.

** Gemeint ist das Bild auf der vorherigen Seite.*

Sonne, Wind und Wetter — Mit dem Fahrrad unterwegs

SM 5.2

In den Sommerferien hat Ulla mit ihren Eltern und zwei Freunden eine Radtour gemacht. Sie sind von Hamburg bis Ulm mit dem Zug gefahren und von dort aus kreuz und quer durch das Land geradelt. Ihr Ziel war Neuschwanstein. Ulla hat über diese Reise ein Tagebuch geführt. Natürlich durften wir das nicht lesen, weil es ihr Geheimnis ist, was darin steht. Aber einige Seiten und Abschnitte hat sie für uns noch einmal abgeschrieben. Wir wollten nämlich gerne von ihr wissen, ob ihr das Radfahren Spaß gemacht hat.
Das hat Ulla uns geschrieben:
1. Tag: Heute morgen sind wir in Ulm gestartet. Die Sonne schien schon ganz warm, als wir endlich das Gepäck auf den Rädern hatten. Es war gar nicht so einfach, mit den vielen Taschen und dem vielen Gewicht die Balance zu halten. Aber dann ging es doch. Wenn ich mich umschaute, konnte ich noch ganz lange den hohen Turm des Ulmer Münsters sehen. Wir fuhren durch Felder und Wiesen. Es roch nach frisch gemähtem Gras, und in den gelben Blumen am Wegrand gab es einige Schmetterlinge. In der Luft kurvte ein Drachenflieger mit Motor. Auf dem Feld hackten Frauen Unkraut, und die Kühe sind hier braun und weiß gefleckt. Mutti sagte, die geben keine Milch, sondern Kakao. Aber das ist bestimmt nicht wahr. Wir haben viele Pausen gemacht. Jetzt sind wir bei Vöhringen und zelten auf der

Wiese eines Bauern, den wir gefragt haben, ob wir dort zelten dürften. Er ist sehr nett, aber schwer zu verstehen, weil er ganz anders spricht als wir. Jetzt bin ich sehr müde. Die Beine tun mir weh, und ich habe einen Sonnenbrand auf der Nase und etwas braune Arme.

4. Tag: Ich hatte eine Reifenpanne. Ich war durch einen rostigen Nagel gefahren. Als es geflickt war, haben wir im nächsten Ort unter einer riesigen Kastanie ein großes Eis gegessen. Nachher war mir schlecht, und ich hatte Durst. Unterwegs haben wir Blumen für meine Blumenpresse gesammelt. Ich habe auch schon viele Postkarten von der Gegend und von den bunten Kirchen gekauft. Vati hat nämlich den Fotoapparat vergessen. Heute war es etwas windig. Aber es war Rückenwind, und da brauchte ich fast gar nicht zu treten. Ich brauche jetzt auch gar nicht mehr so sehr auf die Balance zu achten. Deshalb kann ich jetzt viel mehr in der Gegend herumschauen. Ich habe vier Rehe, zwei Hasen und ein Wiesel gesehen, glaube ich. Außerdem habe ich einen Pirol gesehen. Der ist gelb und hat schwarze Streifen. Vormittags singen auch die Lerchen über den Feldern. Morgen fahren wir nach Marktoberdorf. In der Ferne kann ich schon die Alpen sehen. Hoffentlich bleibt das Wetter gut. Vati meinte, es wird regnen, als er die streifigen Wolken heute nachmittag sah.

7. Tag: Heute sind wir in Füssen angekommen. Vormittags war noch schönes Wetter. Wir haben in einem See gebadet. An die steilen Berge habe ich mich inzwischen gewöhnt. Auch wenn das Schieben viel Mühe macht. Bergab pfeift es richtig in den Ohren, und mein Tacho zeigt 45 an. Ein Stück vor Füssen fing es an zu regnen. Ich habe nasse Füße bekommen, und die Hose klebte an den Beinen. Die Regenjacke war vom Schwitzen innen genauso naß wie außen. Außerdem kam der Wind von vorne. Manchmal mußte ich in den Pedalen stehen. Ich hätte heulen können, und wir hatten alle schlechte Laune. Jetzt bin ich aber ganz zufrieden. Ich habe gemerkt, daß ich ganz schön viel Kraft habe und gegen Wind und Wetter gewinnen kann. Unterwegs habe ich auch einmal einen großen Schreck bekommen, als ein Lastwagen ganz dicht an mir vorbeifuhr. Ich konnte den Luftzug richtig merken, und gespritzt hat es auch, weil die Straße so naß war.

Morgen sehen wir uns das Schloß Neuschwanstein an. Da geht es ganz steil hinauf. Aber ohne Gepäck. Das lassen wir im Zelt. Bergab geht es dann sicherlich wieder so schnell, daß ich Tränen in den Augen habe. Das macht der Fahrtwind.

So viel aus dem Tagebuch von Ulla. Könnt Ihr etwas Ähnliches erzählen? Was habt Ihr mit dem Fahrrad schon alles erlebt?

Hätte Ulla das auch alles gesehen, gefühlt, gerochen und gehört, wenn sie mit den Eltern im Auto gefahren wäre?

Mit dem Fahrrad von hier nach dort

SM 5.3 Stellt Euch einmal vor, Ihr müßtet an einem Tag mit dem Fahrrad folgendes erledigen:
1 kg Rindfleisch kaufen.
Beim Schuster Schuhe zur Reparatur abgeben.
Im Schreibwarengeschäft ein Schreibheft kaufen.
Beim Bäcker ein Brot kaufen.
Die Freundin oder den Freund besuchen.
Gemeinsam zum Schwimmen radeln.
Außerdem fahrt Ihr morgens mit dem Fahrrad zur Schule und am Mittag wieder zurück.
Wieviele Kilometer müßt Ihr ungefähr zurücklegen, um alle diese Stationen anzufahren?
Ihr könnt Euch die kürzeste Verbindung aussuchen.
Jeder wird eine andere Kilometerzahl ausrechnen. Wieviele Kilometer sind es für die Klasse durchschnittlich?
Dann solltet Ihr auch noch Eure Eltern und Großeltern fragen, wieviele Kilometer sie vor 20 oder 40 Jahren zurücklegen mußten, um alle diese Stationen zu erreichen.
War die Strecke damals kürzer?
Wie müßte ein Ort aussehen, in dem man alles schnell mit dem Fahrrad erreicht und der nicht langweilig ist?

Die Straßen von Velocia

SM 5.4 Velocia ist eine Großstadt. Die Straßen dieser Stadt sind aber nicht voller Autos, die alles verstopfen. Es gibt hier keine Verkehrsampeln mehr. Auch braucht man als Fußgänger oder Radfahrer keine Angst zu haben, überfahren zu werden. In Velocia sieht es nämlich so aus:
Vor den Geschäften auf der linken und rechten Straßenseite gibt es einen ganz breiten Bürgersteig. Der ist nur zum Teil gepflastert. Denn es stehen dicke Bäume auf dem Bürgersteig, und es wachsen dort tausend Blumen und noch mehr.
Die Straße für Autos ist nur noch ganz schmal. Darauf fahren mit Sonnenkraft betriebene Kleinbusse, Taxis und kleine Lastwagen. Sie machen keinen Lärm und keine Abgase. Außerdem fahren sie nicht schneller als ein Fahrrad.
Neben den breiten Bürgersteigen und der schmalen Autostraße gibt es auch noch einen ganz breiten Fahrradweg. Hin und wieder muß man mit dem Rad um einen plätschernden Brunnen herumfahren oder um ein Kunstwerk, das ein Bildhauer gemacht hat.
Zwar machen die Autos keinen Lärm, und es duftet nach Blumen und frischem Grün, aber still ist es auf der Hauptstraße von

Velocia dennoch nicht. Man hört das Surren der Gangschaltungen an den Fahrrädern, die lärmenden Kinder und das Klacken der Kugeln vom Boccia-Spiel. Manchmal singt auch ein Vogel in den Bäumen. Ab und zu steht ein Kiosk an der Straße, in dem man Zeitschriften, Fruchtsäfte und etwas zum Essen kaufen kann. Auch gibt es viele Unterstände gegen Sonne und Regen. Und auf den vielen Bänken in den Straßen sitzen die Leute, lesen, schwatzen oder dösen vor sich hin.

Das Auto und Eure Nase

SM 5.5

Daß Autos nicht gerade wie Blumen duften, habt Ihr sicherlich alle schon gemerkt. Besonders dort, wo sich viele Autos stauen, riecht es nach Abgasen. Auch wenn Ihr von einem Bus oder Lastwagen überholt werdet oder der Fahrer genau neben Euch Gas gibt, seid Ihr in eine übelriechende Gaswolke gehüllt. Und wenn Ihr zu Fuß oder mit Eurem Rad außer Atem gekommen seid,

riecht es besonders schlimm.
Dann wünscht Ihr Euch vielleicht, selbst in einem Auto zu sitzen. Denn im geschlossenen Auto riecht man die Abgase nicht so sehr wie auf dem Fahrrad. Aber da führt Euch Eure Nase an der Nase herum.
Im Auto riecht Ihr die Abgase zwar nicht so stark, aber sie sind trotzdem da. Ja, sie sind sogar in viel größeren Mengen vorhanden als auf dem Fuß- oder Radweg neben der Straße.
Das ist leicht einzusehen. Die Autos fahren **auf** der Straße, und somit ist **auf** der Straße auch das meiste Abgas. Ihr fahrt mit dem Rad **neben** den Autos, und **neben** den Autos ist weniger Abgas.
Aber wie kommt es dann, daß Ihr im Auto die Abgase weniger riecht als auf dem Fahrrad?
Da hilft vielleicht ein kleiner Versuch weiter: Ihr zerstäubt am Anfang einer Unterrichtsstunde in der Klasse Parfüm und schließt Türen und Fenster. Zuerst riecht Ihr das Parfüm sehr stark. Was passiert aber im Laufe der Stunde? Wenn Ihr den Raum nach der Unterrichtsstunde verlaßt, haltet Türen und Fenster geschlossen. Wenn Ihr nach der Pause wieder in die Klasse kommt, werdet Ihr eine interessante Erfahrung machen!
Übrigens riechen die Abgase der Autos nicht nur unangenehm. Sie schaden auch den Pflanzen und Bäumen, weil sie giftig sind. Besonders, wenn sich die Abgase mit

dem Regen vermischen, sind sie gefährlich. So gefährlich, daß davon sogar manche Gebäude und Denkmäler zerstört werden, zum Beispiel der Kölner Dom.
Daß die Abgase auch für die Gesundheit der Menschen schädlich sind, leuchtet Euch sicher ein.
Aber diese Wirkung der Abgase kann man leider nicht sehen. Sehen kann man nur die Autos, und sehen kann man zum Beispiel den Kölner Dom, dessen Steine schon ganz zerfressen sind. Man sagt, schuld daran sind die Abgase der Autos. Aber sehen kann man nicht, wie die Abgase die Steine zerfressen.
Abgase kann man meistens nur riechen. Aber ist alles, was schlecht riecht, schon gefährlich für die Lebewesen und für die Steine?

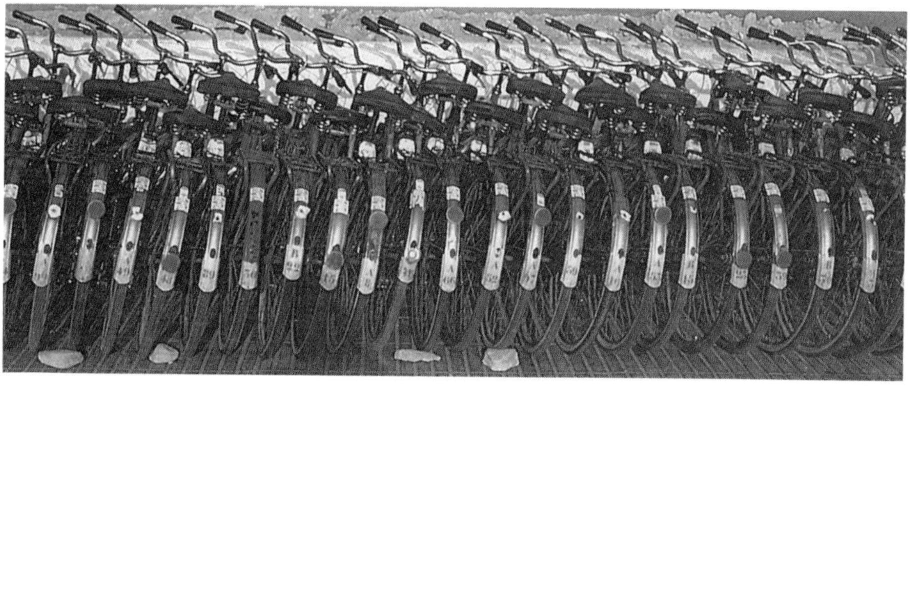

Das Auto und Eure Ohren

SM 5.6

Daß Autos, Busse, Lastwagen, Flugzeuge und Eisenbahnen meist ganz schön Lärm machen, wißt Ihr alle.
Fahrräder sind leise. Kinder, die mit dem Fahrrad spielen, machen auch Lärm — sagen manche Erwachsene.
Aber es ist schon eine merkwürdige Sache mit dem Lärm. Wenn Ihr neben einem Auto mit laufendem Motor steht, ist es lauter als im Auto selbst. Und neben dem Bus ist es lauter als im Bus selbst.
Wenn die Motorhaube geöffnet ist und dabei der Motor läuft, ist es noch viel lauter als bei geschlossener Motorhaube.
Dann gibt es auch noch den Unterschied zwischen Lärm am Tage und in der Nacht. Am Tage merkt man kaum, daß viele Autos am Haus vorbeifahren. Aber abends und nachts, wenn die Straßen leer sind, hört man jedes Auto und jeden Lastwagen, der vorbeifährt.
Dazu könnt Ihr einen kleinen Versuch machen: Auf einer Autofahrt nehmt Ihr mit dem Kassettenrekorder 45 Minuten lang das Fahrgeräusch im Innern des Autos auf (am besten auf der Autobahn). Dann spielt Ihr das Band während einer Unterrichtsstunde einfach wieder ab.
Stören die Geräusche?
Gewöhnt Ihr Euch daran?
Über manche Schulen und Häuser fliegen häufiger Militärflugzeuge. Manchmal knallt es ganz laut, und die Scheiben zittern. Erschreckt Ihr dann?
Wie kann man den Lärm verringern? Und muß man jeden Lärm verringern? Gibt es auch laute Geräusche, die Ihr mögt?
Das Fahrrad macht kaum Lärm. Leise surrt es dahin, wenn nicht gerade etwas quietscht oder klappert, der Sattel knarrt oder die Gangschaltung klickert. Aber ist das immer ein Vorteil?

Was Ihr noch alles machen könnt

SM 5.7

- Mit dem Fahrrad lassen sich allerlei Kunststücke machen: Angefangen von Geschicklichkeitsfahren durch unwegsames Gelände über das Balancieren im Stand bis zum Hindernisfahren oder gar akrobatischen Übungen. Allerdings müßt Ihr dabei gut aufpassen, damit Ihr nicht vom Rad fallt und Euch weh tut.
- Auf einer Radtour könntet Ihr Fotos aus immer wieder der gleichen Perspektive machen: Den Apparat auf den Sattel legen und fotografieren, was geradeaus zu sehen ist: das ergibt eine tolle Serie.
- Ihr könntet aus den Illustrierten irre Fahrradtypen sammeln oder Euch selbst welche ausdenken (das Wasserfahrrad, das fliegende Rad, Miniräder und Ruderräder, und was sich sonst noch alles denken läßt).
- Mit dem Fahrrad kann man auch Ballspiele veranstalten. Der Ball darf nur mit den Rädern bewegt werden. Am besten eignet sich ein Handball.
- Eltern und Großeltern wissen oft spannende Geschichten zu erzählen, wie und wohin sie mit dem Rad gefahren sind.
- Oft finden sich im Sperrmüll Fahrräder oder Fahrradteile. Die könnt Ihr sammeln, da man daraus einiges basteln kann (z.B. eine Windmühle).
- Ihr könnt von einer Strecke, die Ihr häufiger fahrt, eine „Riechkarte" anlegen. Was riecht Ihr auf der Fahrt wo?
- Ihr könnt Euch selbst auf dem Fahrrad zeichnen: Wie Ihr durch die Straßen fahrt,

und wie dies in den verschiedenen Jahreszeiten anders aussieht.

- Ihr könnt den auf dem Radweg parkenden Autos einen Zettel hinter die Wischblätter klemmen. Auf dem Zettel könnt Ihr Euch darüber beschweren, daß das Auto auf dem Radweg parkt.
- Ihr könnt Erfahrungen sammeln und beschreiben, die Ihr mit unterschiedlichem Straßenbelag macht (Kopfsteinpflaster, Sandweg, Asphalt).
- Stellt Euch vor, Ihr bekommt eine Straße von der Gemeinde geschenkt. Was würdet Ihr damit anfangen?
- Was könnt Ihr alles auf der Straße spielen? Fragt einmal Eure Eltern und Großeltern. Ich bin sicher, daß sie Spiele wissen, die Ihr noch gar nicht kennt.

Buchtip

SM 5.8 **T. Lawler/R. van der Plas: Fahrradbuch für Kinder.** Sicheres Fahren, Warten, Reparieren, Ravensburger Taschenbücher, O. M. Verlag, Ravensburg 1982. Durchgängig farbig bebildert, klärt es über verschiedene Fahrradtypen auf, erklärt die einzelnen Teile des Fahrrades, gibt Anleitungen für Wartung und Reparatur. Auch sind Tips enthalten für die richtige Kleidung und geschicktes, sicheres Fahren.

6. LANDWIRTSCHAFT/ GARTENBAU LEHRERMATERIAL (LM)

Ökologische Perspektive

LM 6.1

In den Schulbüchern und Lehrplänen spielen die Landwirtschaft und die Hege und Pflege von Blumen und Pflanzen eine wichtige Rolle. Beim Thema Landwirtschaft wird häufig ein historischer Vergleich vorgenommen, der — in der Regel unkritisch — auf die Erfolge rationalisierter und durchmaschinisierter Landwirtschaft verweist. Die Hege und Pflege von Blumen, Pflanzen und manchen Tieren findet fast nur im Klassenzimmer statt und ist orientiert am Einüben analytischer Fähigkeiten, dem Erlernen der exakten Bezeichnungen von Pflanzen und Tieren und der kognitiven Durchdringung der Vorgänge der Fortpflanzung und des Wachstums.
Auf der anderen Seite haben viele Schulen bereits einen Schulgarten (in Berlin ca. 30% aller Grundschulen). Mit ihm wird versucht, ein Gegengewicht zum nur theoretischen Unterricht zu schaffen.

Für die meisten Kollegien, die einen Schulgarten einrichten, dürften folgende Gründe im Vordergrund stehen: die Vermittlung ökologischer Einsichten und biologischer Kenntnisse in einem praktischen Lernfeld. Eine nicht unwesentliche Rolle spielt auch der Gedanke, daß Handarbeit und die Pflicht zur Übernahme von Verantwortung die Kinder und Jugendlichen erziehe.
Wir stellen hier keinen Schulgarten vor, sondern einen Patengarten.
Patengarten heißt: Kleine Gruppen von Schülern erkunden die Gärten von Eltern, Bekannten oder Nachbarn und arbeiten darin mit. Sie tun dies nicht unbedingt unter Aufsicht des Lehrers, sondern auch unter der des Gartenbesitzers. Die Schule begleitet diese Tätigkeit.

Wir haben uns aus mehreren Gründen zu diesem Weg entschlossen:
Schulgärten machen nach wie vor eine Reihe von organisatorischen Problemen (Verantwortung bei wenigen Lehrern, Schulferien etc.).
Aus Erfahrungsberichten über Schüler und Schulgärten ergibt sich, daß trotz aller Bemühungen der Schulgarten keinen „Ernstcharakter" hat. D.h. die Schüler haben das Gefühl, letztlich seien doch die Lehrer für das Gelingen verantwortlich. Der tatsächlich genutzte Garten eines Erwachsenen schafft hier eine andere Situation.

Wir denken auch, daß der Schulgarten nicht zum Lernort für Disziplinierung gemacht werden sollte, wenn es darum geht, mit Kindern ein überlegtes Verhältnis zur Naturbearbeitung zu bekommen.
Wichtig ist uns auch, daß der Patengarten Teil der Umgebung ist, sei es der Garten hinter dem Haus oder der in der Kleingartenkolonie. Jeder dieser Gärten hat eine Geschichte, ist geprägt von den Vorstellungen des Besitzers und eingebunden in die Normen und Möglichkeiten der Umgebung, einschließlich der dadurch möglichen Konflikte. Landwirtschaft und Gartenbau haben eine soziale Ebene, die im Schulgarten nicht einholbar ist. Der Schulgarten bleibt letztlich (bis auf wenige Ausnahmen) immer Modell eines Gartens, ihm fehlt also der originäre Charakter.

Das Thema Landwirtschaft/Gartenbau kann auch verstanden werden als eines der zentralen Themen, von dem aus Verbindungen zu anderen hergestellt werden: zu Abfall, Wohnen, Verkehr etc.; der enge Zusammenhang mit dem Thema „Artenschutz/Artensterben" liegt auf der Hand.

Zahlen, Daten, Fakten

Konventioneller Landbau

LM 6.2 In Kinderbüchern ist das Bild des Bauernhofes erhalten geblieben: der Hahn auf dem Misthaufen, Hühner und Schweine, ein Garten...
Wenn heute weniger als 6% der Bevölkerung nicht nur sich selbst und die übrigen 94% ernähren, sondern für Überproduktion sorgen, so ist dies Ergebnis

eines umfassenden und grundlegenden Wandels in der Landwirtschaft, der mit den Stichworten **Rationalisierung, Technisierung, Chemisierung** und **Spezialisierung** beschrieben werden kann. Erreicht wurde damit die Sicherung der Nahrungsmittelproduktion und ein relativer Rückgang der Preise für landwirtschaftliche Erzeugnisse.

Die Arbeit wird von immer weniger Bauern mit einem immer größeren Maschinenpark ausgeführt (1984 etwa 2300 DM/ha Anlagevermögen für Maschinen). Eine Arbeitskraft bewirtschaftet heute ca. 15 ha, früher 3,5 ha. Vor 30 Jahren waren 100 Arbeitsstunden pro ha Getreide und 400 Arbeitsstunden pro ha Zuckerrüben erforderlich, heute sind es 20 bzw. 100 Arbeitsstunden. Voraussetzung für den effektiven Einsatz von Maschinen sind große Flächen und die Beseitigung aller die zügige Arbeit störenden Flecken, der Anbau von Monokulturen und die Spezialisierung auf Tierhaltung oder Getreidebau. Dafür wurden die Flächen immer größer — wie auch die Zahl der Tiere. Wissenschaft und Technik führten zu veränderten Anbauverfahren. An die Stelle des Fruchtwechsels und mechanischer Unkrautvernichtung trat der Einsatz von **Dünger** und **Pestiziden.** Durch solche Techniken sollen die Erträge gesteigert und die Defizite ausgeglichen werden, die durch eine Wirtschaftsweise entstehen, die nicht mehr an der natürlichen Wiederherstellung der Bodenfruchtbarkeit ausgerichtet ist.

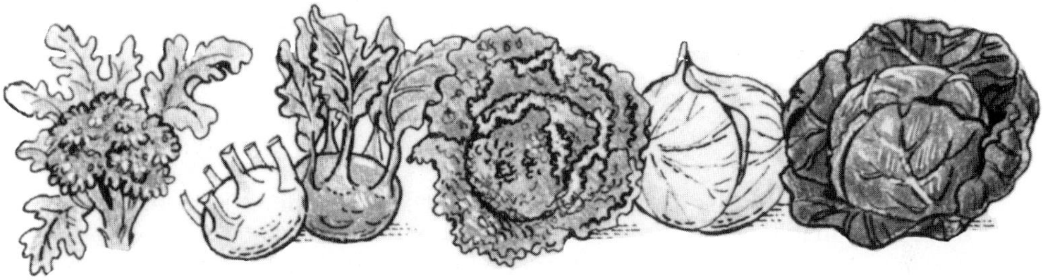

Einen nicht zu unterschätzenden Einfluß auf diese Entwicklung hatte auch die **Nahrungsmittelindustrie.** Wenn es heute als selbstverständlich gilt, zu allen Jahreszeiten fast alle Obst- und Gemüsearten kaufen zu können, so ist dies das Ergebnis einer zentralisierten und mit hohen Lagerhaltungen und langen Transporten verbundenen Versorgungspolitik. Die Verbreitung von Lebensmitteln wird daher wesentlich davon bestimmt, inwieweit sie transport- und lagerfähig sind. Die Einführung von Handelsklassen und die Modellierung von Verbrauchergewohnheiten haben etwa dem Aussehen von Obst eine größere Bedeutung zugemessen als dem Geschmack. Die industrielle Produktion von Nahrungsmitteln hat sicher zu Geschmacksveränderungen und -einbußen geführt, wie zur Verringerung der Sorten und möglicherweise auch zu einem geringeren Nährwert. Die Degeneration des Bodens ist langfristig

möglicherweise auch nicht durch mehr Chemie und verfeinerte Techniken aufzuhalten; viele Schädlinge werden resistent gegen die „chemische Hacke". Zudem reduzieren **Monokulturen** die Artenvielfalt und bieten immer weniger Pflanzen und Tieren Lebensraum.
Die **Rückstände** aus **chemischen Giften** bedrohen nicht nur das Grundwasser und die Meere (etwa die Nordsee und Ostsee), sondern lagern sich über die Nahrungskette auch im menschlichen Körper ab. Die Agrarproduktion ist äußerst energieintensiv, und bei steigenden Energiepreisen schaukelt sich ein Prozeß auf, der den einzelnen Landwirt zu immer größeren Erträgen zwingt, um das eingesetzte Kapital zu amortisieren, während gleichzeitig die Qualität sinkt und keine Abnehmer für den Überschuß vorhanden sind.

Ökologischer Landbau

Der ökologische Landbau unterscheidet sich von dieser Art von Agrarproduktion grundsätzlich und nicht nur in den Anbaumethoden. Wiederhergestellt werden soll die Produktion von Nahrungsmitteln in **dezentral** organisierten, den sozialen Zusammenhang zwischen Erzeuger und Verbraucher sichernden Wirtschaften. Landwirtschaft soll die **natürlichen Lebensgrundlagen** erhalten. Dazu gehören die Pflege und Erhaltung der Kulturlandschaft als Lebens- und Erholungsraum für die gesamte Bevölkerung. Ziel ist die Erzeugung vollwertiger Lebensmittel sowie Erhalt und Mehrung der eigenständigen Bodenfruchtbarkeit.

Eine Reihe von einzelnen Maßnahmen und Kriterien soll diese Rahmenziele erreichbar machen. Die wichtigsten sind:

1. An die Stelle von Spezialisierung und Monokultur soll wieder eine Mischbewirtschaftung mit Tieren, Ackerwirtschaft und Grünlandwirtschaft treten. Im Idealfall soll sich der dabei entstehende Kreislauf von Produktion und „Abfall" schließen (etwa Tiermist als Dünger statt Kunstdünger).

2. Angebaut werden sollen diejenigen Arten und Sorten, die für den jeweiligen Standort geeignet sind.

3. Die Fruchtfolge und nicht der Dünger wird als wesentliches Steuerungsinstrument angesehen. Verbunden mit dem Anbau von Gründüngerpflanzen soll sie ein Auslaugen des Bodens verhindern.

4. Die harmonische Ernährung der Pflanze soll durch vorsichtige Bodenbearbeitung, Verwendung von organischem Dünger und Förderung der Bodenaktivität erreicht werden.

5. Vorbeugender Pflanzenschutz wird durch Stärkung der boden- und pflanzeneigenen Abwehrkräfte, anstatt durch den Einsatz chemisch-synthetischer Pflanzenbehandlungsmittel betrieben.

6. Zur Unkraut- und Wachstumsregulierung sind lediglich mechanische Maßnahmen zugelassen.

Die Tabelle zeigt, daß bei alternativen Betrieben die Erträge pro Hektar geringer sind als bei konventionell betriebenen, daß das Familieneinkommen aber aufgrund der erzielten höheren Preise durch ökologischen Anbau in etwa gleich groß ist.

Ökologischer Landbau
Landwirtschaft — alternativ und konventionell im Vergleich
(Zahlen aus dem Agrarbericht 1984)

	alternativ	konventionell (30—40 ha)
Vollerwerbsbetriebe	24	1599
Betriebsgröße ha LF	35,5	34,5
Arbeitskräfte AK je 100 ha LF	6,52	4,78
Ackerfläche ha/Betrieb	21,33	20,39
darunter Getreide, Körnermais %	51,5	68,8
Dauergrünland ha/Betrieb	14,05	13,98
Viehbesatz VE/100 ha LF	146,1	184,7
darunter Rindvieh	122,0	115,4
Milchkühe	66,8	55,7
Schweine	15,3	63,7
Geflügel	7,9	4,4
Erträge, Leistungen		
Weizen dt/ha	32,5	53,5
Kartoffeln dt/ha	199,6	290,4
Milch kg/Kuh und Jahr	3682	4932
Ferkel (aufgezogen) je Sau/Jahr	14,8	16,6
Preise		
Weizen DM/dt	92,37	48,87
Kartoffeln DM/dt	48,57	17,16
Milch DM/100 kg	65,71	64,15
Unternehmensaufwand DM/ha LF	3679	4944
darunter Saat- und Pflanzgut	127	87
Düngemittel	71	367
Pflanzenschutz	4	88
Viehzukäufe	192	610
Futtermittel	629	1278
Löhne	232	105
Unternehmensertrag DM/ha LF	4861	6172
Gewinn DM/Fam.-Arbeitskräfte	24548	29641
Gewinn DM/ha LF	1182	1228
Aufwands-Ertrags-Relation 1:	1,32	1,25
Gesamteinkommen DM/Familie	42301	43444
Gewinnrate	24,3	19,9

ha = Hektar (100 x 100 m)
ha LF = Hektar landwirtschaftlich genutzte Fläche
VE = Vieheinheit
dt = Dezitonne (eine zehntel Tonne, entspricht Doppelzentner)
Fam.-Arbeitskräfte = Familien-Arbeitskräfte

Der Kleingarten

Nach 1945 war die Übernahme moderner Landwirtschaftsmethoden in den Kleingärten zu beobachten: vor allem die massive Anwendung von Giften und die an Monokulturen erinnernde **Sauberkeit, Übersichtlichkeit** und **Ordnung** im Garten. Seit einigen Jahren ist eine verstärkte Hinwendung zum ökologischen Garten festzustellen. Ein Grundgedanke dabei ist, daß die Kleingärten, richtig genutzt, zu **Naturoasen in der Stadt** werden können.
Also: Lebendige, wildwachsende Hecken statt streng geschnittener Zäune; bunte Blumenwiesen statt kurzgeschorenem Rasen; Verzicht auf den Einsatz von Kunstdünger und chemischen Giften; Wiedereinrichtung des Komposthaufens und die Anlage eines kleinen Teiches.
Die Kleingärten wurden z.B. in Berlin 1823 als **Armengärten** eingerichtet zur „materiellen Hebung der unteren Schichten". Im Gefolge der Industrialisierung kamen außer der teilweisen Selbstversorgung sozialreformerische und

volkspädagogische Aspekte hinzu: der therapeutische Wert der Gartenarbeit in der Großstadt wurde erkannt und gefördert.
Heute dürfte der ökonomische Aspekt die geringste Rolle spielen (viele Kleingartenbesitzer sind gut verdienende Angestellte und Beamte). Wenn 1935 fast die Hälfte der **Gartenfläche** für den Anbau von Obst und Gemüse genutzt wurde, so sind dies heute nur noch etwa 15%. Die größte Fläche nimmt der Rasen ein, gefolgt von Blumenbeeten, Hecken und Sträuchern. Auch eine Übersicht über die Tätigkeit des Kleingärtners zeigt: an erster Stelle steht Entspannung, erst dann folgen Gartenarbeit und Geselligkeit. Erholung, Spaß an der Eigentätigkeit, das Gespräch mit den Nachbarn und heute vielleicht auch noch gesundheitliche Gesichtspunkte scheinen die Hauptbeweggründe für den Besitz eines Gartens geworden zu sein.

Bezug zu den Rahmenplänen

Folgende Thematiken der Lehrpläne zum Sachunterricht der einzelnen Bundesländer werden durch die hier vorgestellten Materialien zum Thema „Landwirtschaft/Gartenbau“ berührt:

LM 6.3

Bundesland:	1. Schuljahr	2. Schuljahr
Baden-Württemberg	– Pflanzen im Jahreslauf	– Mensch und Haustier
Bayern	– Früchte von wildwachsenden Bäumen – Einige Obstarten	– Vermehrung von Pflanzen – Heimische Gemüsearten
Berlin	– Pflege von Pflanzen – verschiedene Tiere und Pflanzen	
Bremen	– Wir pflegen Pflanzen	– Eine Bohne keimt und wächst
Hamburg	– Etwas erkunden	– Bau der Blütenpflanze
Hessen	– Wir lassen Pflanzen wachsen	– Pflanzen wachsen nach dem Licht
Niedersachsen	– Wir halten und pflegen Pflanzen	
Nordrhein-Westfalen	– An Ausgestaltung und Pflege der Schule mitwirken	
Rheinland-Pfalz	– Vermehrung durch Ableger/Stecklinge	– Samen keimen, Pflanzen wachsen und vergehen
Saarland	– Früchte von Obstbäumen	– Früchte von Obstbäumen
Schleswig-Holstein	– Garten – Tiere und Pflanzen halten und pflegen	– Das Jahr

3. Schuljahr	4. Schuljahr
— Wichtige Nutzpflanzen — Nahrung und Ernährung	— Heimatgeschichte
— Von der Blüte zur Frucht — Getreide: vom Hunger in der Welt	— Geschichte des Heimatortes
— Pflanzen (Getreidearten, Kohlsorten, Kartoffel, Obstbäume)	
— Pflanzen sind von ihrer Umwelt abhängig	— Gesunde Ernährung
— Keimung und Wachstum — Die Mahlzeiten: Ernährung	— Früchte und Samen — Pflege u. Aufzucht von Pflanzen
— Vermehrung durch Ableger	— Keimung und Wachstum
— Gesunde Ernährung	— Vermehrung von Pflanzen und Tieren
— Bedeutung von Luft, Wasser, Wärme für das Leben von Mensch, Tier, Pflanze	
— Landschaftsnutzung	— Pflanzen nutzen und erfreuen — Vermehrung und Wachstum von Pflanzen in der Gärtnerei
— Pflanzen keimen und wachsen	— Pflanzen blühen und fruchten
— Landwirtschaftlicher Betrieb — Bodenarten	— Anpassung von Pflanzen an Lebensraum und Lebensverhältnisse

Zeitperspektiven

LM 6.4 Der Beginn der Unterrichtseinheit ist sicher zeitaufwendig, da die Kinder bestimmt von jedem Tag erzählen wollen, den sie im Garten verbracht haben. Auch gibt es vieles zu klären und zu organisieren, so daß man wohl eine Woche lang mit je einer Stunde pro Tag rechnen muß. Dann dürfte es genügen, einmal im Monat auf die Gartenarbeit zurückzukommen. Zeitaufwendig für die Lehrkraft sind sicher Besuche in den Gärten der Kinder, aber vielleicht am Anfang notwendig für den Erfolg, d.h. dafür, daß die anfängliche Begeisterung nicht zu schnell erlischt.

Didaktischer Aufbau

LM 6.5 1. Warum wir nicht den Schulgarten, sondern einen Patengarten vorstellen, haben wir oben begründet. Der Patengarten hat nun eine besondere Unterrichtsgestaltung zur Folge. Das unterrichtliche Arrangement dieser Einheit entspricht dem eines Betriebspraktikums für ältere Schüler: Die eigentliche Unterrichtstätigkeit der Schüler liegt außerhalb der Schule, die „Lehrenden" sind nicht Lehrer, sondern andere Erwachsene, und die Schule begleitet die Arbeit in zweierlei Weise. Einmal, indem gelegentlich Besuche durch den Lehrer im Garten stattfinden (können), zum anderen durch das Aufgreifen von allgemeinen Fragen, die Anregungen geben für die Arbeit vor Ort. Die Anregungen der einzelnen Themen der Einheit liegen auf zwei Ebenen. Zum einen werden durch die Materialien Hinweise gegeben und Fragen eröffnet, die auf eine Erkundung des Gartens zielen: Wie sieht der Garten aus, was wächst dort, was geschieht wann, worin besteht die Arbeit etc.? Ein anderer Teil der Materialien gibt Beispiele dafür, was die Kinder selbst im Garten tun können: Schädlinge absuchen, eine schnellwachsende Pflanze anbauen, ein Hilfsmittel anfertigen etc.

2. Beide Ebenen sind nicht voneinander zu trennen; es wäre u.E. also falsch, wenn man erst auf der Erkundung bestünde und dann erst die Eigentätigkeit zuließe. Beide Ebenen sind miteinander so verschränkt, daß die Kinder durch Tun und Beobachten über einen längeren Zeitraum in den Garten und die damit zusammenhängende Tätigkeit hineinwachsen können.

3. Beiden Ebenen unterliegt eine dritte, eher reflektorische Ebene: die Frage nach dem Umgang mit Natur. Deutlich wird dies am Beispiel des Schülermaterials SM 6.7 (Schädlinge), wo gefragt wird: „Was sind Schädlinge und was sind Nützlinge?" Der Unterschied zwischen „Artenschutz/Artensterben" und „Gartenbau" kann die Frage nach dem Eingreifen des Menschen deutlich machen. Im Grunde sind die Themen jedoch ineinander verwoben.

Alle Themen können natürlich auch im eigenen Schulgarten realisiert werden, wobei es allerdings schwieriger werden dürfte, die sozialen Momente des Gartens zu vermitteln.

Einstiege in das Thema

LM 6.6

• Wenn Sie von einem Kind wissen, daß es in einem Garten mithilft, könnten Sie das Kind bitten, von seinem Garten zu erzählen.
• Ein anderer Einstieg könnte darin bestehen, einen Gartenbesitzer auf einem Ausflug zu besuchen.
• Uns scheint es auch nicht unpädagogisch zu sein, wenn die Idee vom Lehrer eingebracht wird. Wenn keine positive Reaktion bei den Schülern erfolgt, sollte man das Thema allerdings fallenlassen und vielleicht zu einem späteren Zeitpunkt wiederaufgreifen.
• Notwendig ist auf jeden Fall ein Elternabend, in dem das Projekt vorgestellt wird und die Eltern um Mithilfe gebeten werden. Es empfiehlt sich, mit einigen Eltern vorweg, z.B. bei einem Elternbesuch, zu sprechen und vor allem den Elternsprecher vom Sinn des Projektes zu überzeugen.

Hinweise zu den Schülermaterialien

LM 6.7

SM 6.1: Onkel Albert hat einen Garten

Die Beschreibung eines Gartens in einer Laubenkolonie soll Ansatzpunkte geben für die Beschreibung „ihres" Gartens durch die Schüler. Es geht dabei weniger um eine lückenlose Aufzählung der im Garten anzutreffenden Pflanzen als vielmehr darum, ein Bild des Gartens und seiner Besitzer, die Lage in der Umgebung etc. herauszufordern. Der Garten ist ein sozialer Ort, in den die Kinder mit hineinwachsen können, der aber auch schon vor ihnen da war und der seine Eigenarten und seine Geschichte hat. Beschrieben ist ein Garten mit der Tendenz zum „ökologischen Garten".

SM 6.2: Was man essen kann

Die Frage, was man essen kann, hat gesundheitliche, soziale, geschmackliche, historische und ethnographische Aspekte. Sie werden hier alle angedeutet. Wenn man das Thema erweitern will, läßt sich zum Beispiel fragen: Was haben die Menschen früher gegessen oder anderswo; was schmeckt Dir und was nicht; was wird gekocht, gebraten oder roh gegessen, was ist gesund und was nicht? Wobei für die letzte Frage gilt, daß sie teilweise auch zeit- und kulturabhängig beantwortet werden müßte. Das Material bietet ebenfalls einen Ansatz zur Thematisierung von Schadstoffen in Nahrungsmitteln. In Verbindung mit dem Thema Verkehr läßt sich fragen, was in dem Gemüse, das neben einer Straße angebaut wird, alles enthalten ist.

SM 6.3: Gartenarbeit

Die Geschichte thematisiert Jahreszeiten. Es geht um den Wandel in der Natur im Laufe des Jahres. Ähnliches taucht bei „Artenschutz/Artensterben" auf. Beabsichtigt ist eine Beobachtung der Vorgänge im Laufe eines Jahres. Diese Beobachtungen können dann auf verschiedene Weise dokumentiert werden: in einem Kalender, Gartenbuch oder Wandfries.

SM 6.4: Die schnellste Bohne

Die Feuerbohne hat den Vorteil, daß sie tatsächlich sehr schnell wächst und damit die Geduld der Kinder nicht zu sehr auf die Probe stellt. Inhalt ist also das Wachstum. Das kann sich dann auch auf andere Pflanzen beziehen, wie auf Tiere und Menschen. Angeschlossen werden können die Themen der Fortpflanzung bei Pflanze, Mensch und Tier.

SM 6.5: Die Schilfkläranlage

In vielen Gärten besteht tatsächlich das Problem, wohin mit dem Abwasser? Im Zusammenhang mit dem Thema Wasser läßt sich erarbeiten, welches Abwasser man zum Gießen der Pflanzen benutzen kann und welches nicht. Diese kleine Schilfkläranlage läßt sich auch als Modell der unter LM 3.2 beschriebenen Wurzelkläranlage verstehen.

SM 6.6: Unser Garten ist schön

Angeregt werden soll zur Diskussion dessen, was schön und/oder nützlich ist. Die Verbindung zum Thema „Wohnen" liegt auf der Hand. Auch beim Garten spielen Aspekte der Ordnung und Sauberkeit eine große Rolle. Einen anderen Bereich könnte die Frage nach standortangepaßten und standortfremden Pflanzen eröffnen. Für manche Gärten hat sich der Begriff des „Koniferenlandes" eingebürgert. Gerade der Schluß der Geschichte soll darauf hinweisen, daß Kinder hier andere Maßstäbe anlegen als Erwachsene. Auch wenn fast alles für einen ökologisch orientierten Garten spricht, sollten die dafür geltenden Kriterien nicht dogmatisch vertreten werden.

SM 6.7: Schädlinge und Nützlinge

Zwei für Kinder sehr affektiv besetzte Probleme schneidet die Geschichte an: das mögliche Töten von Tieren durch Menschen und den Zusammenhang von Fressen und Gefressenwerden unter Tieren. Beide sind sicher häufiger — auch in Verbindung mit dem Thema „Artenschutz" — Diskussionsthemen innerhalb der Klasse. Mitenthalten ist auch das Thema „Nahrungskette", hier aber eher unter dem Gesichtspunkt der Steuerung durch den Menschen. Ein dritter Themenbereich ist nur angedeutet: der des Einsatzes von Pestiziden. Er läßt sich am ehesten erklären bei einem Besuch je eines konventionell und eines ökologisch betriebenen landwirtschaftlichen oder gartenbaulichen Betriebes.

Weitere Ideen

- Ein Gartenbuch anlegen. Die Schüler können in einer Ringmappe alles aufschreiben, einzeichnen und einkleben, was sie im Laufe des Jahres beobachtet, getan und gesammelt haben. Integriert oder gesondert bietet sich auch ein Pflanzenkalender an: was wird wann gesät und geerntet? Andere Bereiche lassen sich auch chronologisch erfassen: wann (Tages- oder Jahreszeit) wurden welche Tiere gesehen etc. **LM 6.8**
- Einen Gartenbaubetrieb oder einen landwirtschaftlichen Betrieb besuchen. Interessant wäre sicher ein Vergleich zwischen konventionell und ökologisch arbeitenden Betrieben.
- Das, was die Kinder aus den Gärten mitbringen, in der Schule kochen oder gemeinsam zu einem Frühstück zubereiten (das wäre „das andere Frühstück"; vgl. SM 2.8).
- Boden vergleichen. Wenn die Schüler Bodenproben mitbringen, lassen sich diese nach Geruch, Gewicht, Feuchtigkeit, Zahl der darin enthaltenen Regenwürmer und anderer Kleinlebewesen vergleichen.
- Für Kinder leicht anbaubar sind: Radieschen, Salat, Blumen.
- Praxis des Gießens. Mit dem Wasserschlauch läßt sich zeigen, daß der Strahl den Boden verschlämmt. Gießen mit der Gießkanne, mit und ohne Tülle; nicht gießen, während die Sonne scheint etc.

Erfahrungen mit dem Material

LM 6.9 Die Schüler waren durchweg begeistert von der Idee, in einem Garten mitzuarbeiten. Diese Begeisterung hielt während der Erprobungsphase (ca. 3 Monate) an. Erstaunlich war auch, daß es selbst in der Großstadt mit Hilfe der Eltern gelang, genügend Gärten zu finden. Es hat sich als vorteilhaft herausgestellt, nicht mehr als drei bis vier Kinder in einen Garten zu schicken. In der Anfangsphase ist es unnötig, das Material einzusetzen. Die Schüler sind vollauf damit beschäftigt, den Garten kennenzulernen, mit den oder dem Erwachsenen zu sprechen, ihn zu beobachten und ihn auszufragen. Ein Problem dabei ist, daß die Kinder von Anfang an alles tun wollen und daß die durch die Erwachsenen erfolgende Einschränkung, wie „das kannst du noch nicht", in Resignation umschlagen kann. Hier bietet sich SM 6.1 „Onkel Albert hat einen Garten" als Geschichte im Unterricht an, weil sich daraus auch ein Stück notwendiger Distanz — der Garten gehört einem anderen — ergibt.

Zu einzelnen Aspekten:

- Es gibt kaum etwas, was Kinder im Garten nicht tun können, vielleicht außer mit dem Spaten umgraben. Es hat sich aber dennoch als günstig herausgestellt, wenn die Schüler Werkzeug zur Verfügung haben, das ihren Kräften angemessen ist. Dazu gehören kleine Handgeräte wie Kratzer, Handhacke, Handgrubber und Handschaufel. Wichtig ist, daß die Schüler am Anfang ausreichend Gelegenheit bekommen, in der Schule von ihrem Garten zu erzählen.
- Der Neigung, in einen Wettbewerb zu treten — wer hat den größten Garten, am meisten gehackt, die größten Gurken etc. — kann durch SM 6.8 „Unser Garten ist schön" entgegengewirkt werden.
- Viele Eltern der Schüler sind mit in den Garten gegangen; es wurde photographiert, und in einem Fall gab es als „Elternabend" ein Gartenfest.
- Als Problem hat sich die Nachmittagsbelastung vieler Kinder durch Sportverein, Musikunterricht etc. herausgestellt. Da sich an diesen Terminen wenig ändern läßt, wurde vielfach so verfahren, daß für bestimmte Schultage keine Hausaufgaben erteilt wurden, denn die Arbeit im Garten, verbunden mit Aufzeichnungen, kann als „Hausarbeit" gesehen werden.
- Dadurch, daß einige Schulen einen Schulgarten hatten, waren auch Vergleiche möglich. Es hat sich dabei herausgestellt, daß ein wesentlicher Vorteil der Patengärten darin besteht, daß sie bereits fertig angelegt sind. Die Anlage eines Schulgartens ist sehr arbeitsintensiv, ohne daß in den Augen der Kinder etwas Besonderes zu sehen und zu beobachten wäre.

Buch- und Medientips

Buchtips

LM 6.10

G. Winkel (Hrsg.): Das Schulgarten-Handbuch, Friedrich Verlag, Seelze 1985.
Das Schulgartenhandbuch enthält eine Aufsatzsammlung zu allen wichtigen Themen rund um den Schulgarten. Der Herausgeber ist seit Jahren Leiter des Schulbiologiezentrums in Hannover und Berater bei der Einrichtung von Schulgärten. Alle Angaben beruhen auf jahrelangen Erprobungen und Erfahrungen.

Regionales Pädagogisches Zentrum des Landes Rheinland-Pfalz (Hrsg.): Naturnahe Schulgeländegestaltung (RPZ-Information 16/83).
Sammelmappe mit Aufsätzen zur naturnahen Schulgeländegestaltung. Die Themen reichen von der Argumentationshilfe über die Planung, das Anlegen von Hecken etc. bis zur Literaturliste. Alles ist knapp und praktisch geschildert.
Adresse: Bahnhofsplatz 7—9, 6550 Bad Kreuznach.

A. u. H. Bruns/G. Schmidt: Freude am Leben. Biogarten. Handbuch für den naturgemäßen Gartenbau. Kösel Verlag, München 1985.
Eines aus der Fülle der Bücher, die Ratschläge zum Biogarten geben. Dieses ist in Schreibschrift gehalten, mit vielen Zeichnungen, Tabellen und Angaben für einzelne Pflanzen.

Filmtips

Erzählbilder: Sommerszenen (1978, LBS, 12 Dias, Farbe, ab 1. Klasse)
Die Dias zeigen in Realaufnahmen das Freibad, Picknick im Grünen, Nach dem Gewitter etc. Ähnlich: „Erzählbilder Winterszenen" und „Herbstbilder".

Woher der Salat kommt (1980, LBS, Farbe, Lichtton, 13 Min., ab 2. Klasse)
Der Film stellt die Produktion von Kopfsalat in einem konventionellen Gärtnereibetrieb derjenigen in einem Alternativbetrieb gegenüber.

Bauern und Müller zu Großvaters Zeit (1965, LBS, Farbe, Lichtton, 20 Min., ab 3. Klasse)
Gezeigt werden die Arbeitsgänge von der Aussaat bis zum Mahlen des geernteten Getreides in der Mühle, wie sie vor Beginn der Mechanisierung in der Landwirtschaft üblich waren (siehe auch: Sanfte Technik).

Getreideernte mit Maschinen (1980, LBS, Farbe, Lichtton, 5 Min., ab 2. Klasse)
Gezeigt werden maschinisierte Produktionsabläufe in der Landwirtschaft.

LANDWIRTSCHAFT/ GARTENBAU

SCHÜLERMATERIAL (SM)

Onkel Albert hat einen Garten

SM 6.1

Onkel Albert wohnt im dritten Stock in einem großen Mietshaus. Aber da ist er nur selten. Meist ist er in seinem Garten in der Kolonie. Im Sommer ist Tante Hedwig auch immer im Garten, dann schlafen sie sogar dort.
Zum Garten gehört nämlich auch ein kleines Haus. Das ist aus Holz gebaut, hat noch eine Veranda, und oben ist das Dach ganz grün, weil Onkel Albert jetzt Gras darauf gepflanzt hat.
Oft sitzen Tante Hedwig und Onkel Albert mit ihren Nachbarn in ihrem oder in deren Garten. Sie machen dann Lampions an, trinken Wein und klönen. Mit einem, dem Herrn Weber, hat er sich ein bißchen verkracht, weil der sagt, Onkel Albert würde seinen Garten verwildern lassen und das ganze Unkraut käme nun in seinen Garten geflogen.
Aber Onkel Albert kennt sich aus, er hat den Garten schon seit zwanzig Jahren, und er sagt, daß er doch heute manches anders machen würde als früher. So hat er eine Hecke gepflanzt, in einer Ecke liegt loses Holz, und die Wiese wird nur noch einmal im Jahr gemäht. Jedenfalls kann man da herrlich Verstecken spielen. Mit dem Gras füttert Greta die beiden Kaninchen, die im Kaninchenstall an der Seite der Laube hocken.
Groß ist der Garten nicht. Wenn man zum Tor hereinkommt, führt ein Sandweg direkt zum Haus, vorbei an einem Apfelbaum, einem Kirschbaum und zwei Pflaumenbäumen. An den Seiten stehen Holunderbüsche und Brombeer- und Himbeersträucher. Fast in der Mitte ist ein kleiner Teich angelegt, der ist auch noch neu.
Gepflanzt hat Onkel Albert Blumenkohl, Mohrrüben, Feldsalat, Erbsen, Grünkohl, Kopfsalat, Gurken, Kartoffeln, Petersilie, Rhabarber, Zwiebeln, Schnittlauch, Stangenbohnen, Tomaten und große Kürbisse. Früher war immer nur eine Sorte auf einem Beet, jetzt stehen verschiedene Pflanzen nebeneinander: die Petersilie gleich neben den Tomaten, die Erbsen neben dem Kopfsalat und die Möhren neben den Zwiebeln. Onkel Albert sagt, „die verjagen die Schädlinge gegenseitig, und ich brauch nicht mehr soviel aufzupassen".
Und wunderschöne Blumen gibt es in dem Garten. Riesengroße Sonnenblumen. Greta sitzt dann gerne mit ihren

Freundinnen und Freunden zusammen, ißt Kirschen und spuckt die Kerne dann aus, so weit sie kann. Also gelbe und rote Rosen sind da und Wildtulpen, Lavendel, Rittersporn, Tagetes und Lilien. In einer Ecke ist ein Kräutergarten mit Basilikum, Bohnenkraut, Dill, Gartenkresse, Majoran, sogar Knoblauch. Im Herbst macht Tante Hedwig daraus Gewürze und Trockenkräuter für den Winter. In einer anderen Ecke steht ein Komposthaufen. Der ist aus Latten gezimmert, aber so, daß zwischen den Latten ein Zwischenraum ist. „Da muß die Luft rein können", sagt Onkel Albert, „sonst fängt er an zu stinken."
Eine Regentonne steht natürlich auch da. Und — aber davon wissen nur Onkel Albert und Greta — es gibt ein Versteck für Tabak und eine Flasche Whisky, denn rauchen und Schnaps trinken soll Onkel Albert eigentlich nicht, sagen der Arzt und Tante Hedwig.
Was im Garten noch fehlt, ist eine Pflanzenkläranlage. Aber die wollen ihm Greta und ihre Freunde bauen. Die Pflanzenkläranlage klärt nicht die Pflanzen, sondern die Pflanzen machen das schmutzige Wasser vom Waschbecken und aus der Küche wieder sauber.
So ungefähr sieht der Garten von Onkel Albert aus — und wie sieht Deiner aus, wo Du bist?

Was man essen kann

SM 6.2 Kartoffeln gibt es in Deutschland kaum länger als zweihundert Jahre. Die Indianer in Südamerika haben sie schon lange gegessen. Als bei uns die ersten Kartoffeln angebaut und gegessen wurden, wurden einige Menschen krank. Sie haben nämlich nicht die Knollen gegessen, die in der Erde stecken, sondern die Blätter, die oben rausgucken. Und da wollten sie natürlich zuerst keine Kartoffeln mehr pflanzen, bis man ihnen sagte, was sie essen sollten. Außerdem wollten die reichen Leute die Kartoffeln nicht essen. Sie meinten, das sei nur schlechte Nahrung für das einfache Volk. Aber der Alte Fritz, also Friedrich der Große, der die Kartoffeln in Preußen anbauen ließ, war gar nicht dumm: Er aß in aller Öffentlichkeit Kartoffeln und Kartoffelsuppe. Außerdem ließ er die Kartoffeläcker vor den Toren Berlins von seinen Soldaten bewachen. Und da dachten auch die ganz vornehmen Leute: „Was der König ißt und was sogar auf dem Feld bewacht wird, ist etwas ganz Besonderes. Das muß ich unbedingt auch essen." So wurde Preußen zum Land der Kartoffelesser.
Fragt und überlegt doch mal, was man in Eurem Garten essen kann.
Manchmal ist es der Teil, der in der Erde steckt, und manchmal nur der, der rausguckt.
Manches Obst kann man mit Schale essen (aber besser vorher abwaschen oder abwischen); bei anderem Obst oder Gemüse muß man die Schale abschälen, aufbrechen oder abziehen. (Hast Du schon versucht, zwei Walnüsse ohne Nußknacker, nur mit zwei Händen, zu knacken?) Dann ist es wichtig, wann man etwas essen darf: wann zum Beispiel grüne Tomaten?
Und es ist natürlich auch davon abhängig, wer fragt. Der Kartoffelkäfer frißt die Stengel und Blätter, aber nicht die Knolle. Andere Menschen in anderen Ländern essen Ameisen, Regenwürmer und Schnecken. Sie ekeln sich aber vielleicht vor Bienenhonig, denn, so könnten sie sagen: „Ich esse doch nicht etwas, was ein Tier erbrochen hat."
Man kann auch viel mehr aus dem Garten essen, als die meisten Menschen wissen. Aus Brennesseln kann man eine Suppe kochen, aus Löwenzahn Salat machen, und viele Wildkräuter geben Gewürze ab. Aber schmecken soll es natürlich auch, denn was nützt der schönste Spinat, wenn man ihn nicht mag, oder?
Richtig giftig — für Menschen — sind zum Beispiel die roten Vogelbeeren, der rote

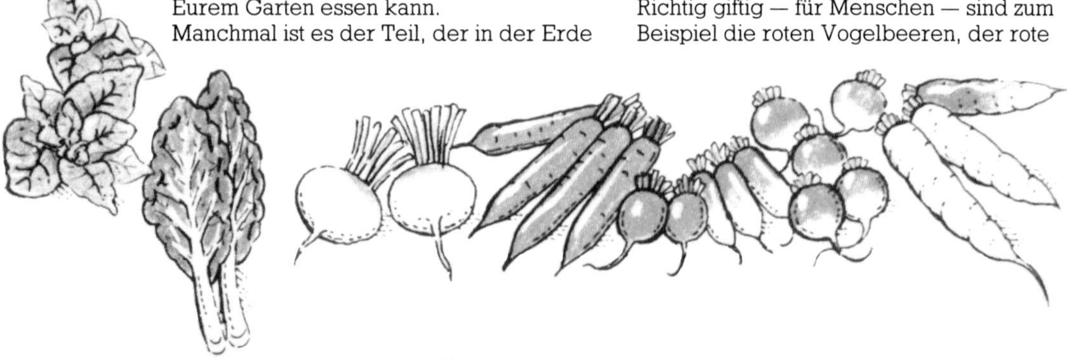

Fingerhut und Knollenblätterpilze. Manchmal ißt man auch etwas, was ungesund ist, und weiß es gar nicht. Zum Beispiel, wenn die Pflanzen auf Klärschlamm wachsen, der aus einem Klärwerk kam. Und in dem Klärschlamm sind oft lauter Giftstoffe, die in die Pflanzen wandern. Man kann sie nicht sehen und auch nicht schmecken, aber drin sind sie trotzdem. So wie Vitamine im Obst. Übrigens: ob die Tiere auch manchmal Bauchweh bekommen, weil sie etwas fressen, was sie besser nicht fressen sollten? Zum Beispiel: wenn das Hauskaninchen viel nasses Gras frißt, bekommt es Blähungen. Dann kann man dem Kaninchen helfen, wenn man ihm etwas Petersilie gibt.

Gartenarbeit

SM 6.3

Es war Januar und katzenkalt. Ich sage katzenkalt, weil keine Katze auf der Straße zu sehen war. Greta wollte Onkel Albert besuchen. Doch Onkel Albert war nicht da. Tante Hedwig sagte: „Der ist wieder in der Laube, da ist er doch dauernd." Obwohl es so kalt war und so weit zur Laube, fuhr Greta mit der Straßenbahn doch hin und rannte den letzten Weg, damit ihr warm würde. Tatsächlich, Onkel Albert saß in der Laube, neben dem Kanonenofen und zog an seiner Pfeife. Außerdem hatte er ganz schmutzige Hände. „Was machst du denn bloß im Winter in deinem Garten?" fragte Greta. „Na", sagte Onkel Albert, „ich denk so vor mich hin. Aber auch im Winter ist viel im Garten zu machen. Also erstmal habe ich Harke und Spaten und Grubber geölt, damit sie mir nicht einrosten. Dann, guck hier, hab ich mir eine Leiste zum Aufhängen von Werkzeug angebracht. Ja, und dann habe ich heute den letzten Grünkohl geerntet und den Wintersalat. Und du könntest mir gleich helfen, Kompost von dem Komposthaufen auf die Beete zu fahren, damit die Regenwürmer was zu futtern haben, wenn es wieder wärmer wird. Heute oder morgen werde ich mir aus dem Baum die Stecken für die Erbsen abschneiden. Und die Zwiebeln kommen in Saatkästen, dann sind sie im März auch schon größer, wenn ich sie in den Garten pflanze. Außerdem ist eine Scheibe vom Frühbeet zerbrochen. Na, du siehst, auch im Winter gibt's was zu tun." — „Wenn ich einen Garten hätte", sagte Greta, „dann müßte alles von alleine wachsen, so daß ich nichts zu tun bräuchte." — „Und was würdest du dann machen?" fragte Onkel Albert. — „Spielen würde ich dann, den ganzen Tag spielen und natürlich essen, was gewachsen ist", antwortete Greta. „Aber das tu ich doch auch", sagte Onkel Albert. Aber ob Greta das richtig verstanden hat, wissen wir nicht. Jedenfalls fragte sie zum Schluß, als sie wieder wegging, noch: „Sag mal, Onkel Albert, warum wächst denn in deinem Garten kein Schokoladenbaum?" — „Dann wärst du wohl öfter hier", rief er ihr nach und lachte.

Die schnellste Bohne

SM 6.4

Es gibt Zwerge unter den Pflanzen und Riesen. Manche wachsen ganz schnell, und andere brauchen mehrere Jahre und bleiben trotzdem klein. Auch die Früchte von einer Sorte werden verschieden groß. Das liegt an der Frucht, am Wetter, am Boden und natürlich am Gärtner. Wobei es nicht so sein muß, daß der dickste Gärtner auch die dicksten Früchte hat. Ein Kürbis zum Beispiel. Normalerweise paßt ein Kinderkopf in einen ausgewachsenen Kürbis. Wenn man ihn vorher ausgehöhlt hat, natürlich. Es gibt aber auch Kürbisse, da passen zwei Kinder mit ihren Köpfen rein. Etwas Glück muß man natürlich auch haben. Die schnellste Bohne ist übrigens die Feuerbohne. Nicht, daß sie am schnellsten laufen kann — nein, sie wächst so schnell, daß man ihr fast dabei zusehen kann.

* Wenn Du das ausprobieren willst, so kauf in einer Samenhandlung eine Tüte Feuerbohnen. Sie werden auch türkische Bohnen genannt. Drück die Bohnen in die Erde, so etwa 2 cm tief, und gieß Wasser darauf, bis die Erde feucht ist. Die Feuerbohne mag es nämlich nicht nur gerne warm — sagt ja schon der Name —, sondern auch gerne feucht. Nach ein paar Tagen braucht die Bohne schon einen Stock, an dem sie sich hochranken kann. Nach vierzehn Tagen ist sie fast so groß wie Du. Und dann fängt sie an zu blühen. Die Blüten sind feuerrot. Und dann bekommt sie Schoten. An denen sitzen dann wieder solche Bohnen wie die, die Du in die Erde gesteckt hast. Die Schoten und die Bohnen darf man übrigens nur gekocht essen, roh sind sie giftig.

* Wenn Du die Bohne statt im Garten in einen Topf einpflanzt, kannst Du beobachten, was sie macht, wenn Du den Topf zur Seite legst oder auf den Kopf stellst.

Die Schilfkläranlage

SM 6.5 Erst wollte Onkel Albert ja nicht. „Es ist wahr", sagte er, „daß ich nicht weiß, wo ich mit dem schmutzigen Wasser hin soll, aber Platz haben wir im Garten auch nicht mehr." Aber dann konnte Greta ihn überzeugen, daß so eine Schilfkläranlage nur wenig Platz braucht und hinter der

Laube stehen kann. Sie gab dann Onkel Albert einen Besorgungszettel. Auf dem stand folgendes:

ein großer Plastikeimer, mindestens zehn Liter
Lehm
ein Kunststoffschlauch
Klebeband, um den Schlauch am Kübel zu befestigen
Uhu-Allplast zum Abdichten
Joghurtbecher
Sand
Kies
Wasserpflanzen: Binsen, Rohrkolben, Igelkolben, Sumpfschwertlilien, Kalmus, Pfeilkraut, Froschlöffel.

Nachdem sich Greta und ihre Freunde alles angeguckt haben, was Onkel Albert besorgt hat, haben sie in den Eimer an einer Seite ein Loch gebohrt. So groß, daß der Schlauch gerade durchpaßte: 6 cm über dem Boden des Eimers. Dann haben sie den Joghurtbecher abgeschnitten; vom Boden weg 3 cm ringsherum in Zacken und in den Becherboden auch noch ein Loch für den Schlauch geschnitten. Dann wurde der Joghurtbecher in die Mitte des Eimerbodens gestellt. In das Loch kam der Schlauch, der aus dem Eimerloch wieder herausgeführt wurde. Anschließend haben sie den Boden rund um den Joghurtbecher mit Kies aufgefüllt, ungefähr 3 cm hoch; dann Sand daraufgetan, ungefähr 2 cm hoch. Jetzt war der Becher nicht mehr zu sehen. Darauf kam der Lehm. Bis 5 cm unter den Eimerrand. Der Schlauch, der draußen überhing, wurde abgeschnitten und mit dem Klebestreifen am Eimer festgebunden. Jetzt brauchten nur noch die Wasserpflanzen eingepflanzt zu werden — dachten Greta und ihre Freunde. Aber Onkel Albert sagte: „Das sieht ja schön aus, was ihr gemacht habt, aber jetzt geht die Arbeit erst los. Es dauert ungefähr ein halbes Jahr, bis die Pflanzen Wurzeln geschlagen haben, die bis zum Eimerboden reichen. In den ersten drei Wochen muß das Wasser bis oben im Eimer stehen. Deshalb: immer Wasser nachgießen und den Schlauch oben an der Oberkante des Eimers festkleben. In den folgenden drei Monaten soll das Wasser nur bis zur Hälfte der Eimerhöhe reichen. Dann muß der Schlauch runtergesetzt werden. Und dann erst den Schlauch ganz runter hängen lassen. Die Wurzeln suchen dann das Wasser und wachsen bis auf den Boden. Aber auch jetzt muß man aufpassen, daß die Pflanzen nicht vertrocknen, und jeden zweiten Tag etwas Wasser nachgießen; unbedingt sauberes Wasser, wie vorher auch, denn noch können die Pflanzen kein Abwasser reinigen."

Nach ungefähr einem halben Jahr war alles fertig. Der Schlauch wurde etwas unterhalb des Eimerrandes festgemacht und der erste Eimer mit Abwaschwasser eingegossen. Das Wasser sickerte ganz langsam durch den Wurzelboden und wurde dabei gereinigt. Das dauerte ungefähr drei Tage. Das saubere Wasser lief dann aus dem Schlauch. Am dritten Tag kamen Greta und ihre Freunde wieder und probierten, wie das schilfpflanzengereinigte Wasser roch. Trinken mochten sie nicht, obwohl es ganz klar und sauber aussah. Onkel Albert hat ihnen dann noch erzählt, daß nicht die Schilfpflanzen, sondern die Bakterien, die im Boden bei den Wurzeln leben, das Wasser saubermachen. Die Sumpfpflanzen bringen ihnen den Sauerstoff aus der Luft, und den brauchen die Bakterien. Übrigens mußten sie bald noch einige Schilfkläranlagen bauen, denn mit einem Eimer dauerte es zu lange, bis das Wasser gereinigt war.

Unser Garten ist schön

SM 6.6

Das hatte Greta schon gemerkt: Tante Hedwig war nicht damit zufrieden, wie Onkel Albert den Garten veränderte. Früher hätte alles viel schöner ausgesehen, sagte sie schon mal zu Greta. Und im Garten schimpfte sie manchmal über die Unordnung und die vielen Unkräuter, die jetzt wachsen würden. Onkel Albert sagte dann immer: „Das sind keine Unkräuter, sondern Wildkräuter." Ein bißchen Streit gab es schon mal, als Tante Hedwig sagte, daß die Äpfel vom Nachbarn viel besser aussehen würden als die aus ihrem Garten, da wären keine Stellen dran, und die wären rund und glänzten. „Ich spritz doch kein Gift", entgegnete Onkel Albert. „Und außerdem schmecken unsere auch viel besser." Aber das konnte er eigentlich nicht wissen, denn von Herrn Weber hat er bestimmt keinen Apfel geschenkt bekommen. Richtig Streit gab es aber an einem Sonntag. Tante Hedwig und Onkel Albert hatten Greta mitgenommen zur Gartenschau. Da gab es einen großen Teich, auf dem man mit Booten fahren konnte, einen Springbrunnen, einen großen Kinderspielplatz und Blumen, die Greta noch nie gesehen hatte. Und was das Tollste war: alle Blumen blühten und immer gleich Hunderte und Tausende auf einem Feld. Nachher beim Kaffeetrinken sagte Tante Hedwig zu ihrem Mann: „Hast du die Orchideen gesehen und die Rosenzüchtungen? So stell ich mir unseren Garten vor: kein Obst und kein Gemüse, sondern viele, viele Rosen und Orchideen;

vor dem Haus eine kleine Steinterrasse, überwachsen von einem Rosenspalier und dann richtig schönen grünen englischen Rasen. Das macht nicht so viel Arbeit und sieht viel schöner aus." Da wurde Onkel Albert richtig ärgerlich. Er legte die Pfeife weg und sagte nur: „In unserem Garten nicht." Er hatte aber vor Ärger einen ganz roten Kopf. Tante Hedwig sagte dann nichts mehr, nur Greta sagte noch: „So ein großer Rasen zum Ballspielen wäre auch nicht schlecht."

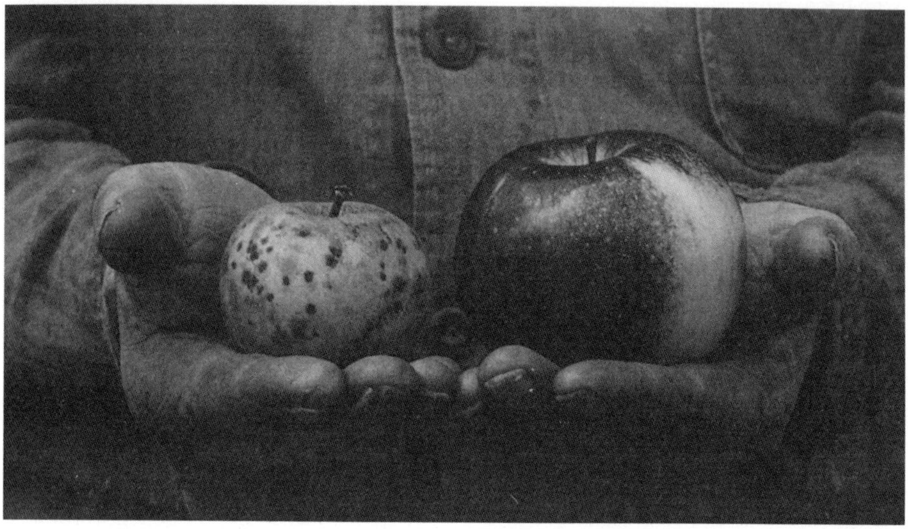

Schädlinge und Nützlinge

SM 6.7 Als Greta eines Tages das Gartentor öffnete, hat sie sich furchtbar erschrocken. Mitten in Onkel Alberts Beeten stand ein fremder Mann. Er hatte Onkel Alberts alten Mantel an, einen Topf auf dem Kopf und seine Arme weit ausgebreitet. Von seinen Füßen gingen Schnüre über die Beete, an denen Aluminiumstreifen befestigt waren, und die knatterten im Wind. „Warum", fragte Greta ihren Onkel, als sie sich von ihrem Schrecken erholt hatte, „scheuchst du denn die Vögel weg? Die fressen doch die Schnecken, die du nicht im Garten haben willst." — „Das stimmt schon", knurrte Onkel Albert, „aber jetzt picken die Spatzen allen Samen wieder aus der Erde, und dann wächst nichts. Die Vogelscheuche ist nur eine von vielen Möglichkeiten, die Tiere, die einem alles wegfressen oder kaputtmachen, loszuwerden. Du kannst in deinen nächsten Ferien mal mit deinen Freunden herkommen und die Kartoffelkäfer absammeln. Dann brauch ich kein Gift zu verspritzen."
Greta wußte auch, wie man Schnecken fängt: etwas Roggen- oder Weizenschrot zwischen den Salatpflanzen zu einem kleinen Haufen türmen. Nachts kommen dann die Schnecken, fressen davon, und man kann sie einsammeln. Aber was soll man mit den eingesammelten Schnecken machen? Greta hatte sich drei Möglichkeiten überlegt: 1. auf einer Wiese wieder aussetzen; 2. beim Nachbarn Weber, den Greta nicht leiden konnte,

heimlich in den Garten setzen; 3. mit Salz bestreuen.
Greta kannte auch viele Tiere, die Blattläuse fressen: der Marienkäfer, die Florfliege, der Tausendfüßler und der Ohrwurm. Für die Ohrwürmer hat sie eine Behausung hergerichtet:

- Durch das Loch von einem Blumentopf einen dicken Draht ziehen und im Topf festmachen. Dann den Blumentopf mit Holzwolle füllen und den Topf mit der Holzwolle mit einem feinen Drahtgitter verschließen. Die Ohrwürmer müssen natürlich durch das Gitter können, aber die Vögel mit ihren Schnäbeln nicht. Der Topf wird kopfunter am Baum aufgehängt, so daß er den Ast berührt, damit die Ohrwürmer rein- und rauskriechen können.

Und tatsächlich, nach einigen Tagen waren kaum noch Blattläuse zu sehen. Dafür aber jede Menge Raupen, die den Kohl fraßen. Onkel Albert sagte: „Leg doch noch Reisig aufeinander, vielleicht kommt dann ein Igel in unseren Garten. Außerdem kannst du einen Meisenkasten bauen, und ich nehm die Vogelscheuche wieder weg. Die Vögel fressen nämlich die Raupen."
Da mußte Greta nachdenken, und zwar über Schädlinge und Nützlinge: Raupen

sind Schädlinge im Garten. Sie fressen unseren Kohl. Meisen und Igel sind Nützlinge im Garten. Sie fressen die Raupen, die unseren Kohl fressen. Also sind Raupen Nützlinge für die Meisen. Und die Meisen sind Schädlinge für die Raupen. Oder?

Was Ihr noch alles machen könnt

- Eine Bohnen-Olympiade: welches ist die schnellste und stärkste Bohne? Die Bohnen (oder Erbsen oder Linsen) in einer Gipsform backen. Gipspulver ins Wasser schütten und umrühren. Den Gips in eine Kuchenform umfüllen und die Bohnen hineindrücken. Wenn der Gips hart geworden ist, die Form abnehmen und warten, welche Bohne zuerst den Gips sprengt. Die Bohnen ziehen nämlich das Wasser aus dem Gips und fangen an zu wachsen. **SM 6.8**
- Wenn Du sehen willst, wie die Bohne wächst, kleide ein Marmeladenglas von innen mit Löschpapier aus, in das du zwei Löcher geschnitten hast. Das Löschpapier naß machen und die Bohnen zwischen Glas und Papier stecken. Das Glas an einen warmen Ort stellen und beobachten.
- Geburtstagskresse pflanzen. Du brauchst: Gartenkressesamen, eine flache Schale und nasses Löschpapier. Das Löschpapier in die Schale legen und den

Samen in Form einer Ziffer auflegen. Die Schale an einen warmen Ort stellen. Nach etwa 5 Tagen sind die Samen aufgequollen, die grünen Spitzen nach oben gewachsen und die Wurzeln nach unten. Jetzt kannst du die Schale mit zum Geburtstag nehmen.

- Eine Regenwurmkiste bauen. Aus massivem Holz eine Kiste bauen, vielleicht 30 cm hoch, 60 cm breit und 90 cm lang. In das Bodenbrett 12 bis 15 größere Löcher bohren. Zwei Drittel der Kiste werden mit zerrissenem Zeitungspapier gefüllt, das eine Nacht im Wasser gelegen hat. Das Papier vorher ausdrücken und gelockert in die Kiste geben. Darauf Laub mit Gartenerde und Sand gemischt. Kaffeesatz kann auch dazu. Dann die Regenwürmer einsetzen und darauf etwas Gartenerde streuen und Blätter drauflegen und die Kiste mit einer schwarzen Folie abdecken. Die Regenwürmer brauchen es feucht und warm, so zwischen 15 und 25 Grad Celsius. An die 100 Regenwürmer kann man in die Kiste setzen.
- Ein Insektenhaus bauen. Einfach in einen Holzklotz viele verschieden große Löcher bohren und den Klotz im Garten aufhängen.
- Ein Haus für einen Igel bauen. Reisig, das sind die dünnen Äste eines Baumes, sammeln und aufeinander schichten, so daß sich der Igel darin einigeln kann.

SM 6.9

Wenn Du einen Igel gefunden hast, halte einmal deine Hand knapp über die Stacheln. Das Prickeln auf der Haut, das Du spürst, kommt von den Flöhen, die zwischen den Stacheln sitzen und dauernd hochspringen.
Vielleicht gibt es auch noch mehr größere Tiere im Garten: Maulwürfe, Feldmäuse, Blindschleichen, Kröten oder Singvögel.

- Tomatensamen sammeln. Eine reife Tomate aufschneiden und die Kerne aus dem Fleisch herauswaschen und an einem warmen Platz auf Zeitungspapier trocknen. Die Samen kann man wieder einpflanzen.

Buchtips

C. Björk, L. Anderson: Die schnellste Bohne der Stadt. Wir pflanzen Kerne, Samen und Früchte, C. Bertelsmann Verlag, München 1980.
Linnea und der Gärtner Blümle erklären, wie man Kerne einpflanzt, zeigen die Kunst des Gießens, wie Samen entsteht und wie man eine Erbsen-Olympiade veranstalten kann. Es enthält noch viel mehr. Zum Beispiel ein Läuse-Lexikon.

S. Lohf/S. Sailer: Wo der Gurkenkönig wächst. Ein Pflanzenjahrbuch, Otto Maier Verlag, Ravensburg 1985.
Für jeden Monat wird eine Pflanze vorgestellt (auch der Gurkenkönig, das ist Borretsch) und was man aus ihnen basteln oder kochen kann.

7. WOHNEN LEHRER-MATERIAL (LM)

Ökologische Perspektive

LM 7.1

Unter dem Stichwort: „Wohnen“ lassen sich zahlreiche Aspekte des Sachunterrichts zusammenfassen: soziale Aspekte (Wohnen mit der Familie), Verkehrsaspekte (Verkehr im Wohnviertel, Verkehrsverbindungen), geographische und historische Aspekte (Landschafts- und Wohnformen im Wandel), gesellschaftliche und politische Aspekte (Gemeinde, Verwaltung etc.), aber auch technische Aspekte (Hausbau, Wohnungseinrichtung).
Jedoch stehen diese Aspekte zumeist unverbunden nebeneinander. Man gewinnt den Eindruck, daß die Schüler nur mit ihrer Umgebung vertraut gemacht werden sollen und sich ihre Möglichkeiten der Aneignung der Wohn- und Umwelt auf Einpassung reduzieren. Wohnen, das scheint zunächst und primär Sache der Erwachsenen und der Planer zu sein.
Die ökologische Perspektive beinhaltet beim Thema Wohnen mehrere Dimensionen: Über das Zurechtfinden im Wohnumfeld hinaus ist das „Wohnen“

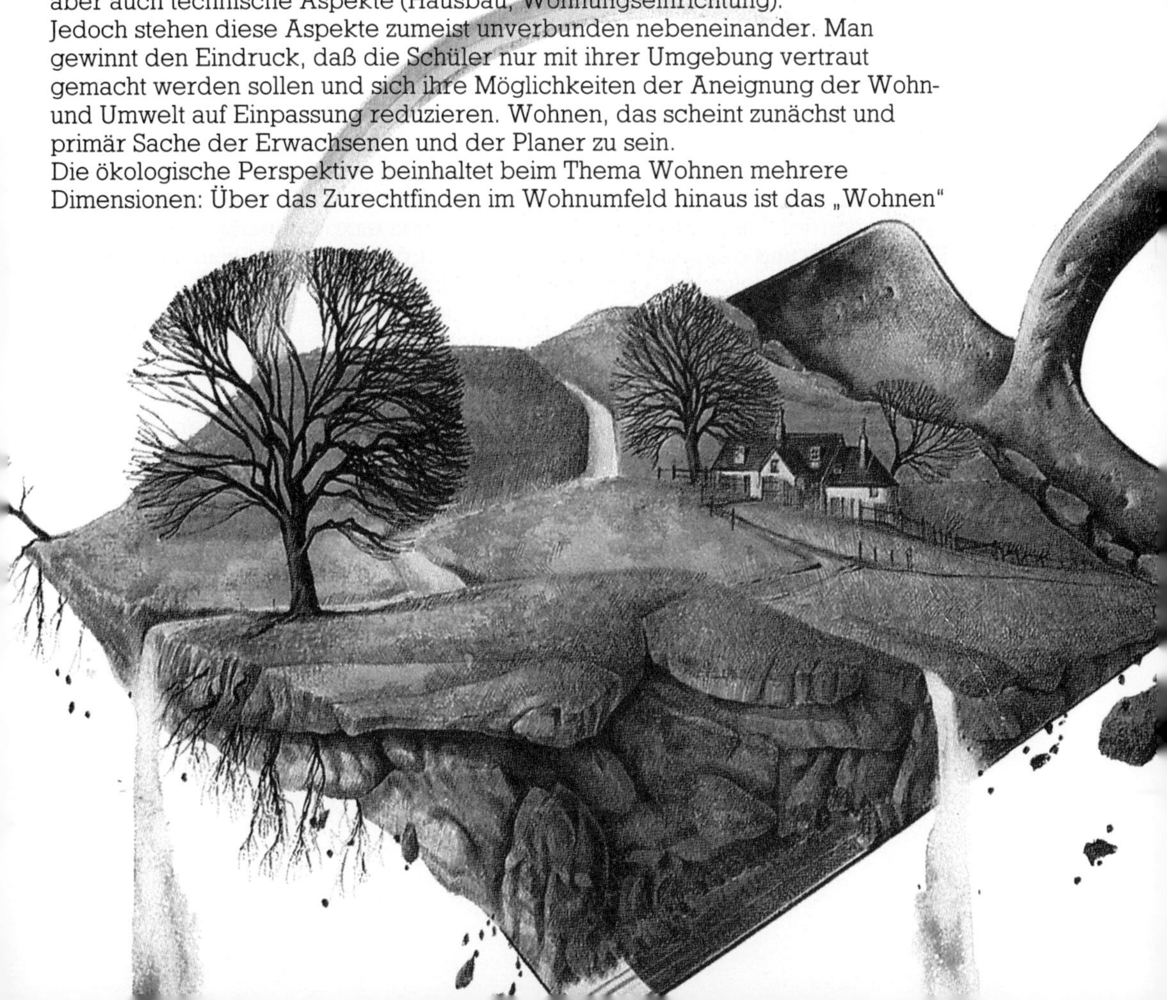

die Wiederholung der „Welt im kleinen“. Das heißt, alle Dimensionen der Ökologie lassen sich hier wieder auffinden. Daher konzentriert sich das Material entschieden auf die Vernetzung vielfältiger Bereiche unter ganz verschiedenen Sichtweisen und betont den Handlungsaspekt.
Im Sinne der Perspektivverschränkung wird die Möglichkeit gegeben, sich über Phantasien, Geschichten und Bilder vom Entwurf des eigenen Zimmers bis zur Gestaltung des Wohnumfeldes eine Lebenswelt zu schaffen, die einerseits eigenen Vorstellungen entspricht, andererseits auch die Widerständigkeiten und die Geschichtlichkeit dieses Umfeldes berücksichtigt.
Das heißt, das Material zum Thema Wohnen ist durchweg parteilich: die Untersuchungen und Beschreibungen erfolgen im Hinblick auf die Kinder. Der Lebensraum wird in seiner Bedeutung für die Kinder beschrieben und nicht aus der Sicht von Stadtplanern oder der Kommunalverwaltung.
Damit erst ist der in allen Schulbüchern und Lehrplänen durchgehaltene Ansatz aufzulösen, daß man in eine fertige Welt hineingeboren wird, deren Dynamik man machtlos ausgeliefert ist.
Daß wir dabei nicht der Ideologie der unverdorbenen Natürlichkeit der Kinder aufsitzen und nicht von uns antizipierte Interessen als die ihren ausgeben, wird am folgenden Material abzulesen sein.
Sicherlich werden Kinder in Konfliktfällen allein (z. B. bei Umstellungen im Haushalt, Veränderungen im Wohnort etc.) wenig ausrichten können. Doch ist davon auszugehen, daß viele ihrer Anregungen auch mit Unterstützung, nicht nur mit Widerstand rechnen können.

Zahlen, Daten, Fakten

Wohnräume

LM 7.2 Vielen Erwachsenen dürfte die **Wohnungsnot** nach dem 2. Weltkrieg noch in Erinnerung sein: ein Großteil der Häuser, vor allem in den Städten, war im Kriege zerstört worden, und Millionen Flüchtlinge suchten eine Wohnung. Der Bau von Eigenheimen und der soziale Wohnungsbau wurden mit erheblichen finanziellen Mitteln staatlich gefördert, es gab Mietpreisbindungen und eine Reihe anderer Maßnahmen, die das Ziel hatten, jeder Familie eine Wohnung zu bieten.
Heute stellen sich vorhandene Wohnprobleme eher unter der Frage nach der **Angemessenheit der Wohnung.** Das kann sich auf viele Faktoren beziehen: den Mietpreis; die Ausstattung der Wohnungen (der billige Altbauwohnbestand verfügt zum Teil noch nicht über ein Bad oder eine Dusche — im Berliner Stadtteil Wedding hat fast ein Viertel der ca. 90 000 Wohnungen nur eine Außentoilette); die Größe der Wohnung; die Verkehrsanbindung und oft genug Lärm und Geruchsbelästigung.
Der Wohnraum ist im allgemeinen für Erwachsene der Raum, in den man sich zurückziehen kann, der eine gewisse Abschirmung sichern soll. Gleichzeitig ist die eigene Wohnung ein Ort der Kommunikation nicht nur mit der Familie, sondern auch mit Freunden, Bekannten etc. Das ist insofern nicht selbstverständlich, als in früheren Jahrhunderten der Marktplatz der Ort der Kommunikation war und in südlichen Ländern heute noch ist.

Für Kinder bedeutet Wohnung darüber hinaus das Aufwachsen in einer Umgebung, die zum ersten und wichtigsten **Lernort** wird: am Anfang die Wohnung, das Haus, später die Wohnumgebung und das Viertel.
Wir stellen deshalb im folgenden die Veränderungen der Räume, wie sie nach dem 2. Weltkrieg durch Architektur und Stadtplanung entstanden sind, vor allem in ihrer Bedeutung für Kinder dar.
Schlüsselbegriffe dafür sind Funktionstrennung und Funktionsdifferenzierung.

Funktionstrennung und -differenzierung

Eine Geschichte der Räume ist u.a. schreibbar als Geschichte der Funktionstrennungen und -differenzierungen. Sie bezog sich zunächst auf die Trennung von Wohnen, Arbeiten und Einkaufen, hinzu kam: Erholen. Sie griff dann in die Wohnungen ein: Räume wurden getrennt (Küche, Schlafzimmer, Wohnzimmer, Kinderzimmer), und diesen Räumen wurden eng definierte Funktionen zugewiesen. In der Küche etwa ließ sich nur noch kochen, für Kinder war kein Platz mehr vorgesehen. Funktionsdifferenzierungen lassen sich auch an den Straßen veranschaulichen. Die Straße erhielt einen Fußweg und bestand damit aus zwei Teilen, mit dem Radweg aus drei Teilen, und heute bestehen viele Straßen aus vier Elementen: Fußweg, Radweg, Parkzone, Autostraße. Schritte der Funktionstrennung ergaben sich aus der **Gebietsreform,** den Mittelpunktschulen (in die die Schüler per Bus gefahren werden), der Entwicklung der Geschäfte zu Kaufhäusern, die in der Innenstadt ansiedelten usw. Diese Funktionstrennungen hatten mehrere Folgen, von denen hier zwei betrachtet werden sollen.
Mit der Funktionszuweisung, also der Definition eines bestimmten Raumes, war auch der **Ausschluß anderer Nutzungen** verbunden. Am Beispiel des Kinderspielplatzes heißt das: Wenn im Wohnbezirk ein Spielplatz eingerichtet wird, so meint dies, daß das Gebiet außerhalb des Spielplatzes nicht mehr zum Spielen genutzt werden soll. Das Spiel auf dem Spielplatz schließt z. B. aber aus, daß Kinder Erwachsenen bei der Arbeit zusehen können. Im Zuge dieser Entwicklung wurden die einzelnen Orte, an denen man arbeitet, etwas kaufen oder erledigen konnte, immer weiter voneinander entfernt. Mit der Funktionstrennung, dem Auseinanderreißen der Räume, verlief parallel eine Entwicklung der Beschleunigung des Verkehrssystems. Für die Erwachsenen zunächst mit dem Ergebnis, daß die Fahrzeiten in etwa gleichblieben. Seit einiger Zeit aber scheint allerdings die Entwicklung des Verkehrssystems nicht mit der Geschwindigkeit der Ausdehnung der Räume Schritt halten zu können. Noch weniger Schritt halten können bei dieser Entwicklung die Kinder: Wenn man als Wohnbereich jenen Bereich definiert, in dem man sich zu Fuß bewegen kann und in dem man viele Dinge und viele Menschen kennt, so vermittelt dieser Bereich nur noch einen kleinen und nur speziellen Ausschnitt aus den gesellschaftlich vorhandenen Räumen.
Der Topos der Funktionsdifferenzierung könnte zu dem unzutreffenden Bild einer Vielfalt von Funktionen und Formen führen. Das Gegenteil ist richtig: Die **Fußgängerzone** in München folgt den gleichen, zur Steigerung des Umsatzes für Fußgängerzonen entwickelten Regeln wie alle anderen Fußgängerzonen auch.

Räume mit gleicher Funktion tendieren dazu, gleich auszusehen, auf die gleiche Weise gebaut und gestaltet zu werden. Diese Tendenz ergibt sich aus der Rationalität einer der Funktion folgenden Form. Von daher wiederholen sich die Räume in dem Maße, in dem sich die Funktionen wiederholen. Ein Beispiel ist die Phantasielosigkeit von Kinderspielplätzen unter der Norm der Sicherheitsbestimmungen.
Diese Überlegungen lassen die Frage stellen, welche Erfahrungen Kinder „wohnend" machen, wenn ihr „Wohnort" von anderen Orten kaum mehr unterscheidbar ist.

Ökologisches Bauen

Die Wohnumwelt, in der Kinder heute in der Bundesrepublik Deutschland aufwachsen, wurde im wesentlichen in der Zeit nach dem 2. Weltkrieg erstellt. Sie läßt sich u.a. durch die folgenden Aspekte kennzeichnen:
1. Die Benutzung der am Ort vorhandenen Baumaterialien wurde abgelöst durch universelle Materialien (Beton).
2. Eine Bauweise, die bezogen war auf die landschaftliche und klimatische Situation, wurde abgelöst durch eine Bauweise, die diese Gegebenheiten nicht mehr beachtete und entstehende Probleme durch den Einsatz von Technik

auszugleichen versuchte (Zentralheizung als Ersatz für energiesparendes Bauen).

3. Die Rationalisierung und Maschinisierung des Bauens, die sich formal ausdrückt in rechtwinkeliger, normierter Linienführung, in Wiederholungen, in Massenfertigung.

4. Die Umwandlung vorhandener Bausubstanz durch „moderne Materialien", die besonders auf dem Lande auffällt, verweist auf eine Ideologie des Fortschritts und der Modernität, die erst in jüngster Zeit zum Teil abgelöst wurde durch den Versuch, historische Bausubstanz zu bewahren.

Diese und mögliche weitere Aspekte des Wohnens stehen heute im Mittelpunkt der Kritik, und das, was als ökologische Bauweise ausgegeben wird, versucht hier Veränderungen durchzusetzen.

Übersehen werden dabei leicht soziale und gesellschaftliche Grundlagen des Bauens und Wohnens.

5. Eine Geschichte des Wohnens ist nicht schreibbar ohne ihre Verbindung zur Geschichte des Verkehrs, vor allem des Autos. Die Geschichte des Individualverkehrs wiederum ist nicht verständlich ohne das Phänomen der Expansion der Räume. Damit soll gesagt werden: eine Theorie des Bauens kann nicht auf die Einbindung des Verkehrs in die Theorie verzichten; eine Konzentration auf den Hausbau wäre verkürzt. Denkt man diese Frage weiter, so wird offenbar, daß sich Wohnen nicht trennen läßt vom Produzieren. Zentralisierung der Produktion und ihre Rationalisierung haben nicht nur den Hausbau ebenso verändert wie die Möbel usw., sondern auch die Möglichkeiten zu wohnen. Als Beispiel: auch auf den Dörfern ist der Anteil der Menschen, die sich mit Lebensmitteln selbst versorgen können, immer geringer geworden. Ein Wohnkonzept, das z.B. einen gewissen Grad an Selbstversorgung, verbunden etwa mit eigener handwerklicher Tätigkeit (Reparatur etc.) intendierte, müßte zu völlig anderen Kategorien als den heute diskutierten führen.

6. Ein Vergleich unserer Wohnformen mit denen anderer Kulturen zeigt, daß Wohnformen immer auch bestimmt waren von den Formen des sozialen Zusammenlebens. Das beginnt mit der Frage nach der Klein- oder Großfamilie, nach Dorf- oder Sippengemeinschaft und bezieht sich auch auf die feste Raumaufteilung entlang einer strengen Hierarchie. Wenn sich — aus welchen Gründen auch immer — diese festen Formen in unserem Jahrhundert aufgelöst haben und sich vielleicht neue soziale Formen des Zusammenlebens entwickeln (Wohngemeinschaften etwa), so kann dies nicht ohne Rückwirkung auf Architektur und Planung von Städten und Dörfern bleiben. In diesen Zusammenhang gehören auch Überlegungen, die scheinbar nur technische Entwicklungen betreffen, etwa die Existenz und allgemeine Durchsetzung des Fernsehens. Die Individualisierung von Massenereignissen, wie sie das Fernsehen bietet und dies in naher Zukunft auch noch auf regionaler Ebene tun wird, läßt Mittelpunkte eines Ortes, die historisch Versammlungsorte waren, obsolet erscheinen.

Statt einer umfangreichen Auflistung baubiologischer Kriterien hier zwei Schaubilder, die jedoch unter den genannten Aspekten neu zu betrachten wären.

GIFT IM HAUS

NORDSEITE

die hier angegebenen Stoffe **können**, aber müssen nicht unbedingt in den angegebenen Baumaterialien enthalten sein. Unsere Grafiken sind lediglich als Information und nicht als Wertung zu verstehen.

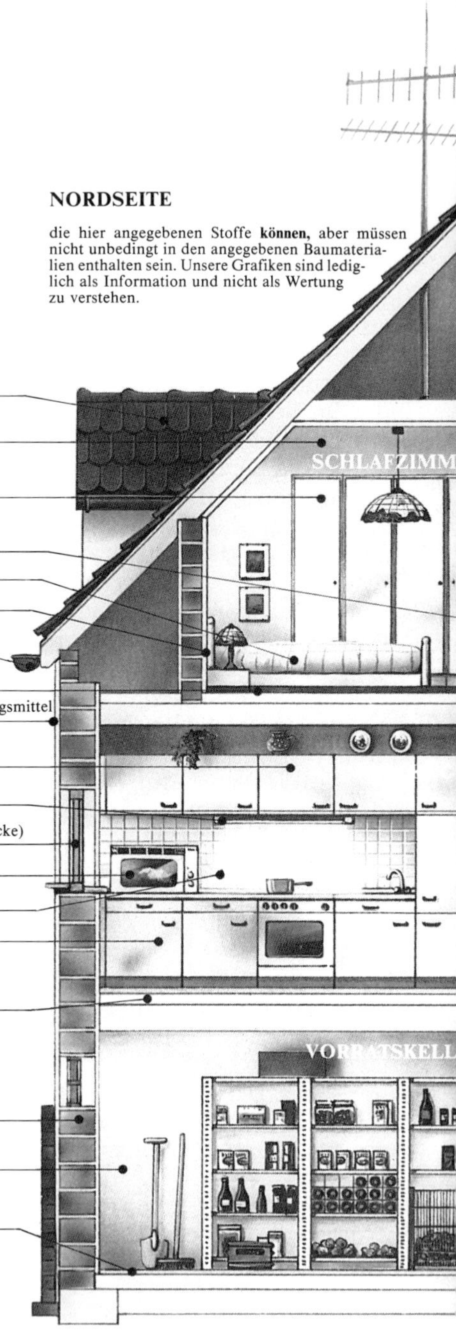

SÜDSEITE

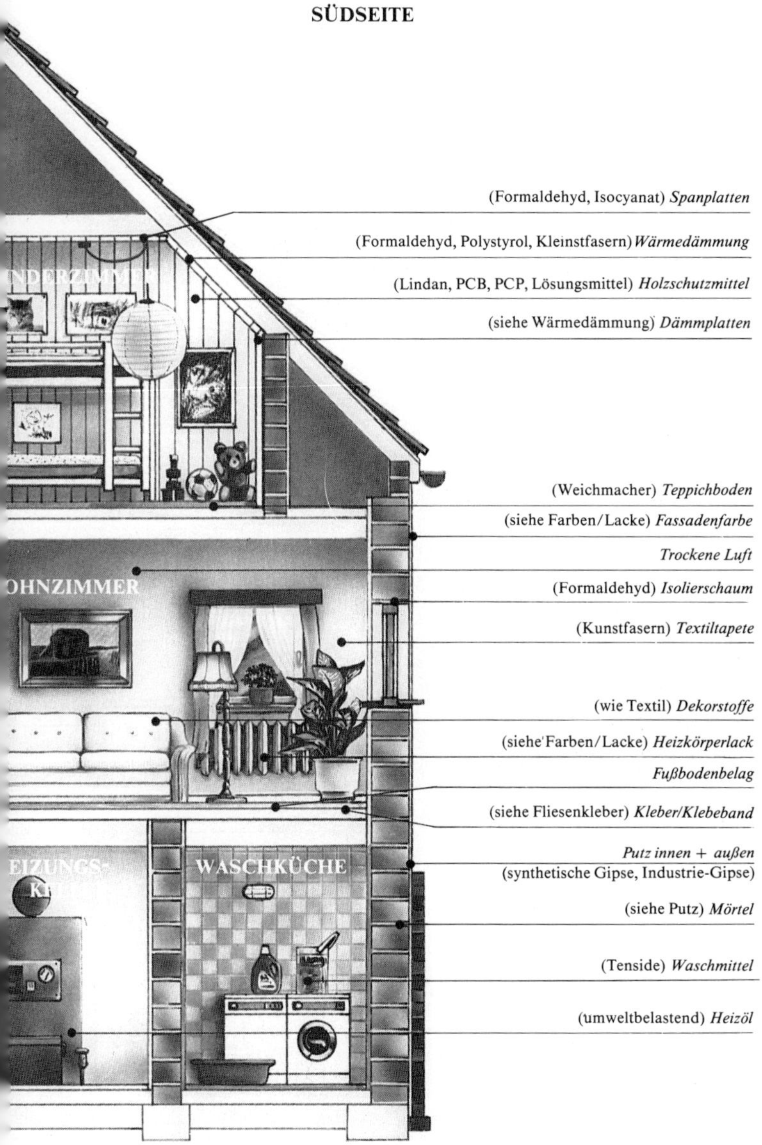
(Formaldehyd, Isocyanat) *Spanplatten*
(Formaldehyd, Polystyrol, Kleinstfasern) *Wärmedämmung*
(Lindan, PCB, PCP, Lösungsmittel) *Holzschutzmittel*
(siehe Wärmedämmung) *Dämmplatten*
(Weichmacher) *Teppichboden*
(siehe Farben/Lacke) *Fassadenfarbe*
Trockene Luft
(Formaldehyd) *Isolierschaum*
(Kunstfasern) *Textiltapete*
(wie Textil) *Dekorstoffe*
(siehe Farben/Lacke) *Heizkörperlack*
Fußbodenbelag
(siehe Fliesenkleber) *Kleber/Klebeband*
Putz innen + außen
(synthetische Gipse, Industrie-Gipse)
(siehe Putz) *Mörtel*
(Tenside) *Waschmittel*
(umweltbelastend) *Heizöl*
OHNZIMMER
WASCHKÜCHE

BIO-HAUS

NORDSEITE

Sogenannte Naturfarben und Naturlacke sowie andere Biobaumaterialien sind nicht in jedem Falle giftfrei, sondern können ebenfalls gesundheitsschädigende Beimengungen enthalten. Es empfiehlt sich, in jedem Fall sehr genau auf die Zusammensetzung zu achten. Der „Blaue Umweltengel" ist nicht immer eine Garantie für Produkte ohne Schadstoffe.

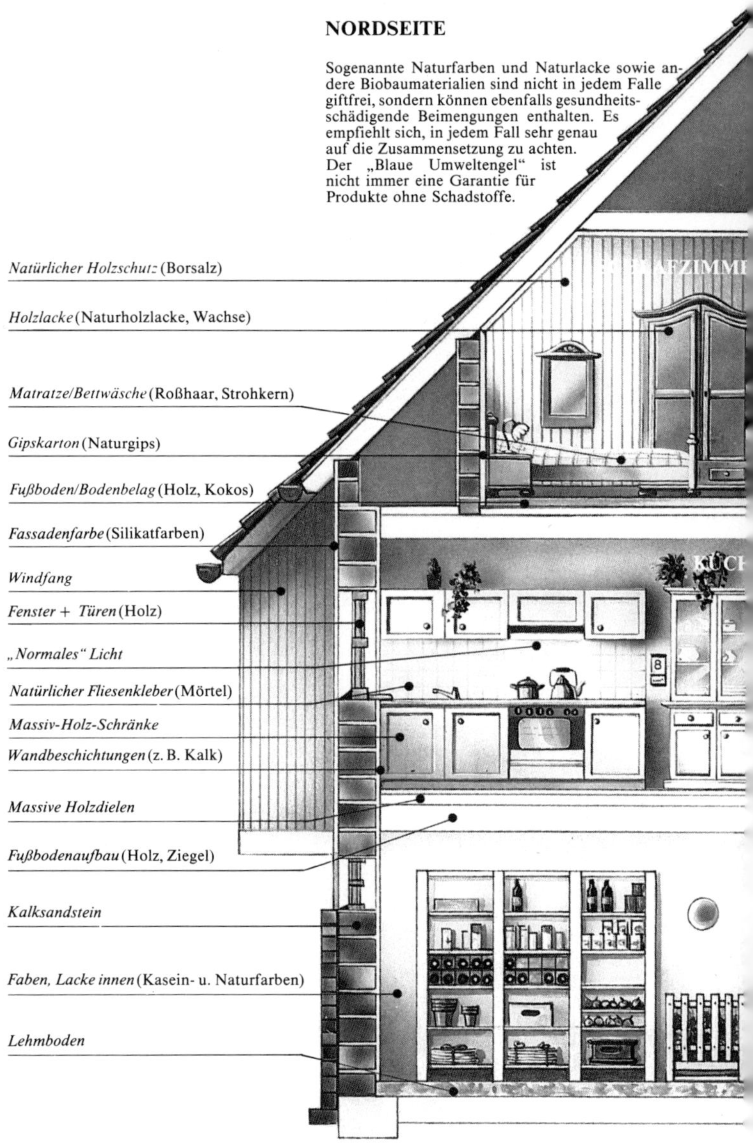

SÜDSEITE

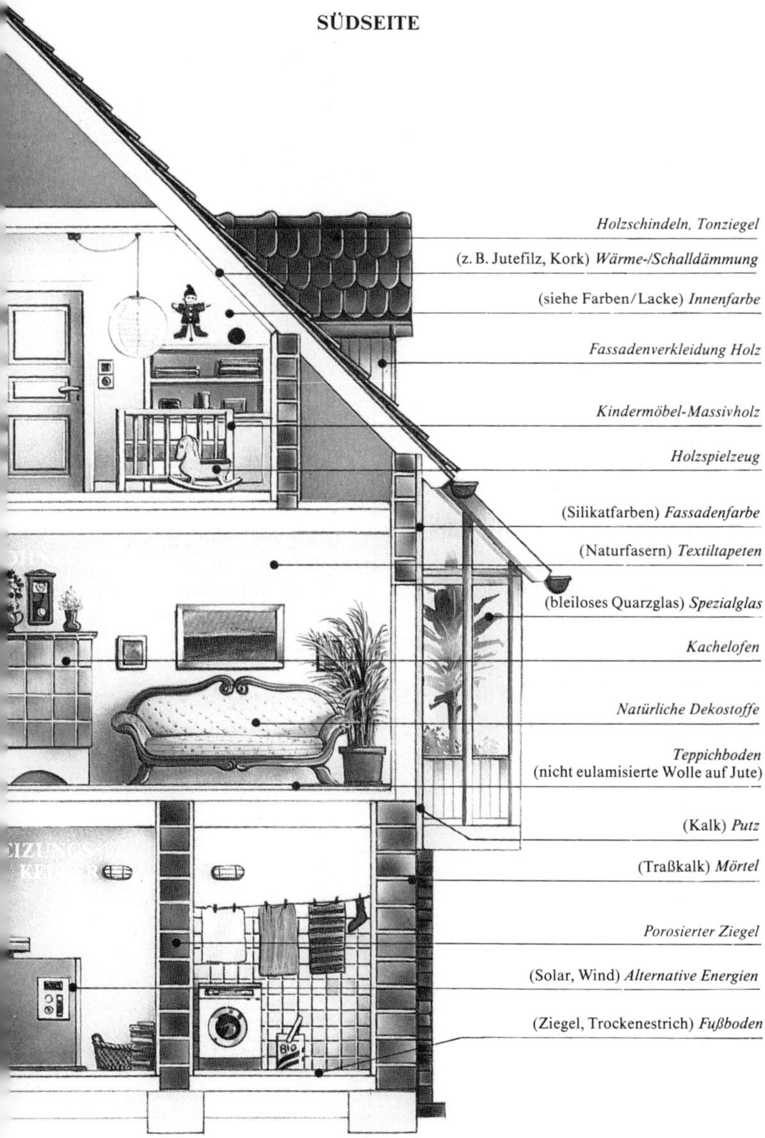
Holzschindeln, Tonziegel
(z. B. Jutefilz, Kork) Wärme-/Schalldämmung
(siehe Farben/Lacke) Innenfarbe
Fassadenverkleidung Holz
Kindermöbel-Massivholz
Holzspielzeug
(Silikatfarben) Fassadenfarbe
(Naturfasern) Textiltapeten
(bleiloses Quarzglas) Spezialglas
Kachelofen
Natürliche Dekostoffe
Teppichboden
(nicht eulamisierte Wolle auf Jute)
(Kalk) Putz
(Traßkalk) Mörtel
Porosierter Ziegel
(Solar, Wind) Alternative Energien
(Ziegel, Trockenestrich) Fußboden

Bezug zu den Rahmenplänen

Folgende Thematiken der Lehrpläne zum Sachunterricht der einzelnen Bundesländer werden durch die hier vorgestellten Materialien zum Thema „Wohnen“ berührt:

LM 7.3

Bundesland:	1. Schuljahr	2. Schuljahr
Baden-Württemberg	– In der Schule – Orientierung in der nächsten Umgebung	– Unser Klassenzimmer – Großeltern, Eltern, Kinder
Bayern	– Wohnen – Schule als neuer Lebensraum – Freude am Spielen – Örtliche Feste und Bräuche	– Nachbarschaftliches Zusammenleben – Besonderheiten des Heimatortes – Einfache Grundrisse
Berlin	– Tagesablauf; Kind und Schule; Kind und Familie – Das Kind und die Menschen in seiner Umgebung	
Bremen	– Wo wir spielen können	– Wir gestalten Räume – Wir leben in der Familie – Wie wir unsere Freizeit aktiv gestalten können
Hamburg	– Auf dem Schulweg – Räumlich-funktionales Bauen – Schule	– Wie und wo macht Spielen Spaß? – Räumlich-funktionales Bauen – Freizeit
Hessen	– Erfahrungsbereich Spielen/Freizeit	– Freizeitangebote
Niedersachsen	– In der Schule zurechtfinden – Wo Kinder spielen	– Wege im Wohnort
Nordrhein-Westfalen	– Schule und Schulweg; Zu Hause und auf der Straße – Arbeitsstätten und Berufe	
Rheinland-Pfalz	– Zeit zum Arbeiten, Zeit zum Spielen – Richtungsunterscheidungen und Lagebezeichnungen – Unmittelbare und nähere Umgebung	– Türme und Mauern – Einrichtung einer Wohnung – Perspektive und Grundriß – Schule und Schulviertel
Saarland	– Mein Tagesablauf	– Unsere Wohnung – Das Wohnhaus – Unser Wohngebiet
Schleswig-Holstein	– Wohnhaus – Schulweg – Sportanlagen	– Wohnstraße – Schwimmbad, Stadtpark – Schulviertel

	3. Schuljahr	4. Schuljahr
	— Der Ort, an dem wir leben	— Einkaufen — Arbeitsstätten — Wohnort und Umland
	— Himmelsrichtung — Lageskizzen — Kartendarstellung — Ausländische Familien	— Freizeitgestaltung — Charakteristische Gegebenheiten der Heimat — Orientierung mit Hilfe von Karten
	— Die Schule; Die Straße; Wohn- und Schulbezirk — Der Bezirk; Die Großstadt; Freizeit	
	— Einfacher Plan vom Wohngebiet — Wir besuchen einen Arbeitsplatz — Entwicklung Bremens und Bremerhavens	— Wir verwenden Karten — Anfänge der Stadt Bremen — Freizeit im Umland — Der Mensch in der Landschaft
	— Entwurf eines Spielplatzes — Stadt als Wohngebiet — Straßen im Schulbezirk — Räumlich-funktionales Bauen — Wohnviertel	— Erholung — Bau eines Wohnungsmodells — Stadt als Wohngebiet — Räumlich-funktionales Bauen — Großstadt Hamburg
	— Zuhause sein	— Wohnen
	— Unser Wohnort früher und heute — Unser Wohnort und seine nähere Umgebung	— Weitere Umgebung und Niedersachsen — Freizeiteinrichtungen — Bau und Raum — Gegenstände für den Wohnbedarf
	— Wohnumgebung und Heimatort; NRW: Stadt und Land — Natürliche und gestaltete Umwelt	
	— Erkunden des Wohnortes — Landschaftsbausteine des Heimatraumes — Der Mensch nutzt und verändert die Landschaft	— Bauen und Wohnen früher und heute — Ausflugsziele und Erholungsgebiete — Landschaften in Rheinland-Pfalz
	— Grundriß, Plan — Gebäudeformen — Unsere Gemeinde	— Das Saarland — Waldgebiete — Früher und heute
	— Innenstadt — Neubaugebiet — Sich erkundigen	— Eingemeindung — Land Schweswig-Holstein — Früher lebte und arbeitete man anders

Zeitperspektiven

LM 7.4 Die Einheit erstreckt sich über 4 Schuljahre mit einem Zeitbedarf von etwa 6 bis 8 Wochen. Vorbereitung und Durchführung eines Straßenfestes sind allerdings zeitaufwendiger und am ehesten als Projekt machbar. Generell eignet sich das Material für eine Projektwoche, die im 2. oder 3. Schuljahr angesiedelt sein kann.

Didaktischer Aufbau

LM 7.5 1. In dem vorliegenden Material wird eine Kopplung von „Sich-zurechtfinden", also einen Begriff von seiner Umwelt erlangen, und der Frage nach den eigenen Interessen vorgenommen. Wohnen wird hier symbolisch verstanden, die bebaute Umwelt als Bedeutungsträger. Es werden Materialien, Ideen, Sichtweisen vorgestellt, die a) die Schüler dazu anregen sollen, nach **ihrer** Sicht der Dinge zu fragen, und die b) so beschaffen sind, daß sie das Selbstverständliche in Frage stellen, ohne eine — wiederum von Erwachsenen stammende — fertige Alternative zum Bestehenden vorzugeben.

2. Wir wissen, daß Kinder dazu neigen, vorhandene Normen ins Extrem zu treiben, wenn sie nach ihren Wunschvorstellungen gefragt werden. Sie wiederholen häufig übliche Vorstellungen der Erwachsenen, wenn sie nach ihrer Phantasie gefragt werden. Wir haben deshalb auf die nur scheinbar den Kindern Freiraum bietende Frage nach dem „Wie möchtest du es denn haben?" verzichtet und verstehen das vorliegende Material so, daß erst auf der Grundlage seiner Kenntnis so etwas wie eine Auseinandersetzung mit den eigenen Wünschen möglich wird. Eine zweite Anmerkung scheint uns hier ebenfalls angebracht. Wir vermuten — und wissen aus der Erprobung —, daß eine Reihe von Wünschen der Kinder mit den ästhetisch-moralischen Kategorien der Lehrkräfte nicht übereinstimmt. Hier liegt es u.E. an den Lehrenden, diese Ansätze nicht abzuwehren.

3. Das Material hat primär erzählenden Charakter und enthält Situations- sowie Ereignisbeschreibungen. Das eigene Zimmer, die Küche, das Haus, die Ferien werden dabei zum Ausgangspunkt, Veränderungen oder befremdliche Wahrnehmungen zum Gegenstand der Erzählungen. Damit soll erreicht werden, „Wohnen" als nicht festgefügten Begriff einzuführen, es als durch eigene Intentionen, historische Prozesse, lokale Gegebenheiten und soziale und individuelle Möglichkeiten geprägte Seinsform zu begreifen (das gilt besonders für die Materialien „Wohnungstausch", „Straßenmusik" und „Die grüne Wand").

4. Wir haben darauf verzichtet, Stadt- und Verkehrsstrukturen, Prinzipien des Bauens, Fragen der Familienstruktur und die Rückwirkung der Arbeitssituation auf Lebensgewohnheiten zu thematisieren, da diese Aspekte in den Schulbüchern zur Genüge behandelt werden. Dies geschieht zugunsten des „befremdlichen Blicks", der sich vor allem im Material „Die Küche und die Welt" sowie „Was wohnt in unserem Haus" findet. Während nämlich der konventionelle Unterricht zum Thema „Wohnen" die Verhältnisse eher stabilisiert und in feste Strukturen einübt, ist uns an der Auflösung eben dieser Strukturen an den Stellen gelegen, wo aus ökologischer Perspektive und der

einer selbstgestaltbaren Zukunft Blickverengungen unangebracht sind.
5. Insgesamt bietet es sich an, die Materialien zum Thema „Wohnen" mit dem Thema „Verkehr", „Landwirtschaft/Gartenbau", „Abfall" sowie „Sanfte Technik" zu verschränken. Dies ist auch dadurch möglich, daß jeweils einzelne Teile der beiden Einheiten aufeinander bezogen werden.

Einstiege in das Thema

LM 7.6

- Vom vorliegenden Material her bietet sich SM 7.1 „Wohnungstausch" am ehesten an, weil hier eine offene Diskussion der Wohnmöglichkeiten und der Wohnwünsche geführt werden kann und sich daran die Frage nach der Erkundung der Wohnumwelt anschließen läßt.
- Ein anderer Einstieg könnte mit dem realisierten oder geplanten Umzug eines Kindes gegeben sein; oder auch, wenn ein Kind neu in die Klasse kommt mit den Fragen: „Wo wohnst du, wo wohnen wir?"
- Aufgegriffen werden könnte ein aktueller Streitfall um Spielmöglichkeiten der Kinder.
- Der Bau eines Hauses auf dem Schulweg der Schüler könnte ebenfalls Anlaß zu der Frage werden, inwieweit die Kinder beim Bau berücksichtigt sind bzw. inwieweit ihre Interessen gewahrt oder verletzt werden.
- Ausgehend von der Einrichtung der Müllkiste im Klassenzimmer ließe sich das Klassenzimmer neu einrichten und von da aus das Thema beginnen.
- Insgesamt bieten alle Veränderungen in der Wohnumwelt sowie Konflikte die Möglichkeit, das Thema „Wohnen" aufzugreifen.

Hinweise zu den Schülermaterialien

SM 7.1: Wohnungstausch

LM 7.7

Die beiden Erzählungen können gut als Einstieg benutzt werden. Beide Geschichten stellen das Stadt- bzw. Landleben zunächst positiv dar. Allerdings sind in beide Geschichten auch Negativerfahrungen eingewoben. Beide Momente spiegelt das Photo wider, auch wenn es für Erwachsene ein Abbild trister Kindheit zu sein scheint. Dem Bild und den Brieftexten unterliegt zudem die Annahme, daß der soziale Bezug für die Kinder wesentlich ist und er es sein dürfte, über den sie im Anschluß an das Bild und die Briefe sprechen werden. Das Material hat also die Funktion, eine Diskussion zu eröffnen, und nicht zum Beispiel die, zu einer Klärung der Frage zu gelangen, ob man in der Stadt besser wohnt als auf dem Land und umgekehrt.

SM 7.2: Die grüne Wand

Die Geschichte kann direkt an den Wohnungstausch angeschlossen werden. Sie soll zum tatsächlichen Handeln anregen. Daher sind alle wesentlichen Informationen beigefügt. Die Begrünung von Wänden (etwa auch der Schule) ist recht einfach. Der Rückbezug auf das Thema „Artenschutz/Artensterben" liegt

nahe: die grüne Wand ist ein neu geschaffenes Biotop. Es ließe sich auch ein großes Netz im Schulhof spannen, da der Knöterich schnell emporrankt. Überlegen sollte man mit den Schülern auch, ob ein Wandbild nicht ebenso schön wäre wie Efeu o.ä.

SM 7.3: Wer und was wohnt in unserem Haus?

Der Bezug zu SM 7.2 liegt nahe: Die Begrünung birgt neue „Bewohner". Das Material soll jedoch primär dazu dienen, den Begriff des Wohnens zu problematisieren. Daher erfolgt die Übertragung auf Pflanzen und Tiere (vgl. „Artenschutz/Artensterben"). Die Geschichte hat starken Impulscharakter: Weder kennt man die pflanzlichen und tierischen Mitbewohner noch alle Mieter eines Hochhauses. Ferner läßt sich die Frage anschließen, wie und wo andere Menschen wohnen. Ebenso die Frage, ob es ein Recht auf eine Wohnung gibt, wie die, was denn eine Heimat sei.

SM 7.4: Dein Zimmer

Der erste Teil enthält lediglich die Anregung, sich darüber Gedanken zu machen, wie man wohnt, was man in dem Zimmer macht, was man gern geändert hätte usw. Besser als die scheinbar logisch folgende Aufforderung „Male dein Wunschzimmer" scheint uns zu sein, die Kinder zu bitten zu erzählen, was in ihrem Zimmer ganz toll ist oder ganz schlecht. Der zweite Teil enthält Grundinformationen, die für sich allein für die Kinder kaum verwertbar sind. Sie können Anstoß sein, sich ausführlicher damit in der Schule zu beschäftigen, etwa bei der Umgestaltung des Klassenzimmers (vgl. auch das Thema „Abfall"). In diesem Zusammenhang sind dann sicher Besuche von Firmen und Gespräche mit anderen Erwachsenen (Maler, Tischler, Umweltexperte etc.) möglich und nötig. Wir sind allerdings auch davon ausgegangen, daß zumindest den älteren Schülern ein Teil der Diskussion bekannt ist.

SM 7.5: Straßenmusik

Nicht nur die Problematisierung des Verkehrslärms (siehe „Verkehr/Fahrrad") ist mit dieser Geschichte intendiert. Es geht auch um soziale Beziehungen, ästhetische Aspekte und Wünsche sowie Freiräume von Kindern. Lärm, das sollte hier deutlich werden, ist nicht primär eine Frage der Höhe des Schallpegels, sondern der Qualität und Duldung. Manchmal wird Lärm akzeptiert (Müllabfuhr), manchmal honoriert („gute" Musik), manches Geräusch ist auch bei geringer Lautstärke störend (tropfender Wasserhahn). Mancher Lärm läßt sich leicht abstellen, oder man schafft Vereinbarungen (Übungszeiten), anderer Lärm ist nur schwer zu beheben (Verkehrslärm).

SM 7.6: Die Küche und die Welt

Die Geschichte ist bewußt so angelegt, daß sie ausufert. Während es zum Prinzip des Grundschulunterrichts gehört, eine radikale Komplexitätsreduktion zu betreiben, ist die Intention dem an dieser Stelle entgegengesetzt. Anhand einer Küche lassen sich die Fäden gleichsam um die ganze Welt spannen. Die einfachen Fragen nach dem „Was" und „Woher" können zu den komplexeren des „wie entstanden" und „unter welchen Verhältnissen" überleiten.
Es ist nicht daran gedacht, alle Gegenstände und Fragen aufzulösen. Vielmehr kann der eine oder andere Gegenstand weiterverfolgt werden, bis die Erkundungen an ihre zeitlichen und kognitiven Grenzen stoßen. Dies zeigt, daß „die Welt" mehr ist, als man begreifen kann — und daß vieles in Beziehung zueinander steht.

Weitere Ideen

- Ein Straßenfest initiieren (im Anschluß an das Material zur „Straßenmusik"). Bei Vorliegen der behördlichen Genehmigungen ist die Organisation nicht mehr schwierig. **LM 7.8**
- Fragen und Bilder sammeln zum Thema: „Wie wohnen andere Menschen" (Anschluß an SM 7.3). Wichtig ist dabei, nicht nur das Exotische zu sehen, sondern auch, wo möglich, Verständnis zu entwickeln (etwa für die Wohnverhältnisse in der Heimat eines ausländischen Mitschülers).
- Der Frage nachgehen, ob sich die Wohnverhältnisse angleichen. Sehen moderne Städte und moderne Häuser überall auf der Welt gleich aus?
- Was braucht man, um zu sagen, daß man wohnt (Anschluß an SM 7.4): ein Bett, einen Stuhl, einen Tisch, ein Dach, fließendes Wasser, nette Mitbewohner?
- Zahlreiche Erkundungen lassen sich durchführen (Anschluß an alle Materialien): zu Spielplätzen, begrünten Häusern, alten Stadtteilen, Baustellen, zur Wohnung des Lehrers etc.
- Das Fahrrad einbeziehen.
- Die Neugestaltung von Spielplätzen oder die Frage nach Spielräumen und Wünschen erörtern (Anschluß an SM 7.1 oder SM 7.3).
- Ideen entwickeln und Bilder zum Thema „Leben in Zukunft" malen.
- Bilder besprechen aus: Alle Jahre wieder saust der Preßlufthammer nieder. V. Jörg Müller, Verlag Sauerländer 1973. Vgl. auch Medientip.

Erfahrungen mit dem Material

LM 7.9 Es muß und sollte den Schülern zunächst viel Raum gegeben werden, ihre Lebenssituation und Wohnerlebnisse zu schildern. Erst dann verfügen sie über die Konzentration, sich auch auf zunächst befremdliche Perspektiven einzulassen. Schwierig ist es manchmal, sie davon zu überzeugen, daß ihre Umgebung nicht schon immer so aussah, wie sie derzeit ist. Nach dem Prinzip, vom Nahen zum Ferneren überzugehen, bietet es sich an, an das eigene Zimmer (SM 7.4) anzuknüpfen. Das Zimmer verändert sich. Eine Baulücke, der Bau eines neuen Hauses, ein neu gepflanzter Baum oder ein gefällter Baum weisen auch in diese Richtung.
Haben die Schüler erst einmal gelernt, daß das Selbstverständliche nicht selbstverständlich ist, entwickeln sie eine starke Neugier und Dynamik, neue Erfahrungen zu machen, etwas auszuprobieren und umzustrukturieren.

Zu einzelnen Aspekten:

- Ferien auf dem Lande bzw. in der Stadt werden zunächst weniger aus der Wohnperspektive wahrgenommen als vielmehr aus dem Blickwinkel von Beziehungsstrukturen (Verwandte und Freunde besuchen). Darüber definiert sich zunächst, was „tolles Wohnen" ist.
- Nicht immer sind die Kinder für grüne Wände. Bunte Bilder sind ihnen oft lieber. Aber auch dies ist unter dem Anspruch einer wohnlichen Umwelt durchaus eine Perspektive.
- Dem nachzuspüren, was im und um das Haus herum wohnt, ist stark von den Jahreszeiten abhängig sowie vom Wohnen auf dem Lande wie in der Stadt. Der Bezug zum Artenschutz wie auch zum Gartenbau ist dabei sehr hilfreich.
- Es stellt immer ein Problem dar, die Kinder darauf hinzuweisen, daß sie von Giften umgeben sind. Ihnen fehlt die Möglichkeit, hier mit Nuancen zu arbeiten. Sie sind zunächst insofern „totalitär", als es für sie nur giftig oder nicht giftig gibt. Es ist somit behutsam vorzugehen, da den Kindern sonst ihr eigenster Lebensraum zum bedrohlichen Raum wird.
- Häufig wurde das Thema Straßenmusik dazu benutzt, einen anderen Zugang

zum Sinnesorgan Ohr zu ermöglichen, als die Schulbücher nahelegen. Die Qualität der Geräusche, die Geräuschempfindlichkeit Erwachsener und ähnliches standen im Vordergrund.

● Mit dem Thema „Die Küche und die Welt“ wurden ganz unterschiedliche Erfahrungen gemacht: Von schneller Resignation bei den Schülern ob der Komplexität bis hin zur engagierten Verfolgung von Wegen (das Thema Transport schälte sich oft heraus).

Buch- und Medientips

Buchtips

A. Schneider: Gesundes Wohnen, Einführung in die Baubiologie (Schriftenreihe des Instituts für Baubiologie), Verlag Gesundheit + Wohnen GmbH, Prien 1982. **LM 7.10**
Eine Einführung in die Baubiologie aus der Sicht des Leiters des Instituts für Baubiologie.

M. Kennedy (Hrsg.): Öko-Stadt, Prinzipien einer Stadtökologie (Band 1); Mit der Natur die Stadt planen (Band 2); Fischer Verlag, Frankfurt a.M. 1986.
Beide Bände enthalten Materialien zur Internationalen Bauausstellung Berlin. Ökologisches Bauen in der Stadt aus Sicht der Planer und Architekten.

H. Friege u.a.: Chemie im Kinderzimmer, Rowohlt, Reinbek 1986.
Neben einer Übersicht über gefährliches Spielzeug, Kinderernährung und Kinderkleidung enthält das Buch ein Kapitel über gesundheitsbelastende Chemikalien im Kinderzimmer.

D. Wieland: Bauen und Bewahren auf dem Lande (Deutsches Nationalkomitee für Denkmalschutz), Bonn 1984, 5. Aufl. Bezug über: Bundesminister des Innern, Hohe Str. 67, 5300 Bonn 1.
Ein ausgezeichnetes Buch, das vor allem durch Bildgegenüberstellungen die Ideologie hinter den Bausünden der letzten 30 Jahre auf dem Lande aufdeckt.

Filmtips

Adieu Stadt (1969, LBS, Lichtton, Farbe, 5 Min., ab 4. Klasse).
Ein Mann zieht aus der Stadt auf das Land. Als ihm alle nachfolgen, ist es auf dem Land so wie zuvor in der Stadt.

Der Maulwurf kommt in die Stadt (1982, LBS, Lichtton, Farbe, 31 Min., ab 1. Klasse).
Der Zeichentrickfilm erzählt von Tieren, die ihren Lebensraum verlieren, weil im Wald eine Stadt gebaut wird.

Parken oder spielen (1977, LBS, Farbe, Lichtton, 19 Min., ab 1. Klasse).
Über die Autos, die den Kindern die Spielmöglichkeiten nehmen.

Hier fällt ein Haus, dort steht ein Kran und ewig droht der Baggerzahn (1976, LBS, 33 Dias, Farbe, ab 1. Klasse).
Dias nach dem Buch von Jörg Müller. Die Veränderung eines Straßenzuges während zweier Jahrzehnte.

WOHNEN

SCHÜLER-MATERIAL (SM)

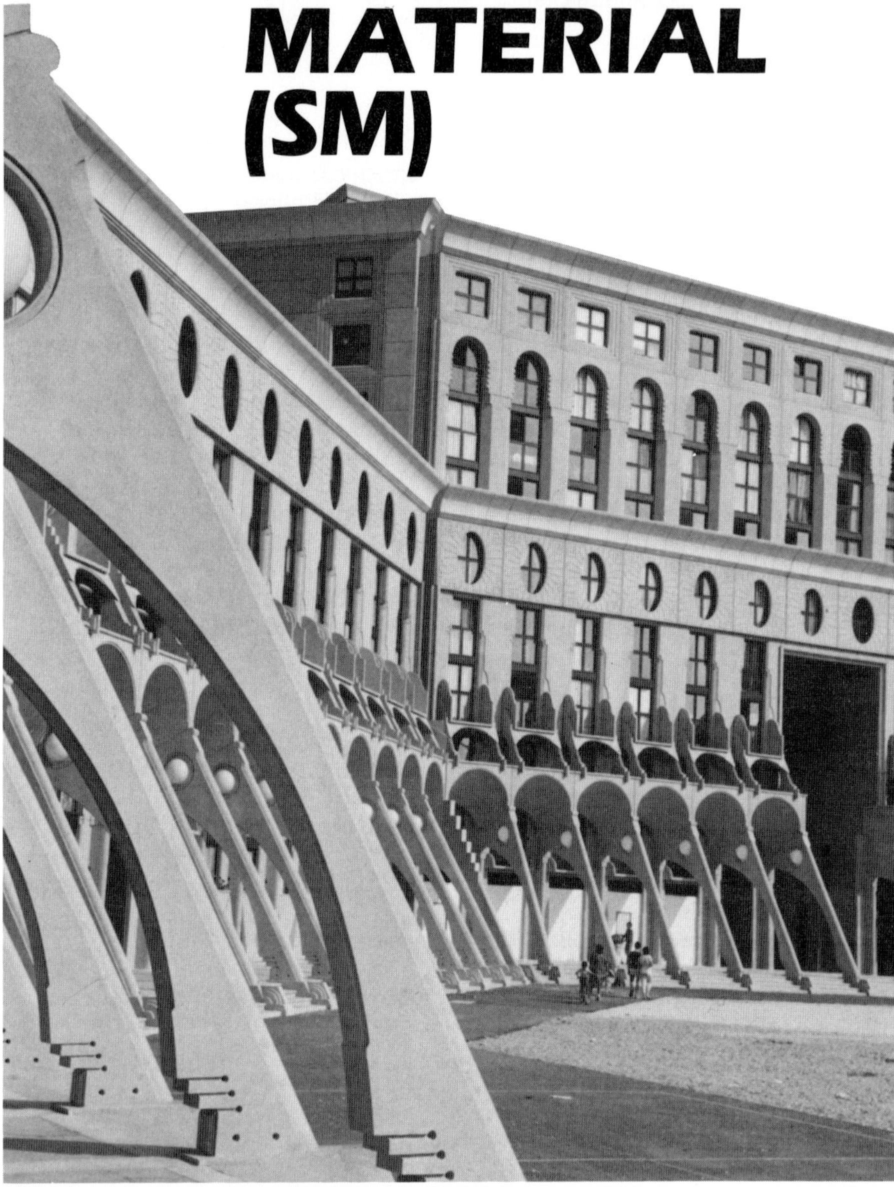

Wohnungstausch

SM 7.1

Karin und Sonja sind Cousinen. Sie haben in den Sommerferien ihre Wohnungen getauscht. Karin ist zu den Eltern von Sonja gezogen und Sonja zu Karins Eltern. Karin wohnt nämlich in der Stadt im Mietshaus und Sonja auf einem Bauernhof auf dem Dorf. Beide haben einen Brief nach Hause geschrieben.

Der Brief von Karin:
Liebe Eltern,
hier ist es ganz toll. Wenn ich morgens aufstehe, gehe ich erst in den Hühnerstall und hole Eier. Die gibt's dann zum Frühstück. Gestern sind wir dann mit dem Trecker zum Heumachen gefahren. Es hat unheimlich Spaß gemacht, in dem Heu rumzupurzeln. Ich kenne auch schon alle Tiere, Emmi, die Sau, und ihre Ferkel und die beiden Pferde, den Hund und die Katzen. Bloß die Gänse fauchen mich noch an. Auf Jonas bin ich schon geritten. Manchmal spielen wir Verstecken auf der Wiese mit dem Bach, wo man sich gut reinlegen kann und keiner einen sieht, weil er fast zugewachsen ist. Zweimal in der Woche kommt der Bus. Wir gehen dann immer hin und gucken, ob jemand in unserem Dorf aussteigt.
Viele Grüße
Karin

Der Brief von Sonja
Liebe Eltern,
hier ist es ganz toll. Ich wohne im 4. Stock, und wenn ich aus dem Fenster gucke, kann ich ganz weit gucken und abends ganz viele Lichter sehen. Manchmal fahren wir dauernd Fahrstuhl, bis der Hausmeister schimpft. Gleich wenn man aus dem Haus geht, kann man Eis kaufen. Vorgestern waren wir im Schwimmbad mit einem richtigen Sprungturm. Und gestern waren wir im Kino. Es gab so viele Kinos und so viele verschiedene Filme, daß ich mich erst gar nicht entscheiden konnte. Hier gibt es auch jede Menge Autos. Peter kennt sie alle. Und man kann nicht einfach über die Straße rennen, sondern muß aufpassen. Auf dem Spielplatz hinter dem Haus sind viele Kinder. Ich weiß aber erst von Klaus, Michael und Gudrun die Namen.
Viele Grüße
Sonja

Die grüne Wand

SM 7.2

Karin hatte die Sommerferien bei ihrer Tante auf dem Land verbracht. Das Wohnhaus der Tante war ganz mit wildem Wein bewachsen.
Jetzt war sie wieder in der Stadt und wohnte im vierten Stockwerk eines großen Mietshauses. Wenn sie aus dem Küchenfenster oder aus ihrem

Zimmerfenster in den Hof schaute, sah sie die grauen Wände von gegenüber und manchmal jemanden am Fenster. „Warum haben wir keine grünen Wände im Hof?" fragte sie ihre Mutter. „Weil die Hausverwaltung keine Maler bezahlen will", sagte Karins Mutter. Aber das hatte die Mutter nicht richtig verstanden. Karin meinte, daß es schön wäre, wenn die Wände im Hof mit Pflanzen bewachsen wären.

Ja, so hat es angefangen mit den grünen Wänden im Hof des Hauses, in dem Karin wohnt.

Die Hausverwaltung war auch für grüne Wände, und der Putz an ihnen war fest genug, um Kletterpflanzen daran emporranken zu lassen.

Die Mieter hatten sich auf einer Mieterversammlung für Efeu entschieden. Efeu wächst zwar langsam, ist aber auch im Winter grün und klettert bis zu 30 Meter hoch.

Karin hätte lieber gehabt, hätte man sich für wilden Wein entschieden. Der trägt zwar keine Weintrauben, aber die Blätter werden im Herbst ganz rot und gelb.

So wurden im Hof große Löcher gegraben, es wurde Kompost hineingefüllt, und alle zwei Meter wurde eine Efeupflanze eingesetzt.

Frau Delhaini war mit der Begrünung nicht einverstanden. Sie sagte, dann bekäme das Haus unliebsame neue Bewohner: Spinnen, Fliegen und allerlei Käfer. Sie wohne schließlich Parterre, sagte sie, und da wäre das Efeu schnell in der Höhe ihres Fensters.

Aber alle außer Frau Delhaini wollten, daß sich Efeu an den Wänden hochrankt. Sie hofften auf bessere Luft im Hof, und im Sommer würde es sicher nicht so heiß in den Wohnungen werden, weil das Efeu Feuchtigkeit abgibt und die Fassade kühlt. Außerdem, meinte Karin, würden bestimmt Vögel im Efeu nisten und die Spinnen und Käfer wegfressen.

Wie gesagt, Efeu wächst nur sehr langsam. Bis zu Karins Fenster braucht es Jahre. So lange wollte Karin nicht warten. Sie kaufte von ihrem Taschengeld eine Rolle Paketband und einen Knöterich in der Gärtnerei. Knöterich wächst sehr schnell. Links und rechts von ihrem Fenster ließ sie zwei Bänder in den Hof hinab und grub sie dort ein. Den Knöterich pflanzte sie dazwischen.

Jetzt guckt sie nachmittags aus ihrem Fenster und wartet, daß der Knöterich zu ihr hinaufwächst. Im zweiten Stock ist er schon angekommen.

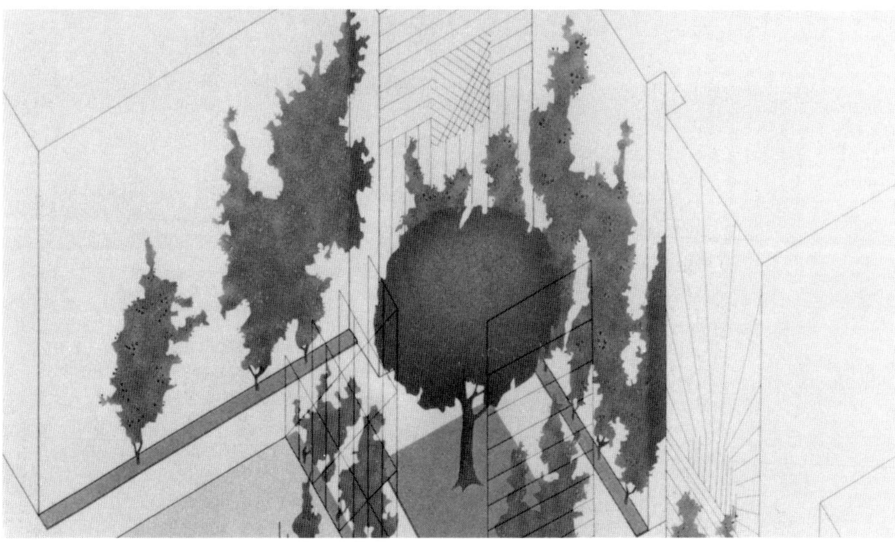

Wer und was wohnt in unserem Haus?

SM 7.3

Na, zuerst Du und die Menschen, mit denen Du zusammen wohnst. Vielleicht: Bruder, Schwester, Mutter, Vater, Onkel, Tante, Großmutter, Großvater, Besuch. Dann die Nachbarn, also die Menschen in den anderen Wohnungen; vielleicht auch Kinder. Frag sie doch mal nach einem Bild von sich. Und dann bestimmt noch mehr Lebewesen. Wenn Du sie alle kennenlernen willst, brauchst Du viel Zeit und Geduld.
Du gehst zu verschiedenen Tageszeiten — morgens ganz früh und abends ganz spät (mit einer Taschenlampe) — durch das Haus; auf den Boden, in den Keller, um das Haus herum. Dann mußt Du dich eine lange Zeit ganz still verhalten. Wenn Du ein Fernglas mitnimmst, ist das auch nicht schlecht.
Die Bilder auf dieser Seite zeigen Dir Hausbewohner, die vielleicht auch in Deinem Haus wohnen. Wir haben sie hier abgedruckt, weil wir denken, daß man etwas besser finden kann, was man schon einmal gesehen hat. Aber bestimmt leben in Deinem Haus auch Tiere, an die wir gar nicht gedacht haben. Und sprich doch auch mal mit anderen Kindern über deren Hausbewohner.

Dein Zimmer

SM 7.4

Ich weiß nicht, vielleicht sitzt Du gern in der Sonne, und da, wo die Sonne hinscheint, steht genau der Schrank. Oder: Du möchtest Dein Zimmer ganz oder etwas anders haben, als es jetzt ist. Oder: Du hast nicht genug Platz zum Spielen auf dem Fußboden oder für die Eisenbahnanlage. Es kann viele Gründe geben, sich zu überlegen, wie man sein Zimmer verändert.
Damit Dir eigene Ideen einfallen, wie Du Dein Zimmer einrichten möchtest, siehst Du hier ein Zimmer eines anderen Kindes.
Ja, und wenn Du schon mal am Umbauen bist, dann denke doch auch an folgendes: Die Farben, die Möbel und der Fußbodenbelag können Stoffe enthalten, die für viele Menschen unangenehm oder auch ungesund sind. Das sind chemische Stoffe, die man nicht sehen und oft auch nicht riechen kann. Viele Möbel sind aus Spanplatten hergestellt. Die Späne, die beim Hobeln oder beim Schälen der Bäume abfallen, werden wieder zusammengepreßt und geleimt. In dem Leim ist oft ein wirklich gefährliches Gift, es heißt „Formaldehyd" (ein schwieriges Wort, nicht?). Es gibt aber auch Spanplatten, die wenig oder gar kein Formaldehyd enthalten. Da steht dieses Zeichen drauf: „El." Das Formaldehyd ist in ganz vielen Sachen drin. Auch in vielen Farben, mit denen man die Wände oder Holz streicht. Aber es gibt auch Farben, die ganz wenig oder gar keine giftigen Chemikalien enthalten. Auch viele Teppiche, die einen Kunststoffrücken haben, und Kunststoffußböden können schädliche Gase abgeben. Da sind Fußböden aus Holz, Wolle, Jute oder Kokos besser.
Da man die meisten Stoffe eben nicht sehen und auch nicht riechen kann, ist es vielleicht das Beste, Du fragst Deine Eltern und die Verkäufer im Geschäft.
Übrigens:
Ältere Möbel, wie sie manchmal noch auf dem Boden, im Keller, in der Garage und im Sperrmüll zu finden sind, sind noch aus richtigem Holz oder aus Tischlerplatten. Das merkst Du, wenn Du die Möbel hochhebst. Möbel aus Spanplatten sind sehr schwer, Möbel aus Tischlerplatten und aus massivem Holz sind viel leichter. Du kannst die Möbel neu streichen. Du kannst die Farbe auch abschmirgeln und das Holz mit Wachs einstreichen. Denn manchmal ist das alte Holz unter der Farbe sehr schön anzuschauen und anzufühlen.

Straßenmusik

Karin hört nicht nur gerne laute Musik, sie macht auch selbst gerne Musik. Und zwar macht sie laute Musik. Karin hat nämlich ein Schlagzeug. Es hat viele Tränen gekostet, bis sie es bekommen hat. Eigentlich sollte sie nämlich Klavierspielen lernen. Aber dazu hatte sie gar keine Lust. Und der große Bruder von Peter hatte ein Schlagzeug. Wenn der gute Laune hatte, durften sie und Peter darauf trommeln. Jetzt hat sie zu ihrem Geburtstag endlich ein gebrauchtes Schlagzeug bekommen. Und prompt war eingetreten, was für Karins Vater immer der Grund gewesen war, ihr kein Schlagzeug zu kaufen. Die Nachbarn beschwerten sich über den Krach.

„Wenn sie wenigstens vernünftig darauf spielen könnte", hatte Frau Magel zu Karins Vater gesagt. „Aber was vernünftiges Spielen ist, kann Frau Magel gar nicht wissen", dachte Karin. Wenigstens fühlten sich die Nachbarn durch Karins Schlagzeug gestört.

Aber auch Karin fühlte sich gestört: nämlich durch den Krach, den die Müllmänner zweimal in der Woche morgens um sieben in den Ferien auf dem Hof machten, wenn sie die Mülltonnen leerten. „Da beschwert sich keiner", beschwerte sich Karin bei Frau Magel, als sie wieder einmal auf der Treppe meckerte. „Das ist auch Arbeit", hatte Frau Magel gesagt. „Und der Lärm der Autos auf der Straße?" Karin ließ nicht locker. „Der Lärm stört Sie gar nicht?" — „Doch", mußte Frau Magel zugeben, „der stört mich auch." — „Warum beschweren Sie sich nicht bei den Autofahrern?" hatte Karin dann gefragt. „Wie denn?" sagte Frau Magel. „Indem ich sie alle anhalte oder die Straße sperre?" — „Warum nicht?" sagte Karin.

Als Karin ihrer Mutter die Begegnung mit Frau Magel erzählte, seufzte sie nur und meinte, das mit dem Verkehrslärm sei wirklich schlimm und das mit ihrem Lärm auch.

„Kann man da nichts machen?" fragte Karin. Zögernd meinte ihre Mutter: „Doch, aber die eine Lösung ist häßlich, und die andere ist kompliziert. Man könnte Dein Zimmer mit Eierpappen bekleben, das schluckt den Krach. Aber wie sieht das aus! Und man könnte versuchen, die Straße zu einer verkehrsberuhigten Zone zu machen. Dann dürfen die Autos nur noch ganz langsam fahren."

„Die Eierpappen könnte ich bunt bemalen", meinte Karin, „das finde ich toll. Und wie bekommt man eine verkehrsberuhigte Zone?"

„Das ist kompliziert", meinte die Mutter, „und man muß sich mit den Leuten aus der ganzen Straße verständigen."

„Das machen wir", sagte Karin. „Ich habe eine Idee. Wir machen ein Straßenfest. Da kommen alle Leute zusammen. In Peters Sträße war auch schon mal ein Straßenfest. Und da gab es eine Negerkußwurfmaschine."

„Eine tolle Idee", meinte Karins Mutter.

„Ja", sagte Karin begeistert, „und ich mache mit dem Schlagzeug Straßenmusik."

„Um Himmels willen", sagte Karins Mutter.

Die Küche und die Welt

SM 7.6 Karin saß in der Küche und aß Tomatensuppe mit einem dicken Klecks Sahne obendrauf. Tomatensuppe ißt sie sehr gerne. Die Tomaten stammten aus dem Garten von Onkel Albert, der eigentlich der Onkel von Greta ist. Greta ist Karins Freundin. „Das sind gesunde Tomaten", hatte Onkel Albert gesagt, „die sind nicht gespritzt und ohne Kunstdünger gewachsen." — „Dafür sind sie aber auch krumm und schief und haben braune Flecken", hatte Karin gesagt. Das hatte Onkel Albert aber nicht gestört. Er meinte: „Iß sie erst einmal."

Jetzt saß Karin in der Küche und aß Tomatensuppe mit einem dicken Klecks Sahne obendrauf. Sie dachte: „Gut, die Tomaten sind von Onkel Albert. Aber woher kommt die Sahne? Ob sie vom Hof von Tante Else stammt?" Das konnte nicht sein, denn auf der Verpackung war zu lesen: „Molkereigenossenschaft Südhessen." Tante Else wohnt aber in Schleswig-Holstein.

„Überhaupt", dachte Karin dann, „woher kommt das alles, was hier in der Küche zu finden ist? Und", dachte sie dann, als sie die Sahnepackung in den Mülleimer warf, „wo bleiben die Abfälle? Und wo bleibt das, was ich esse?"

Damals wußte Karin noch nicht, worüber sie da angefangen hatte nachzudenken. Sie schaute einfach erst einmal in den Kühlschrank und schrieb alles auf, was darin war. Und als sie die Tür vom Kühlschrank zumachte, hatte sie sogleich eine neue Frage. „Woher kommt der Strom für das Licht im Kühlschrank? Und woher kommt die Glühbirne im Kühlschrank?" Sie konnte gar nicht so schnell denken, wie ihre Augen immer neue Dinge sahen, von denen sie gar nicht wußte, woher sie kamen (zum Beispiel die Fliege in der Küche) und wohin sie gingen (zum Beispiel das Abwaschwasser und die Fliege, die gerade aus dem Fenster flog).

Als Karin auch noch anfing, darüber nachzudenken, warum die Schränke in der Küche eckig waren und wer wohl auf die Idee gekommen sein mochte, die Küche so klein zu bauen, daß nicht einmal alle Freundinnen darin Platz hatten, hat sie sich aus alten Tapeten (woher die wohl kommen?) eine große Plakatwand gemacht und sie über das Bett gehängt. Auf einem großen Kreis hat sie alle Dinge und Fragen aufgeschrieben. Wenn sie von den Verpackungen, den Eltern oder im Laden erfuhr, woher die Dinge kamen, hat sie einen Pfeil gezeichnet: vom Kreis weg, und hat dort aufgeschrieben, woher die Dinge kommen.

Innerhalb des großen Kreises schrieb sie auf, wohin die Dinge gehen: die Sahnetüte kommt in den Abfalleimer, von dort in die Mülltonne und dann in den Müllwagen. Aber wo fährt der hin? Montag morgen will sie früh aufstehen und die Müllmänner fragen, wo sie den Müll lassen.

Was Ihr noch alles machen könnt

● Häuser lassen sich aus fast allem bauen: Lehm, Schnee, Ästen, Decken, Blechen; sogar aus alten Flaschen. Ihr könntet ja einmal versuchen, einen Iglu zu bauen (also ein Haus aus Schnee) oder eine Hütte aus Ästen, wobei die Äste mit Tannenzweigen oder Laub abgedeckt werden können.

● Wenn bei Euch in der Nähe ein Haus gebaut wird, dann steht da auch immer das Schild „Betreten verboten. Eltern haften für ihre Kinder". Aber wenn Ihr mal den Polier fragt, das ist der Meister, dann läßt er Euch vielleicht für eine Stunde zusehen und erklärt Euch alles, was Ihr wissen wollt. Zum Beispiel, warum die Mauer nicht umfällt.

SM 7.7

● In vielen Kinderbüchern steht auch, wie die Kinder wohnen. Zum Beispiel in „Pippi Langstrumpf" von Astrid Lindgren. Ihr könntet ja mal solche Geschichten sammeln, vorlesen und überlegen, ob Ihr auch gerne so wohnen möchtet wie die Kinder in diesen Geschichten.

● In dem Viertel, wo Du wohnst, gibt es vielleicht auch Menschen, die Dir erzählen können, wie es früher aussah. Also so vor 30 Jahren und vor 60 Jahren. Frag doch vor allem, wie, wo und was früher gespielt wurde.

● Stell Dir vor, es gäbe vier Wochen lang kein Fernsehen. Was würdest Du dann machen?

● Stell Dir vor, es gäbe keine Klingeln, keine Namensschilder an der Haustür und keine Hausnummern und Du solltest einem anderen Kind erklären, wie es Dich finden kann.

Buchtips

SM 7.8

M. Riehl: Das Schlaraffenhaus, Ennslin & Laiblin Verlag, Reutlingen 1984.
Eine Familie benutzt ein Zimmer als Gartenzimmer mit Blumen und Goldfischteich. Dazu kommt noch eine Kuh und ein Schwein im Keller und natürlich ein großes Fest.

S. Reisner: Die Drei im Turm. Ein Umweltroman, Elefanten Press Verlag, Berlin-West 1982.
Die Drei haben eine heimliche Wohnung in einem verlassenen Turm an einem Baggersee. Als ein Lastauto kommt und etwas in den See kippt, beginnen aufregende Abenteuer.

B. Bärwinkel und W. Mose: Das Buch vom Dorf, Fabula Verlag, Bad Aibling 1979.
Das Buch erzählt die Geschichte eines Dorfes in Bildern, wie sich die Häuser, die Landschaft und die Arbeit im Laufe der Zeit verändert haben.

Allgemeine Überblicksliteratur

Es gibt heute eine große Zahl an Büchern zu ökologischen Themen und zu ihrer Vermittlung im Unterricht. Im folgenden eine kleine Auswahl jener Bücher, die wir häufiger zum Nachschlagen benutzt haben, um uns dann weiter zu informieren oder die uns aus anderen Gründen wichtig waren:

Wolfgang Beer/Gerhard de Haan (Hrsg.): Ökopädagogik. Aufstehen gegen den Untergang der Natur, Weinheim und Basel 1984.
Dieter Birnbacher (Hrsg.): Ökologie und Ethik, Stuttgart 1980.
Jacques Yves Cousteau u.a.: Cousteau-Umweltlesebuch. Für die deutsche Ausgabe bearb. von E. Martin/H. Feuersee, Stuttgart 1983 ff.
Jürgen Dahl: Der unbegreifliche Garten und seine Verwüstung. Über Ökologie und Ökologie hinaus, Stuttgart 1984.
Global 2000. Der Bericht an den Präsidenten. Hg. der dt. Übers. R. Kaiser, Frankfurt a.M. 1980.
Hans Göpfert: Naturbezogene Pädagogik, Weinheim 1988.
Rainer Grießhammer: Der Öko-Knigge, Reinbek 1984.
Egmont R. Koch: Die Lage der Nation 85/86. Umwelt-Atlas der Bundesrepublik, Daten, Analysen, Konsequenzen, Trends, Hamburg 1985.
Brunhilde Marquardt/Helmut Mikelskis/Conrad Westhoff: Jugendlexikon Umwelt. Umweltwissen in Stichworten, Reinbek 1984.
Norman Myers: Gaia. Der Öko-Atlas unserer Erde, Frankfurt a.M. 1985.
ökopäd. Zeitschrift für Ökologie und Pädagogik, Essener Str. 14, 1000 Berlin 21.
Horst Rumpf: Belebungsversuche. Ausgrabungen gegen die Verödung der Lernkultur, Weinheim/München 1987.
Umweltlexikon. Ein Ratgeber, hrsg. v. d. Katalyse Umweltgruppe, Köln 1985.
Brigitte Wormbs: Über den Umgang mit Natur. Landschaft zwischen Illusion und Ideal, Frankfurt a.M. 1978.

Adressenliste

Im folgenden finden Sie zu jedem der sieben Themen eine Adresse, an die Sie sich mit speziellen Fragen wenden können. Die angeführten Organisationen werden nicht immer selbst Auskunft geben können, wohl aber in der Lage sein, Ihnen mitzuteilen, an wen Sie sich wenden können.

1. Artenschutz und Artensterben: Bund für Umwelt und Naturschutz (BUND), Bundesgeschäftsstelle, In der Roste 2, 5300 Bonn 1.
2. Abfall: Institut für ökologisches Recycling, Kurfürstenstr. 14, 1000 Berlin 30.
3. Luft- und Wasserverschmutzung: Arbeitskreis Wasser, Prinzregentenstr. 33, 6700 Ludwigshafen.
4. Sanfte Technik: Energie- und Umweltzentrum am Deister, Am Elmchenbruch, 3257 Springe-Eldagsen.
5. Verkehr/Fahrrad: AK Verkehr im BBU, Cheruskerstr. 10, 1000 Berlin 62.
6. Landwirtschaft/Gartenbau: Schulbiologiezentrum Hannover, Brockenweg 5a, 3000 Hannover-Herrenhausen.
7. Wohnen: Institut für Baubiologie, Holzham 25, 8201 Neubeuern.

Wenn Sie an weiterführender Literatur zur Umwelterziehung interessiert sind oder sich über ökologische Lernorte in Ihrer Umgebung informieren wollen, empfehlen wir folgende Veröffentlichungen der **UNESCO-Verbindungsstelle für Umwelterziehung im Umweltbundesamt,** Bismarckplatz 1, 1000 Berlin 33:
Bibliographie Umwelterziehung, Berlin 1987.
Die Einrichtungen außerschulischer Umwelterziehung in der Bundesrepublik Deutschland, Berlin 1986.